아이라는 숲

숲을 곁에 두고
나무만 바라보는
부모를 위한
12가지 철학 수업

아이라는 숲

이진민 지음

여는 글

아이라는 숲이 싱그럽게 울창해지기를

세 번째 책을 세상에 내놓습니다. 이렇게 말이 많아지는 게 과연 좋은 일일까 늘 데카르트처럼 회의하지만, 아이가 자라면서 제가 내놓고 싶은 말들도 자랐습니다.

정치철학을 공부한 엄마가 세상에 내놓을 수 있는 말과 아동교육을 공부한 아빠가 세상에 내놓을 수 있는 말은 조금씩 달라야 한다고 생각하기 때문에, 그리고 그것들이 모두 모여 아이라는 숲을 더 아름답게 만들 것이라고 믿기에, 철학하는 사람으로서 제가 할 수 있는 이야기들을 정성껏 담았습니다. 원래 철학자들은 다정한 마음으로 딴소리를 하는 사람입니다. 다른 데 보기를 즐기고, 삐딱한 눈으로 계속 질문하는 것이 특기인 사람들입니다. 그러므로 많이들 할 것 같은 소리보다 별로 할 것 같지 않은 소리가 담겨 있을지도 모르겠습니다. 조금은 불편하고 낯선 생각들이더라도 부디 다정하게 닿기를 바랍니다. 아이들에겐 기도처럼 전하는 말들이고, 아이를 키우는 어른들, 더 넓게는 아이를 만나는 이 세상 어른들에겐 빨간 얼굴을 하고 (저는 수줍음이 많습니다) 조심스럽게 전하고 싶은 말들입니다.

저도 만만치 않은 세상을 거쳐 어른이 되었지만, 아이들 앞에 놓인 세상을 보고 있으면 이런 세상에 괜히 아이들을 데려왔나 싶을 때가 많습니다. 끝 간 곳을 모르고 치열해지는 경쟁, 이기적으로 파편화되는 공동체, 더욱 악랄하고 교묘해지는 디지털 범죄, 과연 우리 아이들을 위해 얼마나 버텨줄까 싶은 환경. 팬데믹, 뉴노멀, AI 혁명 같은, 익숙한 것 같지만 낯선 단어들도 우리를 불안하게 만듭니다. 세상이란 게 원래 변하는 거지만 이렇게 멀미 나게 변할 것까진 없는데 꼭 우리를 이렇게 거칠게 다뤄야 하나 싶습니다. 이런 세상에서 사실 나도 살기 벅찬데 아이를 대체 어떻게 키워야 할지 막막하고 혼란스럽습니다.

혼란하고 불안할수록 그 안에서 중요한 건 뭘까 더듬어보려고 했습니다. 어떻게 하면 조금이라도 멀리 보고, 기본을 생각해볼 수 있을까, 그렇게 하나씩 고민한 흔적들입니다. 우선 인간은 평생 놀고 다치고 배워야 한다고 생각하기에 그 세 가지에 대한 사유를 가장 앞에 놓았습니다. 그렇게 어른들은 잃어버리고 아이들은 놓치고 있는 것들에 대해 생각해보려고 했습니다. 다음으로는 국영수만큼 중요하게 아이들이 꼭 배워야 한다고 생각하는 것들로 경제교육, 성교육, 환경교육에 대한 생각들을 정리해 담았습니다. 세 번째로는 사회의 일원이 되는 일의 중요한 단면들을 다뤘습니다. 기본적으로는 아이가 커서 사회의 일원이 되는 것에서 출발했지만, 늘 그렇듯이 종착지는 우리 어른들입니다. 제 아이들에게 전하고 싶은 말들을 고르면서, 이 사회를 함께 살아가는 동료 어른들께 전하고 싶은 말을 같이 담았습니다. 마지막으로는 앞으로도 변화무쌍하게 우리를 괴롭힐 힘든 세상에서, 그래도 우리를 일으켜줄 세 가지를 꼽아보았습니다. 나를 일으키고 당신을 일으킬 것이 무엇일까 고민했고, 서로에게 잘 챙겨주었으면 하는 마음으로 잘 닦아서 마지막에 예쁜 돌멩이처럼 늘어놓았습니다.

저 스스로 아이라는 이 반짝이는 숲을 옆에 두고 나무만 사랑하지 않기를 바라는 마음으로 글을 썼습니다. 미술사 암기를 잘하는 법보다는 미술과 만나는 법을, 수학 문제를 푸는 법보다는 수학적으로 세상을 바라보는 법을, 그래서 결국은 숫자로 환산되는 점수로 가치를 재단하기보다는 생각의 언어로 세상을 바라보는 법을 배우는 아이로 크기를 바라는 마음들을 모아서 문장으로 만들었습니다. 실은 저 자신이 중요한 것들을 배우지 못한 채 그저 소처럼 공부해서 입시를 치렀고, 그 결과 주체적인 눈으로 세상을 바라보는 데 상당히 오래 걸렸습니다. 그렇게 맹목적으로 흘려버린 시간이 후회되기에 세상의 아이들은 그러지 않았으면 좋겠다고 생각합니다. 이제야 숲이 조금 보일 것 같은 마음으로 쓰긴 했지만, 저도 아직 작은 수풀만 보고 있는지 모릅니다. 이렇게 책을 내놓음으로써 세상과 대화하다 보면 점차 크고 넓은 것이 보일 거라고 믿습니다. 그러므로 이 책은 정답이 아니라 대화입니다. 스스로 다짐하기 위한 책이기도 하고, 읽어주시는 분들께 대화와 위로와 응원의 삼종세트를 건네기 위한 책이기도 합니다.

한 가지 꼭 강조하고 싶은 것이 있습니다. 이 안에 든 독일 이야기들이 행여라도 독일식 정답으로 읽히지 않기를 바란다는 점입니다. 독일에서 아이들을 키우고 있다 보니 어쩔 수 없이 이 사회의 이야기들과 닿는 지점이 많기에, 그곳을 바라보지 않을 수 없었습니다. 저는 유대인식, 프랑스식, 독일식 같은 소위 '-식 교육'은 그 사회를 벗어나는 순간 상당 부분 힘을 잃기에 우리의 답이 될 수 없다고 생각합니다. 모든 제도 안에는 그 사회의 역사와 감정과 속도 같은 다양한 요소들이 녹아 있으므로, 제도만을 따로 떼어 판단하는 것은 그야말로 숲에서 나무 한 그루를 베어 와서 이 땅에도 이 나무를 심으면 저런 숲이 될 거라고 믿는 것과 같습니다. 다시 말해서 어떤 제도가 장점을 발휘할 수 있는 것은 그 제도가 해당 사회 시스템 안에서 퍼즐처럼 들어맞기 때문일 경우가 많습니다. 예를 들어 독일 교육의 장점은 독일의 사회 시스템 속에서 가장 좋은 시너지를 내도록 설계되어 있습니다. 우리 시스템 안에 독일 교육을 뚝 떼어 밀어 넣는다고 해서 찬란한 빛이 날 리가 없습니다. 그리고 사람 사는 곳이 대부분 그렇듯, 독일 사회에도 장점만큼이나 단점도 많습니다. 그러므로 제가 소개하는 독일의 이야기들은 어디까지나 롤 모델이 아니라 레퍼런스임을 기억해주시기 바랍니다. 우리 사회 안에는 높은 수준의 좋은 아이디어들이 이미 전방위적으로 많이 들어와 있습니다. 고국과의 거리를 확보한 눈으로 보자면, 대체로 없는 것 없이 다 들어와 있는 게 한국 사회입니다. 문제는 실행할 수 있는 믿음과 노력입니다. 저는 좋은 아이디어들이 정말 구체적으로 현실화될 수 있게 하는 것이 바로 사회 저변에 탄탄히 깔리는 생각의 힘, 철학의 힘이라고 믿습니다.

인생을 살면서 가장 중요한 말이 "고맙다"는 말이라고 생각합니다. 고맙다는 말만 잘하고 살아도 인생을 꽤 잘 사는 거라는 게 제 모토입니다. 한번 더 책을 같이 만들고 싶다고 고민과 신뢰를 담아 손 내밀어 주셨던 박주연 에디터님과 살뜰히 읽어주시고 가장 많은 고민을 함께 해주셨던 임경진 에디터님, 두 분께 우선 감사의 마음 전합니다. 따뜻하게 열린 마음으로 의견을 교환하며 든

든하게 책을 만들어주신 이소영 편집장님과 웨일북의 모든 분들께 진심으로 고맙습니다. 부탁도 안 했는데 늘 추천사를 들고 뛰어오는 저의 전속 추천사 요정 김만권 씨와, 추천사를 써주신다는 소식을 듣고 황송함을 금할 길 없었던 김누리 교수님께도 격렬하게 감사합니다. 이 책의 상당한 지분을 차지하고 있는 지음이 이음이에게 엄마의 사랑을, 그리고 그 곁에서 항상 저를 아껴주는 린호에게 여러 겹의 고마움을 전합니다. 늘 안아주고 머리를 쓰다듬어주는 지인들, 부족한 글을 읽어주시는 독자님들이 계셔서 항상 힘을 얻습니다.

미안함과 고마움은 늦을 때가 없지만 사랑은 늦을 때가 있다고 생각합니다. 그래서 제때 부지런히 표현해야 한다고요. 설익은 생각을 그래도 정성껏 주물러 펼쳐놓은 이 책이 제 아이들에게, 그리고 세상의 아이들에게 전하는 사랑이 되기를 바랍니다.

늘 사랑으로 향하는 질문들을 던질 수 있기를, 그래서 아이라는 숲이 싱그럽게 울창해지기를 바라봅니다. 함께 숲을 가꿔 가기를 청합니다.

2022년 봄
이진민

차례

여는 글 아이라는 숲이 싱그럽게 울창해지기를　　　　　　　　　4

어른들은 잃어버리고
아이들은 놓치고 있는 것들

다친다는 것은 상처를 대하는 우리의 자세　　　　　　　　　14
공부라는 것은 왜, 무엇을, 어떻게 공부해야 할까　　　　　　42
놀이라는 것은 평생을 호모 루덴스로 살 수 있기를　　　　　68

아이들이 이것만큼은
단단히 배웠으면 좋겠다

경제관념이 있는 아이로 자랐으면　　　　　　　　　　　　108
　아리스토텔레스 할아버지로부터 돈 잘 쓰는 법 배우기
제대로 사랑하는 법을 배웠으면 국영수보다 중요한 교육이 있다　129
만물의 영장이 아닌 만물의 친구로 자랐으면　　　　　　　150
　네가 살 세상이 여전히 푸른 곳이길

3장

아이들이 멋진
우리의 일원이 되기를

엄마, 고구마에 가시가 있어 이름의 세계 속에 서 있는 우리 176
인간 존재는 복수형을 기본으로 한다 친구를 사귀는 우리 209
I의 사회, We의 사회 '나와 우리' 속 좌표에 놓인 너 235

4장

힘든 세상에서
우리를 일으켜줄 세 가지

밥 음식은 때로 언어를 대신한다 270
유머 웃을 수 있는 능력, 웃길 수 있는 능력 286
사랑 우리가 나누었던 사랑을 기억하기를 310

어른들은 잃어버리고
아이들은 놓치고 있는 것들

다친다는 것은
상처를 대하는 우리의 자세

마흔이 넘어서도 다치는 중입니다
:

마흔도 훌쩍 넘은 나이에 팔꿈치를 돌바닥에 갈았다. 뒤늦게 자전거를 배우고 있기 때문이다. 뒤에서 잡아주는데도 자전거 위에서 얼음이 되어 소리만 꽥꽥 지르는 동양 여자를, 산책 나온 주민들은 신기하다는 듯 웃으며 바라본다. 자전거 선배인 아이들은 엄마의 그런 모습이 재밌나 보다. 눈을 반짝이며 깔깔거린다. 이렇게 타는 건데, 하고 자기 자전거에 올라 제비처럼 한 바퀴 쌩하고 달렸다가 돌아오기도 한다. 내 몸이 고꾸라져 넘어지는 느낌은 참 오랜만이다. 얼얼하고 아프다.

나는 원래 기계와 속도에는 젬병이다. 이 비루한 몸뚱이가 빨리 작동하는 경우가 있다면 잠들 때뿐이다. 아이들을 재우다 내가 먼저 곯아떨어지는 경우가 대부분이라 아이들이 마음껏 엄마 눈코입을 후빌 수 있게 프렌들리한 얼굴을 제공한다. 그것 말고는 평소에 밥을 먹는 것도, 걷는 것도 느리다. 마음도 대체로 느긋한 편이다. 나는 거북이라는 별명을 꽤 오래 달고 살았다. 누가 머리를 건드리면 목이 쏙 움츠러드는 까닭에 붙은 별명이었지만, 사람들은 내가 거북이라고 하면 대체로 온화한 미소와 함께 알 것 같다는 표정들을 했다.

운전을 시작할 때도 꽤나 애를 먹었다. 남이 운전하는 건 롤러코스터나 바이킹을 타고서도 환한 미소를 잃지 않는데, 내가 운전대를 잡는 빠른 탈것은 무섭고 겁이 난다. 도로 운전을 시작하고서는 가벼운 접촉 사고를 내는 꿈에 무수히 시달렸다. 다행히 꿈에서의 일이 현실에서 일어난 적은 없지만 (도로 위 접촉 사고보다는 주차장 기둥에 호쾌하게 긁는 게 전공이다), 운전하는 꿈만 꾸면 그렇게 앞차에 슬금슬금 다가가 콩 박곤 했다.

어렸을 때 자전거를 배운 적이 없다. 언니들까지는 두 발 달린 자전거가 있었던 것 같은데, 그 시절엔 워낙 도둑맞는 일이 흔하다 보니 부모님은 더 이상 자전거를 사주지 않으셨다. 그래서 나는 두 발을 땅에 착 붙인 채 살아왔다. 그럭저럭 살 만했다. 대학교 동아리에서 강촌으로 엠티를 갔을 때 나 혼자만 자전거를 탈 줄 몰라서 몹시 민폐를 끼쳤던 것 빼고는. 사육기인 고3을 갓 탈출했던 나는 지금과는 비교할 수 없을 만큼 무거웠고, 그런 나를 뒤에 태우고 달리던 비쩍 마른 친구는 안 그래도 더운 여름날에 땀을 뻘뻘 흘렸다.

그런데 독일에서 살다 보니 사람 구실을 하려면 자전거를 탈 줄 알아야 하는 것 같았다. 내가 자전거를 못 탄다고 하면 독일 사람들은 마치 글을 못 읽는다는 고백을 들은 것처럼 놀라움 반 안쓰러움 반을 적절히 버무린 얼굴들을 했다. 이곳은 걸음마도 익숙하지 않은 아이들에게 자전거를 내밀고, 초등학교 4학년이 되면 누구나 시험을 봐서 자전거 면허를 따야 하는 나라다. 소아과에서 발달 상태를 확인할 때도 의사는 아이가 어느 단계의 자전거를 탈 수 있는지를 늘 묻곤 했다. 봄이 되면 땅에 두 발을 딛고 걷는 사람은 나 하나뿐인가 싶을 만큼 많은 자전거들이 세상에 동글동글 쏟아져 나온다. 최근엔 코로나19 바이러스 때문에 집에 틀어박혀 뻐근하게 지내다 보니 가족들이 일렬로 자전거를 타고 가까운 숲이며 호수로 나들이 가는 모습이 참 좋아 보였다. 나도 배워볼까. 내년쯤 이사 가려고 봐둔 동네에는 슈퍼마켓이 꽤 멀리 떨어져 있다. 지금 익혀두면 나중에 바구니가 달린 자전거를 타고 장을 봐 올 수 있지 않을까.

그러고 나서 계속 땅에 처박는 중이다. 아니 다들 어떻게 저렇게 쉽게 슥슥 타는 거지. 첫째 아이는 네 살이 되고 보조 바퀴를 떼었을 때, 거의 5분 만에 요령을 터득하고 안정적인 주행을 선보여

잔뜩 졸아 있던 나를 놀라게 했다. 그보다 어린 둘째도 생각보다 금방 자전거를 익혔다. 반려인과 아이들이 엄마 오리 새끼 오리처럼 자전거를 타고 쫑쫑쫑 놀이터를 향할 때, 나는 뒤에서 헐레벌떡 쫓아가느라 늘 숨이 차다. 그럴 때면 그냥 나는 말이나 탈까 싶기도 하다. 독일 시골 마을인 우리 동네에는 실제로 말이 가끔 다닌다. 말은 발이 넷이니까 네발자전거처럼 안정적이지 않을까. 하지만 자전거에 비해 말은 유지비가 너무 많이 들었다. 말 때문에 차를 팔 수는 없지. 내가 이 나이에 무슨 부귀영화를 보겠다고 이 고생이람. 그냥 살던 대로 살까.

《논어》의 〈옹야〉 편에 보면, 선생님처럼 사는 건 너무 힘에 부치다며 앙탈을 하는 염유에게 공자께서 말씀하신다. "힘에 부친다는 것은 힘껏 길을 달리다가 쓰러지는 것을 말한다. 지금 너는 마음으로부터 선을 긋고 있구나." 사실은 힘에 부치는 게 아니라 마음이 위축된 것이라는 뜻이다. "너 못 하는 게 아니고 안 하는 것 아니니?" 이렇게 물으시는 셈이다. 나도 마음이 위축되어 슬그머니 딴생각을 하는 것 같다. 아이들에게는 하고 싶은 게 있다면 잘 안 되더라도 끝까지 열심히 해보라고 입바른 소리를 할 거면서. 아이들이 다치는 걸 두려워하지 않고 도전하기를 바라기에, 엄마인 나는 오늘도 여기저기 긁혀가며 처박는다. 다치는 걸 두려워 않고, 포기하지 않고 배우는 모습을 보여주고 싶어서.

거듭되는 실패 속에서도 믿고 있는 말이 있다. 안 되는 게 되는 거라는. 지금 못 타는 게 타는 중인 거라는. 실패라는 것은 따지고 보면 이루어가는 과정인 경우가 많다. 그렇게 실패와 성공의 경계는 꽤 모호하다. 실패인 줄 알았는데 결국 성공인 것들, 성공인 줄 알았으나 돌아보면 실패인 것들. 그 실패가 없었다면 이루지 못할 성공을 거두는 사람도 있고, 벅찬 성공이 독이 되어 모두가 손가락질하는 실패의 길로 접어드는 경우도 많다. 그러므로 실패와 성공은 참 정의하기 어려운 말이 아닌가 싶다. 삶 속에서 이 둘은 꽤 희한하게 맞물려 있기에. 그러니 다치는 것 자체를 실패라고 성급히 판단해선 안 된다. 다치는 걸로 배우고 있는 거다. 곧 아물 상처로 내가 평생 즐거울 수 있는 뭔가를 배울 수 있다면 꽤 괜찮은 딜 아닌가. 게다가 내가 다치기라도 하면 아이들은 걱정의 눈빛을 뚝뚝 떨어뜨리며 '호-'도 해주고, 그 조그만 손으로 연고며 반창고를 챙긴다(해적선과 해적 그림이 그려진 반창고로 엄마의 우아미가 10 증가하였습니다). 그래서 뭐 이 나이에 넘어져 다치는 것도 꽤 할 만하다는 생각이 든다. 나의 아이들도 그렇게 다쳐가며 뭔가를 배우고, 그때 받는 위로에서 세상은 좀 힘들어도 꽤 살 만한 거라는 에너지를 얻기 바란다.

엄마가 되고 나서는 왠지 '다친다'라는 말을 아이들의 것으로 한정시켜 생각하게 돼버렸다. 하지만 분명히 어른들도 다친다. 어른이라고 만사에 레벨 100일 리가 없으니. 어른이 되어서도 실패하고 부딪치며 성장해야 하는데, 어른이 되면 점점 다치고 싶지 않아서 새로운 도전을 주저하게 되는 것 같다. 경험해보니 아이들과 함께 구르며 뭔가를 아이처럼 배우는 건 꽤 즐겁다. 아이들은 아이들대로 엄마가 뭘 잘 못 한다는 사실을 재미있어 하고, 자기들이 도와주고 가르쳐주고 싶어 한다. 둘째는 진지한 얼굴로 엄마가 한 살 더 먹으면 자전거를 잘 탈 수 있을 것 같다고 얘기해주기도 했다. 나는 나대로 잊어버렸던 낯선 느낌들이 새롭고 신선하다. 배울 때는 아이처럼 배워야 하는데, 어른들은 자기들이 뭐든지 중급자 이상은 된다는 이상한 자신감에 빠져 있는 몹쓸 자아들이라는 생각도 새삼스레 하게 됐다. 최근엔 손 짚고 옆 돌기를 연습하고 있는 첫째가 그 도전에 나를 끌어들였다. 노화된 반고리관으로 옆 돌기를 하려니 어지러워 죽겠고 가끔은 하찮게 고꾸라져 아프기도 하지만 입에선 왠지 웃음이 깔깔 나온다. 다치는 일에 조금 담대해지면 어른에게도 아이에게도 재미있는 일이 많아진다.

해리포터가 된 아이들

3년 전, 그러니까 큰아이가 유치원에 다니기 시작한 지 얼마 안 되었을 때다. 유치원에서 전화가 왔다. 아이가 계단에서 넘어졌는데 이마가 조금 찢어져 피가 난다고, 그래서 구급차를 불렀다고 했다. 영어에 익숙하지 않은 담임 선생님은 이마에 구멍 hole

이 났다는 표현을 해서 나를 당황하게 만들었다. 뭐, 뭐라고요. 이마에 구구구멍이요? 담대한 편인 나였지만 순간 쿵, 마음이 내려앉았다.

유치원에 가보니 아이는 이마에 두꺼운 거즈를 대고 원장 선생님 품에 안겨 있었다. 엄마를 보고 조그만 팔을 뻗었다. 선생님이 나더러 상처를 보겠냐고 했다. 나의 멘탈을 걱정하는 눈치였다. 선생님이 걱정하시는 모습을 보니 별문제가 없던 멘탈에 급속도로 문제가 생기는 느낌이었다. 상처를 살짝 벌려 보여주셨는데, 안쪽으로 하얀 이마뼈가 보이는 것 같았다. 내가 살과 뼈를 만들어준 아이지만 아이의 뼈를 보는 건 처음이었다. 적잖이 놀랐지만 아이에겐 괜찮다고 말하며 안아주었다. 아이는 통증을 느끼기보다는 많이 놀란 눈치였다. 엄마를 보고 안심한 듯 배시시 웃고 말도 곧잘 하기에 괜찮겠구나 싶었다. 상처가 꽤 깊었지만 응급실에서 간단하게 의료용 접착제로 붙였다. 자꾸 만지거나 긁지 말라는 당부를 가볍게 무시한 세 살짜리는 얇은 밴드 위로 꾸준하게 상처를 긁어댔고, 결국 이마에는 해리포터처럼 작은 번개 같은 흉이 남게 되었다.

이에 질세라 작은아이도 세 살 되던 해에 자동차 박물관에서 놀다가 철근으로 된 기둥에 이마를 부딪혀 거의 똑같은 곳이 찢어졌다. 아니 세 살에 이마에 번개 문신을 하는 건 이 집안의 가풍인가. 큰아이 때는 상황이 종료된 다음에 갔기 때문에 이마에서 피가 나는 건 못 봤는데, 이번엔 새빨간 피가 뚝뚝 떨어지는 모습을 봐야 했다. 아주 작은 아이의 아주 작은 혈관이 찢어졌을 뿐인데 정말 엄청난 양의 피가 쏟아졌다. 주변에 있던 관람객들이 앞다투어 휴지며 물티슈를 꺼내주고 스태프를 불러주었다. 조그만 이마를 휴지로 막고 아이의 얼굴이며 주변에 떨어진 핏자국들을 물티슈로 모두 닦은 뒤, 똑같이 병원에 가서 의료용 접착제로 붙이고 왔다. 요 녀석은 딱지가 생기는 족족 작은 손톱으로 야무지게 긁는 바람에 형보다 더 뚜렷한 흉이 남았다. 이로써 둘 다 해리포터가 되었다. 마법 같은 생명력으로 아문 상처를 가지고.

상처는 흠이 아니다

:

조금 더 크면서 아이들은 턱이고 무릎이고 팔이고 머리고, 주머니에 구슬 모으듯 그 작은 몸에 상처를 모으고 있다. 다섯 개쯤 모으면 '레벨업'되는 시스템이라도 갖춘 듯 서로 자랑삼아 보여주기도 한다. 남자애들이라 내 마음이 조금 편한 건가 자문하지만 여자아이였어도 크게 다르지 않았을 것 같다. 그러므로 성별의 문제는 아니다. 남자아이면 흉이 좀 있어도 되지만 여자아이가 흉이 있으면 안 된다? 그럴 리가 없다. 여성의 몸에 상처가 있다고 해서 편견을 갖는 사람이라면 애초에 글러먹은 사람이라는 걸 세상의 딸들이 알았으면 좋겠다. 흉터를 쓸어주고 마음 아파해주는 사람이면 좋겠지만, 어쩔 수 없이 생긴 상처로 상대를 조금이라도 부정적으로 판단하는 사람이라면 그 사람 마음에 아주 깊은 흉이 잔뜩 있다는 얘기가 아닐까. 사실 귀엽고도 소중한 내 딸이 다치는 걸 바라는 부모는 아무도 없겠지만, 그렇다고 딸아이 몸에 흉이 없어야 한다고 생각하는 건 부모로서 자기 딸을 너무 함부로 재단하는 것이라고 생각한다. 책 안의 이야기를 보기 전에 겉면에 좀 접힌 자국이 있다고 그 책의 매력이 급감한다고 생각하는 것처럼. 여자든 남자든 그리 큰 상처 없이 자랄 수 있다면 좋겠지만 상처가 좀 있다고 큰일 나는 건 아니다. 아이들의 흉터를 보는 내 마음이 그리 괴롭지 않은 건, 상처는 별로 흠이 아니라고 생각하기 때문이다.

나의 아랫배에는 커다란 칼자국이 있다. 아이들이 나온 자리다. 첫아이가 내 배 속에서 단재 신채호 선생처럼 고개를 숙이지 않겠다는 강한 의지를 표명하는 바람에 두 아이 다 수술로 꺼냈다. 아직도 궂은 날에는 콕콕 쑤시기도 하고 컨디션이 좋지 않은 날에는 뭉근한 통증이 느껴지기도 한다. 이 흉터는 내가 엄마가 되었다는 표시다. 간절히 아이를 바라는 그 누군가에게는 축복 같은 자국일지도 모른다. 반려인의 몸에도 굉장히 큰 수술 자국이 있다. 고등학생 때 생사의 기로에 서는 경험을 했다고 한다. 한창 민감할 나이에 죽음의 무게와 맞서 싸운 흔적이다. 안쓰럽고 대견하고 멋있는 자국이라고 생각한다. 그 수술 자국이 없었으면 우리는 만나지 못했을 것이고, 내 몸의 수술 자국이 없었으면 우리는 아이들을 만나지 못했을 것이다. 《거북이 수영클럽》이라는 책에는 흉터를 숨기기 어려운 장소로 수영장이 등장한다. 갑상선암 수술 자국이 있는 저자는 이 책에서 흉터로 위축되어 있는 사람들에게 이런 말을 전한다. 당장 내가 숨이 차서 죽겠는데, 다들 물에 안 빠지고 살려고 발버둥 치느라 바쁜데, 흉터가 눈에 보이겠냐고.

흉터라는 건 대체로 아프고 힘든 순간을 견뎌낸 사람들이 가지는 표시다. 애쓴 자국이다. 나에게 이렇게 힘든 순간이 있었지만 극복해냈다는 표시. 사람에 따라서는 보기 싫다고 생각할 수도 있겠지만 그보다 더 많은 사람들이 응원을 보낼 수도, 존경을 보낼 수도 있는 자국이다. 그러므로 나는 흉터를 가지고 사는 일에 심리적으로 너무 많은 무게를 얹어두지 않았으면 하고 바란다.

흉터는 아름다움이 배는 틈일 수도 있다. 생활의 홈이 곱게 내려앉은 오래된 물건에서 느껴지는 아름다움이 있다. 낡음이 마음을 움직일 때가 있다는 말이다. 나는 엄마가 생전에 오래 쓰셔서 반들반들해진 염주를 유품으로 간직하고 있다. 아무런 홈이 없는 새 염주보다 내게 백배 더 아름답고 천배 더 귀한 것은, 실핏줄처럼 염주알들을 움켜쥐고 있는 그 홈들 때문이다. 청바지를 오래 입어서 여기저기 해지고 찢어진 것이 빈티지한 멋으로 느껴지기 때문에 사람들은 아예 처음부터 워싱을 한 청바지를 만들어내기도 한다. 기타에도 렐릭relic 문화라는 게 있어서 긁히거나 칠이 벗겨진 기타들이 더 대접받는다고 한다. 그래서 일부러 그렇게 매만진 기타들을 출시한다고. 저건 렐릭이 아니라 그냥 망가진 게 아닌가 싶을 만큼, 마치 지하철에서 만나면 노약자석을 내드려야 할 것처럼 보이는 기타가 오히려 비싸게 판매되는 걸 보면서 나는 좀 어리둥절했었다. 하지만 사람들은 예쁘게 까졌다, 흠이 멋있게 났다며 감탄하고 있었다. 이렇게 물건의 상처는 빈티지라는 이름으로 아름다움이 되기도 한다. 그러니 우리 몸의 상처도 조금 더 예쁘게 보아주면 어떨까.

특히 아이가 놀면서 생기는 흉터는 아이가 세상을 배우고 자란다는 증거다. 노르웨이에는 '까진 무릎의 축복The blessing of a skinned knee'이라는 말이 있다고 한다. 까지고 붓고 긁히고 딱지가 앉고 멍이 든 무릎은 바로 아이가 신나게 놀고, 작은 어려움은 견디고, 늘 보호받으려고 하지 않고, 건강한 어린 시절을 보내고 있다는 표시다. 해리포터의 번개를 가진 내 아이들은 나무에 오르는 걸 좋아한다(꼭 나무에만 오르는 게 아니라 요 녀석들이 기본적으로 땅에 잘 안 붙어 있다). 그러니 당연히 뚝뚝 떨어지기도 잘한다. 노르웨이 사람들처럼 내 아이의 까진 무릎이 축복으로 보이는 경지에는 아직 이르지 못했지만, '저 녀석이 멍들어 왔구나'가 '저 녀석이 그림을 그리다 왔구나'로 생각되는 경지에는 이르렀다.

나는 고통 공감이 센 편이지만 내 고통은 잘 참고, 내 아이가 넘어지는 일에는 이상하리만치 담담한 편이다. 한번은 아이가 피크

닉 테이블 벤치에 서서 까불다가 뚝 떨어졌는데, 주변에서는 다들 깜짝 놀라고 내 아이랑 나만 별로 안 놀랐다. 나무늘보 같은 표정으로 어, 얼른 일어나, 하고 말했더니 선배가 너는 어쩜 그렇게 표정 하나 안 변하고 무덤덤하냐며 놀라워했다. 아니 신생아도 아니고 솔직히 그 높이에서 떨어진다고 죽는 것도 아니고, 크게 아플 것 같지도 않았기에 안 놀랐을 뿐이다. 앞으로 다치고 아플 일이 세상에 얼마나 많은데 이 정도야 뭐. 가끔 그 정도는 별거 아니라는 걸 알려주고 싶어서 나는 일부러 더 무덤덤하게 군다. 불안은 전염된다. 엄마 아빠가 너무 걱정하거나 속상해하면 아이는 같이 위축되고 더 아파한다. 내가 우리 아이들에게서 가장 좋아하는 부분도, 넘어졌을 때 별거 아니라는 듯 잘 울지 않는 점이다. 푹 고꾸라졌다가도 그냥 일어나서 또 으아아아 달려간다(이놈의 자식들아 제발 조심을 좀 하란 말이다!). 심하게 긁혀서 쓰라리거나 피가 줄줄 나지 않는 이상 아프다는 얘기도 별로 안 한다. 정말 아프다고 엉엉 울 때는 엄마가 온 마음으로 위로해줄 테니, 별로 아프지 않은 건 그렇게 툭툭 털고 앞으로 나갔으면 좋겠다.

어른의 자리

:

아이가 다치면 부모는 속상하다. 조금 더 신경 써서 살필 걸, 조금 더 주의를 줄걸, 자책도 하게 된다. 그런데 적절한 정도의 걱정과 자책을 넘어 너무 습관적으로, 너무 자동적으로, 너무 깊이 내 탓이라고 생각하지 않았으면 좋겠다. 그 모든 게 묻지도 따지지도 않고 전적으로 부모의 책임이라면 접시 물에 코 박고도 죽는다는 말이 있을 리가 없다. 사실 세상은 위험한 것 천지다. 안 위험해 보이는 것도 상황에 따라 가끔 위험한 것으로 돌변한다. 타는 목을 축여준 물이 바닥에 쏟아졌다가 조금 뒤에 나를 미끄러지게 할 수도 있으니까. 그러니 그 모든 가능성을 어떻게 다 알아서 사전에 차단할 수 있을까. 그리고 그렇게 모든 것을 완벽히 차단한다면 아이는 어떻게 세상을 만지고 껴안을 수 있을까.

아이가 상처 하나 없이 자란다는 건 불가능에 가깝다. 사실 산다는 것은 상처를 쌓아가는 일련의 과정이기도 하다. 영화 〈도쿄 타워〉에서 인상 깊었던 대화가 있다.

"상처받는다는 것에 대해선데 말이야, 태어났을 때는 누구도 상처받아 있지 않잖아? 인간이란 건 태어날 때는 모두 완벽하게 무결해. 대단하지 않아, 그거? 그리고 그 후부턴 계속 상처받을 뿐이랄까. 죽을 때까지 상처는 늘어갈 뿐이잖아."

"그래서?"

"상처받는 수밖에 없다는 것."

물론 이 대화의 콘텍스트는 어린이의 세계와는 상당히 많이 동떨어져 있지만(후후후), 그래도 산다는 건 죽을 때까지 상처를 쌓아가는 일이라는 것, 인간이란 상처받을 수밖에 없는 존재라는 것을 담담히 말하는 장면이 마음에 오래 남았었다.

아이가 인간으로서 살아가는 이상 다치는 건 당연한 일이다. 그래서 어차피 다칠 것, 나는 아이의 상처에 속상해하기보다 그를 통해 아이가 배우고 커가는 모습을 보려고 한다. 그래야 내 마음도 한결 낫다. 애태우며 상처만 들여다보는 게 아니라 그 상처 너머를 보겠다는 얘기다. 해리포터가 된 내 아이들은 이마의 상처를 통해 우선 계단에서 뛰면 안 된다는 것, 앞을 잘 보면서 걸어야 한다는 것을 단단히 배웠다. 한편으론 내가 피가 많이 나도 놀라지 않고 잘 참을 수 있는 아이라는 것, 병원에서 울지 않고 치료를 잘 받을 수 있다는 뿌듯한 사실도 깨달았다. 그렇게 간질간질 새살이 돋는 시간을 경험하고, 상처와 치료의 관계를 배우고, 흉터가 남은 이마를 거울에 비춰보고 씩 웃을 수 있게 되었다. 이만하면 나쁘지 않다.《어린이라는 세계》를 쓴 김소영 작가는 어린이를 만드는 건 어린이 자신이며, 자신 안에는 즐거운 추억과 성취뿐 아니라 상처와 흉터도 들어가는 것이라고 말한다. 그리고 아무리 어린 사람이라도 악몽은 자기 힘으로 이겨내야 한다고 말한다. 다칠 걱정에 피하지만 말고 맞서서 이겨낼 힘을 길러야 한다고.

위험한 상황에 놓여봐야 위험한 상황에서 다치지 않는 방법을 터득한다. 나는 어렸을 때 신호등이 없는 횡단보도를 혼자 건너는 걸 펄쩍 뛰며 금지했던 엄마의 사랑 때문에 초등학교 5학년이 되도록 신호등 없는 횡단보도 앞에서는 극한의 공포를 느꼈다. 길을 건너지 못했으므로 길 건너의 세계를 만날 수 없었다. 이제 초등학교 1학년인 내 아이는 신호등이 없는 길을 두 번 건너서 혼자 학교에 갔다가 집에 잘 돌아온다. 불안한 마음이 없다고 하면 거짓말이겠지만, 아이가 나보다 낫구나 하며 믿어보고 있다.

어른들이 항상 옆에서 잡아주고 앞에서 끌어주면 아이는 편할지 몰라도 자기의 힘과 능력을 확인할 기회를 잃는다. 나의 생명력이 어디까지 뻗을 수 있는지, 나의 탄성이 얼마나 되는지 알 수가 없다. 그러므로 어른들의 자리는 한발 떨어진 뒤쪽이다. 아이가 혼자서 앞으로 나아가는 모습, 넘어졌다가 다시 일어서는 모습을 지켜볼 수 있는 자리. 너무 위험하다 싶으면 잡아주고, 지치고 힘들어할 때 뒤에서 받쳐주는 것이 어른의 역할이다.

사실 레벨 97의 능력자로서 레벨 1의 플레이를 지켜본다는 것은 참을 수 없을 정도로 근질근질한 일이다. 발을 제대로 넣지 못해 헛발질 중인 저 실내화를 내가 후딱 신겨주고 싶고, 자기 가슴께 되는 높이의 화단 담에서 균형을 잡으며 발을 조금씩 내딛는 걸 보면 내 손에 의지해 빨리 걸어갈 수 있도록 손을 꼭 잡아주고도 싶다. 이 분야의 끝판왕은 장갑 두 짝에 열 손가락 맞춰 끼우기. 부모들이여, 만 5세 미만에게 손가락 장갑을 사주는 것은 제 발로 손가락 지옥으로 걸어 들어가는 티켓을 사는 꼴이다. 손가락이 꼬물거리며 하염없이 움직이는데 왜 도대체 무엇 때문에 여백은 채워지지 않는 것인가. 하지만 나서지 말고 기다려야 한다. 쉽지 않겠지만 그렇게 뒤에 있어야 한다. 그런 상황에서 이너피스를 유지하며 아이들의 헛손질 헛발질을 최영 장군이 황금 보듯 하는 것이 부모력 향상의 기본임을 알고, 자기 일은 자기가 하도록 초연한 자세를 유지해보자. 사실 자꾸 도와주고 문제를 해결해주면 이놈들은 그게 당연한 줄 알고 고마움 대신 뻔뻔함을 키우게 된다. 그 뻔뻔함까진 참을 수 있는데 자기 부주의나 잘못을 주변 어른의 탓으로 돌리고 원망하거나 화를 내는 경우가 생기기도 한다. 나는 그 꼴만큼은 못 보겠다.

무능한 아이로 키우느니 조금 다치더라도 유능한 아이로 키우고 싶다. 아이 앞에 있는 돌을 일부러 치우고 싶지 않다. 이탈리아에서 아이들을 키우고 있는 김민주 작가의 책 《우리가 우리에게 닿기를》에는 입학식에 참석한 학부모들에게 교장 선생님이 그림 하나를 소개하는 장면이 나온다. 안드레아 델 베로키오Andrea del Verrocchio가 그린 구약성경 토빗기에 대한 그림인데, 눈먼 아버지를 대신해 길을 떠난 토비아에게 라파엘 대천사가 길을 가르쳐주는 모습을 담고 있다. 중요한 건 천사가 소년을 잡아끌지도 밀지도 않고, 자갈밭의 돌(팝콘 같지만 돌입니다)도 치워주지 않는다는 점이다. 천사는 그저 조용히 같이 걸어가준다. 교장 선생님은 오늘의 돌이 내일의 산이 될지 모르니 아이들 스스로 등반할 줄 알아야 한다고, 아이들에게 돌을 만나게 해주라고 말한다. 사랑의 마음으로 내 아이들이 갈 길을 비로 쓸어주고 웬만하면 레드카펫까지 깔아주고

안드레아 델 베로키오, 〈토비아와 천사(1470-1475)〉

싶은 우리들로서는 마음에 새겨야 할 그림이고 조언이다. 아이 앞의 돌들을 하나씩 치워주고 싶은 게 부모의 마음이지만, 그 돌을 그대로 두는 게 부모의 사랑이다. 대신에 필요할 때는 존재감 100퍼센트로 등장해서 아이들을 꼭 안아주자. '내가 정말 아팠을 때 엄마가 나를 꼭 안아줬어.', '내가 정말 힘들었을 때 아빠가 나랑 같이 울어줬어.' 아이들의 인생에 남는 건 이런 기억들이다. 그런 따뜻한 위로로 아이들은 또 한발 나아갈 힘을 낸다.

안 보이는 세계의 상처와 위험

그런데 문제는 넘어지고 굴러서 피가 나는 것만이 다치는 게 아니라는 점이다. 그렇게 겉으로 드러나는 부분을 다치는 건, 피가 나는 것도 아무는 것도 눈에 잘 보여서 오히려 안심되는 면이 있다. 하지만 우리는 말로도 마음을 긁히고, 침묵 속에서도 멍이 들고, 감정으로도 화상을 입는다. 외상뿐 아니라 내상을 살피는 일도 중요하다. 이 내상은 어디를 어떻게 다쳤는지, 얼마나 다쳤는지, 낫는 중인지, 아물기는 할는지 도통 눈에 보이지 않아 어렵다.

아이들의 보이지 않는 상처를 살펴야 하는 게 어른들의 역할이다. 사람의 마음을 살피는 일은 원래 어렵지만 아이들은 표현력이 섬세하게 발달하지 않아서 안을 들여다보는 게 더욱 어렵다. 이 조그만 놈들의 안에 들어 있는, 눈에 안 보이는 걸 살펴야 하다니. 〈엑스맨〉 시리즈에 등장하는 프로페서 X처럼 마음과 기억을 읽는 초능력이라도 있어야 할 것 같다. 그런데 만약 그런 초능력이 생겨서 아이들의 마음과 기억을 읽다 보면 아마 놀랄지도 모른다. 그 안에 괴물처럼 등장하는 게 바로 나일 수 있기 때문에.

어린아이의 감정을 다치게 하는 주체는 타인보다 오히려 부모 쪽일 가능성이 크다. 아이 곁에서 가장 큰 존재감을 뿜내고 있는, 아이들의 우주. 그 큰 우주가 아이에게 사랑의 이름으로 강요를 하거나 감정을 다스리지 못해 필요 이상으로 몰아세우진 않는지, 상처가 될 말을 하진 않는지, 그놈의 우주가 명상을 하고 자정작용을 좀 해야 한다.

하루는 큰아이가 그랬다.

"엄마는 크잖아. 엄마는 엘턴Eltern, 부모이잖아."

"응(어… 엄마는 스머프에 가깝지만 그래도 너한테는 큰 사람이지)."

"나랑 이음이는 킨트Kind, 아이잖아. 우리는 작잖아."

"응."

"그래서, 엄마가 큰데 엄마가 무섭게 말하면 안 돼. 우리는 작으니까 무서워."

그렇게 큰 소리로 말한 것도 아니고 무섭게 말한 것도 아닌데 아이는 그렇게 느꼈나 보다. 늘 배시시 웃으면서 꿀 뚝뚝으로 쳐다

보던 엄마가 표정을 딱딱하게 하면 그게 그렇게 무서운가 싶다. 나도 인간인 이상 이놈들의 만행에 화가 치솟을 때가 있고, 다른 곳에서 받은 스트레스 때문에 아이들의 콩알만 한 잘못에 왕만두만 한 분노를 날릴 때도 있다. 그런데 생각해보면 아이들이란 원래 그런 존재다. 마음은 급한데 몸이 따라주지 않아 실수도 잦고, 세상에 해보고 싶은 게 너무 많아서 사고를 칠 확률도 높은. 느리고 서툰 존재들에게 어른의 잣대를 들이대는 건 어른들의 갑질이다. 시간이 지나면 아이들은 엄마 아빠와 나눴던 대화의 내용은 잊고 느낌만 남긴다고 했다. 생각해보면 나도 뭘 잘못해서 혼났는지는 하나도 기억이 안 나고, 화가 잔뜩 나서 소리치던 어른들의 무서운 얼굴과 엄마가 마당에서 회초리를 꺾을 때의 그 울고 싶던 마음만 진하게 남아 있다. 어른들은 뭔가를 가르친다는 명목으로 무서운 얼굴을 하고 위압감을 주지만, 두려움과 배움은 함께 춤출 수 없다. 작으니까 무섭다는 아이의 말을 나는 마음 깊이 간직하기로 했다. 큰 사람은 다정해야 한다.

 아이들의 눈높이에서 내가 어떻게 보일지 생각하고, 나에게 그만큼 더 큰 사람의 존재를 가정해본다. 이를테면 천장 높이까지 키가 커서 늘 나를 내려다보고, 커다란 손으로 나를 번쩍 안아 올릴 수 있는 사람. 그렇게 거인 같은 사람이 나를 향해 분노하고 있다고 생각하면 어른인 나도 오싹하다. 손을 치켜들면 움찔할 거고, 크게 소리라도 지르면 내 온몸이 울리겠지. 더구나 그렇게 커다란 사람에게 나의 존재를 위탁하고 있다고 생각하면 그는 정말 내가 거스를 수 없는 절대적인 존재가 될 것이다. 그런 커다랗고 중요한 사람이 말로, 혹은 침묵으로 상처를 준다면 작은 아이들의 마음은 어떨까. 우리가 눈에 보이는 외모에만 신경 쓰지 말고 내면을 가꿔야 한다고 생각하는 것처럼, 눈에 보이는 상처뿐 아니라 안 보이는 상처에도 좀 더 관심을 기울였으면 좋겠다. 안 보이는 상처를 줬다고 생각하면 꼭 치료해주기를, 그리고 잘 아물었는지 꼭 확인해주기를. 살갗에 생긴 생채기는 딱지가 생겨 아물면 나아지지만 영혼에 입은 화상은 치료되지 않고 삶의 곳곳에서 평생 아픈 연기를 내기 마련이다. 아이든 어른이든 그렇다.

안 보이는 세계에서 아이들이 다칠 위험은 다른 곳에도 있다. 점점 더 광활하게 펼쳐지는 온라인의 세계가 그렇다. 오프라인 세상에는 우리가 너무나 당연히 알고 있는 규제와 안전장치들이 있지만 온라인 공간에는 그런 게 미비하다. 학교만 하더라도 반경 200미터 내에는 대기오염물질 배출시설을 비롯한 유해시설이 들어설 수 없고 차도 천천히 다녀야 한다. 그런데 유튜브 세상에서는 광고를 두세 번만 잘못 클릭하면 아이들 앞에 바로 낭떠러지며 정글이 직배송될 수 있다. 학교 운동장에서, 혹은 동네 놀이터에서 어떤 아이가 괴롭힘을 당하고 있다면 그래도 누군가의 눈에 뜨일 확률이 높지만, 소셜 미디어에서 악플에 시달리고 단톡방에서 왕따를 당하는 아이는 어른들의 눈에 뜨이기가 쉽지 않다. 놀이터의 개념이 바뀌고 있는 세대다. 학년이 올라갈수록, 아지트로 삼는 친구 방에서 놀기보다는 온라인 공간에서 보내는 시간이 더 많은 세대. 그들이 보이지 않는 곳에서 주고받는 상처에 대해 우리는 얼마나 인지하고 있을까.

얼굴을 대면하지 않은 상태에서 인간은 잔인함의 온도를 조금 더 높일 수 있다. 온라인 세계는 나날이 진보되는 기술에 기반한 세계이므로 소수에게만 친숙한 구조다. 따라서 익숙하지 않은 다수를 볼모로 잡은 사악한 인간들에게 악용되기 쉬운 분야다. 디지털 세계의 문법에 서툰 어른들이 아이들의 말랑말랑한 손끝을 따라가기 어려우며, 아이들의 사적 영역을 존중해야 하므로 평소에 들여다볼 수도 없는 분야이기도 하다. 이걸 어떻게 대비하면 좋을지 실은 나도 자신이 없다. 지금으로서 내가 가지고 있는 원칙은 두 가지.

첫째는 일단 사랑을 듬뿍 주면서 사랑받는 경험을 단단히 만들어주는 일이다. 사랑을 듬뿍 받은 경험이 있는 사람은, 나는 썩 괜찮은 사람이며 누군가에게 부당한 대접을 받을 이유가 없다는 믿음을 가지게 된다는 걸 믿어보고 싶기 때문이다. 그런고로 틈만 나면 아이들과의 애정 행각에 여념이 없다. 하루에도 여러 번, 그냥 꼭 안은 채 토닥토닥 시간을 보낸다. 평소에 사랑한다는 말은 느끼해서 잘 못 하는 편이지만 아이들에게만큼은 예외다. 늘 엄마가 좋아한다고 사랑한다고 말한다. 사랑에 이유도 붙이지 않는다. 사랑은 너에게 아무것도 요구하지 않는다는 걸 알려주고 싶기 때문이다. 엄마는 그냥 네가 좋아서 죽을 것 같아(그냥 하는 말이 아니고 실제로 너무 예쁘고 사랑스럽다). 하트가 난무하는 현장을 반려인은 눈꼴시다며 느끼해한다. 커가면서 이렇게 모자간에 서로 죽고 못 사는 시간은 서서히 줄겠지만 그래도 세상에 한 곳쯤은 기댈 데가 있다는 믿음, 그 한껏 사랑받은 경험으로 아이들은 세상에 나가 부딪히고 살아볼 힘을 얻지 않을까. 내가 비빌 보드라운 언덕이 있는 사람은 쉽게 자신을 포기하지 않는다고 믿어보고 싶다. 앞으로 쌓아갈 안 보이는 상처에, 안 보이는 힘으로 보호막을 쳐두고 싶은 그런 마음.

둘째는 내면의 상처를 서로 보이고 안아주는 연습을 하는 일이다. 아이들이 나를 슬프게 하거나 상처를 주면 나는 그냥 말한다. 누군가에게 내 상처를 드러내는 걸 굉장히 불편하게 여기며 살아왔기에 만만치 않다. 하지만 내 감정을 솔직히 드러내는 연습을 하는 일, 그렇게 감정의 말과 용서의 말, 치료의 언어를 배우고 직접 해보는 게 중요하다고 믿기 때문에 노력하고 있다. 세상 모든 일에 꽤 담담한 편이지만 슬픔을 느끼는 회로가 약간 미쳐 있는 프로 열러인 나는 (이 두 가지의 공존이 가능합니다, 여러분) 뉴스를 보다가도 그냥 가만히 있다가도 잘 우는 편인데, 내가 그렇게 조용히 울고 있으면 아이들이 다가와서 또랑또랑한 눈으로 묻는다. "엄마 왜 울어?" 그러면 질질 우는 못생긴 얼굴로 뭐가 나를 슬프게 했는지,

왜 속상한지, 아이들에게 설명한다. 아이들은 엄마가 왜 우는지 모두 다 이해는 못 하지만 걱정스러운 눈으로 눈물도 닦아주고 조그만 팔을 뻗어 토닥토닥도 해준다. "고마워, 지음이가 안아줘서 엄마 기분이 나아졌어.", "고마워, 이음이가 뽀뽀해줘서 엄마 눈물이 쏙 들어갔어." 그렇게 슬픔은 나누면 꽤 나아진다는 것, 슬픔의 이유를 잘 이해하진 못해도 위로는 가능하다는 것을 아이들이 알기를 바란다.

이런 연습과 대화를 통해 천천히 알려주고 싶다. 세상 사람들의 마음이 모두 내 맘 같지 않기에, 그리고 때로는 내 맘을 나도 모르겠기에, 사람은 누구나 살면서 상처를 주고받게 된다는 점을. 살다 보면 상대에게 실망을 주기도 하는데, 그게 딱히 누구의 잘못이 아니라 그냥 자연스럽게 일어나기도 한다는 점도. 하지만 다행히 세상에 진심이 통하지 않는 영역은 또 드물다는 점을 아이들이 알게 되길 바란다. 그러므로 내가 만든 상처가 있는 곳에는 어렵더라도 늦지 않게 반드시 진심을 들고 가기를. 진심과 진심이 만나면 좋겠지만 또 세상이 그런 것만도 아니어서, 당사자의 진심 어린 사과를 받지 못하더라도 타인의 진심으로 일어설 힘이 생기기도 한다는 점도 알게 되기를. 우리가 이 상처 가득한 세상에서 씩씩하게 살아갈 수 있는 건 그런 다정함들 덕분이고, 이 세상에 너희들의 다정함이 소복하게 쌓이기를 바라는 엄마의 마음도 알아주었으면 좋겠다.

너와 나의 상처들

돌아보니 나에게 그저 아프기만 한 고통은 없었다. 많이 아프고 나면 단단해졌다. 마음이 썩을 대로 썩어 문드러지고 나면 눈물이 촉촉했던 그곳에 작은 꽃밭이 생겼다. 그러니 어른이든 아이든 상처를 너무 두려워하지 않아도 된다고 말하고 싶다. 우리는 아마 그 상처로 인해 자라날 수 있을 것이다. 고통이라는 것은 내 안의 무언가를 깨뜨리고 껍질을 부수는 일이다. 씨앗도 싹을 틔우려면 먼저 부서져야 한다. 그러므로 고통을 없애려고만 하지 말고, 피하려고만 하지 말고, 담담히 부서질 수 있어야 한다. 그건 내 안에서 뭔가 싹이 트는 순간일 수도 있으니까.

다치는 걸 너무 두려워하지도 않았으면 좋겠다. 나는 내 아이들이, 다칠 가치가 있는 일이라고 생각되면 시속 1미터의 속도로든 네발로 기어서든 그리로 가봤으면 좋겠다. 간디는 실수할 자유가 없는 자유란 가치가 없다고 했다. 자유라는 건 원래 그렇게 실수의 공간을 넉넉히 품고 있는 개념이다. 그러니 자유롭게 다쳐보고 실수해보고 하나씩 배워서 일어났으면 좋겠다. 안 되는 게 되는 거라고 믿는 낙천적인 마음이 단단하게 뿌리내리면 좋겠다. 《고도를 기다리며》를 쓴 사뮈엘 베케트는 이렇게 말했다. "또 실패했다. 이번에는 좀 더 세련되게." 오늘도 망했지만 좀 더 멋지게 망했다는 사실에 뿌듯할 수 있다면 꽤 성공한 인생 아닐까. 실패란 내가 뭔가를 했다는 흔적이다. 그러므로 멋지게 망하지 않더라도 이미 충분히 멋진 셈이다. 사실 내가 성공하고 실패하는 일에 대다수의 사람들은 놀랄 만큼 관심이 없다. 나는 이 사실을 내 아이들이 반드시 기억했으면 좋겠다. 이 사실을 체득하면 아이들의 평균수명이 1년은 늘어날 거라고 믿는다.

사람마다 필요한 용기의 양이 다르다는 점도 알았으면 한다. 누군가를 함부로 겁쟁이라고 답답이라고 속단하지 말고, 다른 사람들보다 용기가 많이 필요한 사람이 한 발을 내디뎠을 때는 그 한 발이 그저 느린 한 발, 보잘것없는 한 발이 아니라 남들보다 훨씬 더 용감한 한 발임을 알았으면 좋겠다. 똑같이 상처를 입어도 누군가는 금방 회복되지만 누군가는 시간이 오래 걸린다는 사실을 알고, 오래 쓰다듬으며 기다려줄 줄도 알았으면 좋겠다. 때로는 함부로 위로를 건네는 일이 상처가 되기도 한다는 걸 나도 참 뒤늦게서야 깨달았다. 지금껏 살아오면서 위로에 영 서툴렀던 자로서 발견한 사실이 하나 있는데, 그냥 서툰 채로 옆에 가만히 머물러주는 게 오히려 꽤 괜찮은 위로가 된다고 하더라. 세상의 많은 일에 정답이 없듯이 아픈 마음에도 정답이 없다. 조언이 필요한 아픈 마음도 있지만, 때로는 그 아픈 마음에 정답이 필요한 게 아님을 알고 그냥 가까이에 조용히 머물러주는 지혜를 가졌으면 한다.

여든이 넘은 나이에도 활발하게 활동하고 계신 배우 김영옥 님이 한 예능 프로그램에서 하셨던 말씀이 인상적이었다. 이제껏 살아온 경험을 바탕으로 한마디만 당부한다면 어떤 말씀을 하시겠냐고 묻자 "남의 가슴을 아프게 하는 일은 하지 말 것"이라고 하셨다. 나는 나의 아이들이 상처받는 것은 두려워하지 말되, 남에게 상처를 주는 것은 반드시 두려워하기를 바란다. 남에게 상처를 주었다고 생각하면 반드시 용서를 구하도록 가르치고 싶다. 미안하다는 말은 언제고 늦는 법이 없으니, 뒤늦게 깨닫게 되더라도 꼭 마음을 전했으면 좋겠다. 사랑하는 사람들이 생기면 그들의 보이는 상처를 보듬어주고, 안 보이는 상처도 껴안아줄 수 있는 사람이 되기를 바란다. 마지막으로 무엇보다, 엄마가 어떤 방식으로든 상처를 주었다면 부디 용서해주기를 바란다.

　우리는 모두 다친다. 모두 서툰 존재들이다. 그러므로 부모는 자식을, 어른은 아이를, 선배는 후배를, 다정한 인내심을 가지고 지켜봐주어야 한다. 한편으로는 자식은 부모가, 아이는 어른이, 후배는 선배가, 뭘 모를 수도 있고 다칠 수도 있는 불완전한 존재라는 점도 알고 이해해줘야 한다. 서로의 상처를 흠이 아니라고 여겼으면 좋겠고, 도전하다가 상처 입은 존재들을 서로 보듬어줄 수 있으면 좋겠다. 상처를 대하는 우리의 자세는 이렇게 담대하고 따뜻한 것이면 좋겠다.

　마지막으로 이 말을 꼭 덧붙여야겠다. 다친다는 건 무엇이며, 그를 바라보는 우리들의 자세가 어때야 하는지는 사실 단언하기 어려운 문제다. 가정마다 아이마다 갖고 있는 상처의 깊이와 그늘이 모두 다르기 때문이다. 크게 불편한 곳이 없는 건강한 아이를 전제로 글을 썼다. 그래서 아픈 아이를 가진 부모 혹은 아이를 잃은 부모에게는 한 문장 한 문장이 상처가 될 수 있음을 안다. 세상에는 돌이킬 수 없는 내상을 가지고 태어난 아이가 있을 것이고, 너무 아픈 상처를 받아 힘겹게 버티는 아이도, 회복할 수 없는 상처로 부모 곁을 떠난 아이들도 있을 것이다. 그런 부모들에게는 다치는 것, 상처라는 것의 무게가 지금껏 써온 글을 모두 납작하게 눌러버릴 만큼 크다는 것을 안다. 그런 아픔과 무거움에 대해 감히 말할 수 있는 입장이 아니므로 단 한마디라도 얹고 싶은 생각은 없다. 다만 아픈 아이를 가진 부모들에게 말로 할 수 없는 존경의 마음을, 아이를 잃은 부모들에게는 조심스러운 기도의 마음을 보낸다.

공부라는 것은
왜, 무엇을, 어떻게 공부해야 할까

공부는 왜 하는 걸까?
:

공부라면 남부럽지 않게(과연 부러워할 것인가) 오래 해왔다. 그렇지만 나는 남부럽지 않게 멍청했다는 생각을 하고 있다. 가장 큰 이유는 생각 없이 그저 맹목적으로 휩쓸려 공부를 했던 시간이 길기 때문이다. 나의 아이들이 공부에 취미가 있을지 모르겠지만 공부는 누구나 해야 하는 것이기에, 아이들에게 전해주고 싶다는 생각으로 공부에 대한 생각을 정리해보았다. 미리 차근히 생각해두면 나중에 이 녀석들이 공부하기 싫다고 크기 64 휴먼판소리체로 소리 지를 때 당황해서 말을 더듬는 일은 없지 않을까 싶어서. 무엇보다 나처럼 공부하지 않았으면 해서.

우리나라는 공부와 시험의 상관성이 유독 높은 사회다. 안타깝게도 공부가 '입시'와 동의어처럼 사용된다. 힘겹게 입시 관문을 통과한 사람들에겐 그 순간부터 '취업'과 유사한 의미가 된다. 그래서 어느 정도의 시험이나 관문을 통과하고 나면 내 인생에서 공부는 이제 끝이라고 생각하는 사람들도 제법 있다. 그런데 살아보면 깨닫겠지만 공부는 우리를 그렇게 쉽게 놓아주지 않는다.

공부는 왜 할까? 좋은 학교에 들어가서, 좋은 직장에 취업해서 돈을 많이 벌려고? 안타깝게도 공부와 돈방석 사이에 인과관계가 그렇게 명확하지 않다는 점은 차치하더라도, 공부는 그러려고 하는 게 아니지 싶다. 공부는 세상을 폭넓게 이해하고 생각의 힘을 키워 성숙한 사람이 되는 데 필요하다고 나는 믿는다. 성숙한 사람이란 간단히 말해서 대화가 통하는 사람이다. 세상에 대한 이해도가 높아 어떤 주제든 잘 이해하고, 요지를 잘 파악해서 상대의 말을 귀 기울여 들을 줄 알며, 그에 대한 자신의 생각을 명료히 말할 수 있고, 그렇게 서로 대화와 토론을 통해 설득하고 맞춰갈 줄 아는 사람. 그런 사람들이 성숙한 사람이다. 자신의 생각을 잘 전할 수 없어 감정만 앞세우는 사람, 상대를 잘 설득할 수 없어 폭력을 쓰는 사람이 아니라. 자기 생각을 적절히 표현하지 못해 짜증 내며 울고, 내 말을 들어주지 않는다고 난동을 부리며 주먹질을 하는 건 딱 말을 배우기 전의 아이들 모습이다. 어른이 그렇다는 건 몸만 컸다는 얘기다.

꼭 인문학적인 공부가 아니라 전문지식이나 기술 같은 것에 대한 공부도 생각의 힘을 키우고 성숙한 사람이 되는 일과 무관하지 않다. 나는 지식이 일정량 쌓이면 그것이 아무리 단편적인 것이라도 통합을 이루는 순간이 있으며, 한 분야를 오래 보는 사람들이 갖는 혜안이라는 것이 있다고 생각한다. 한 분야를 깊이 파고들면 그것이 사회의 전체 구조 안에서 어떤 퍼즐로 맞춰지는지, 그 이면의 시스템이 눈에 보이는 순간이 오기 때문이다.

세상에는 나보다 오래 산 사람들이 수두룩하지만, 그래도 이 나이 되도록 살아보니 매력적인 사람들은 대체로 생각의 근육, 마음의 근육이 단단한 사람들이었다.° 분명한 자기 생각이 있고, 흥미로운 질문을 던질 줄 알며, 대화할 때 즐거운 사람들. 그러므로 공부는 매력적인 사람이 되기 위해서 한다고 해도 딱히 틀린 말은 아니라고 본다. 매력이라고 하면 보통 외형에 관한 것이라고 생각하기 쉽지만 그렇지 않다. 아무리 입이 떡 벌어지는 아름다운 모습을 가진 사람이라도, 그 안에 든 것이 엉망진창이면 그 떡 벌어진 입이 다시 조용히 닫히는 법이다. 그러므로 가꾼다는 동사를 몸

○ 일각에서는 '생각의 근육, 마음의 근육'같이 근육을 중시하는 표현이 비장애인 중심주의 ableism와 연결될 수 있음을 성찰하는 따뜻한 움직임이 있다. 지금으로서는 대체할 수 있는 표현이 마땅히 떠오르지 않고, 개인적으로는 몸의 근육과 별개로 오히려 생각의 근육으로 튼튼해지는 인간 존재를 가정하는 것이 꼭 차별적인 일일까 생각하고 있다. 아직 많이 부족하다는 고백을 전제로, 또 계속 고민하겠다는 것을 전제로 사용하니 이 표현에 마음을 다치는 분들이 없기를 바란다.

에만 써서는 곤란하다. 거울로 자기 몸을 부단히 살피듯 내 안에 든 것을 꾸준히 살펴야 한다. 체중에 관심을 기울이며 근육량에 신경 쓰듯, 정신의 무게에도 관심을 기울이고 뇌라든가 마음에도 근육을 키워야 한다. 주의할 점은 이게 딱히 가방끈 길이에 비례하는 것이 아니라는 점이다. 그런 의미에서 공부와 학력, 즉 성숙과 학력은 동의어가 아니다.

 이 사실은 슬프게도 몇 년 전 공공의대 설립을 두고 의사 단체에서 만든 홍보물에서 확인할 수 있었다. "당신의 생사를 판가름할 중요한 진단을 받아야 할 때, 의사를 고를 수 있다면 둘 중 누구를 선택하겠습니까? 매년 전교 1등을 놓치지 않기 위해 학창 시절 공부에 매진한 의사 vs. 성적은 한참 모자라지만 그래도 의사가 되고 싶어 추천제로 입학한 공공의대 의사." 공공의대가 좋다 나쁘다를 떠나서 대체 이게 무슨 논리인가 싶었다. 예과, 본과, 의사국가고시, 인턴, 레지던트 등등 전문의 자격을 따는 데만 최소 11년이 걸린다는 긴 시간 동안 쌓은 전문성을 어필하는 것도 아니고, 공공의대의 문제점을 파고드는 것도 아니고, 내세우는 게 고작 학창 시절 전교 1등이라니. 상대는 '성적이 한참 모자란' 사람들이지만 우리는 공부 열심히 해서 시험 성적을 잘 받았으니 국민들이 그걸 인정해달라고? 자타가 공인하는 우리 사회 엘리트 집단의 논리가 이것밖에 안 되다니 실망스러웠다. 논리는 안 보이고 성적과 학력에 대한 자부심만 보였기 때문이다. '학력'은 높을지 몰라도 사회 공론장에서 무슨 내용을 어떻게 논리적으로 제시하여 타인을 설득할 것인가 하는 아주 기본적인 '공부'가 부족해 보였다. 슬쩍 상대를 낮추는 오만함은 앞서 말한 '성숙'과도 거리가 있어 보였다. 이 홍보물 하나로 모든 의사를 폄하하고 싶은 생각은 전혀 없지만, 적어도 이 문구와 관련된 의사들은 혹시 '공부를 왜 할까'라는 질문에 그저 '점수를 잘 받아 의사가 되기 위해서'라는 아주 단순한 답을 가지고 있었던 건 아닐까 하는 생각이 드는 건 피할 수 없다.

새삼스럽게 '공부를 왜 할까'라는 질문을 던지는 이유는, 사실 내가 근사한 답을 가지고 있어서라기보다 우리 대부분이 공부를 왜 하는지에 대한 고민이 부족한 상태에서 공부에만 매달리기 때문이다. 왜 달려가는지, 어디를 향해 달려가는지 별로 생각하지 않은 채 그냥 모두 함께 으어어어 하고 달려간다. '공부할 시간이 없어 죽겠는데 공부를 왜 하는지 고민할 시간이 어딨냐.' 이 희한한 문장이 왠지 자연스럽게 느껴지는 곳이 아이들이 공부하는 학교와 학원이다. 학교에는 유난히 공부에 관한 기괴한 문장들이 많다. '10분 더 공부하면 남편 직업이, 아내 얼굴이 바뀐다'는 급훈은 정말 모든 부분이 빈틈없이 엉망이라 대체 어디서부터 지적해야 할지 모르겠다. '지금 이 순간에도 적들의 책장은 넘어가고 있다'는 문장이 공부에 관한 명언이라고 돌아다니는 걸 보면 책장이 아니라 내가 넘어가겠다. 친구를 적이라고 칭하는 게 명언이라니. 공부는 남을 이기려고, 밟고 올라서려고 하는 게 아니다. 그런 의미에서 '○○ 시험 공부 필살기', '삶의 무기가 되는 철학' 같은 말도 나는 조금 불편하다. 필살기는 사람을 확실히 죽이는 기술이라는 말이고, 무기는 어쨌든 살상을 목적으로 하는 도구이기 때문이다. 공부가, 철학이, 남을 찔러 내가 이기는 무기가 되기보다는 우리가 삶이라는 길을 걸을 때 도움을 주는 지팡이 정도가 되면 좋겠다고 생각한다. 그렇게 공부를 전쟁처럼, 교실을 전쟁터처럼 만들어놓았기 때문에 아까운 아이들이 실제로 자꾸 목숨을 잃는 게 아닐까. '공부 열심히 해서 훌륭한 사람이 되어야지'라는 말을 누구나 듣고 자라는데, 정작 그 훌륭한 사람이라는 게 대체 뭔지에 대한 고민은 부족하다. 선망의 대상이 되는 직업을 가지고 돈을 많이 버는 사람만이 훌륭한 사람인 걸까. 내 생각엔 '공부를 해서 꼭 뭔가가 되어야 할까? 공부는 태도며 방향성의 문제이지, 꼭 어떤 목표를 지향해야 하는 것일까?' 하는 근본적인 물음이 생기는 사람이라면 그야말로 훌륭한 사람이지 싶다.

개인적으로 내가 스스로 공부를 많이 해서 (나에게는 공부를 많이 한 사람에게 주어지는 Ph.D.°라는 타이틀이 있다. 믿어달라.) 좋다고 느

° Ph.D.는 Doctor of Philosophy의 약자다. 용어에서 오해가 있을 수 있는데 철학만을 의미하는 게 아니라 모든 일반적인 분야의 박사학위를 일컫는 말이다. 대부분의 나라에서 이 타이틀은 대학 레벨에서 특정 과목을 가르칠 수 있는 수준, 혹은 해당 분야에서 높은 전문성을 가지고 일할 수 있는 자격을 의미한다. 그러나 Potential Heavy Drinker(잠재적 알콜중독자), Permanent Head Damage(영구적 두부 손상), 혹자는 Pre-Historic Dinosaur(선사시대 공룡)의 약자라고도 한다. 분하지만 인정한다.

껐던 때는 무엇보다 '상대를 잘 이해할 수 있을 때'였다. 상대의 세계로 거리낌 없이 풍덩 뛰어들 수 있을 때. 내가 좋아하는 사람과 마주 보고 좋아하는 것들에 대해 막힘없이 재미있게 대화를 나눌 수 있는 순간 같은 것. 생각의 근육이 꽤 발달해서 몸으로 치면 체력이며 근력에 필적하는 이해력과 사고력이 뒷받침되면, 어떤 사람이 어떤 얘기를 하더라도 잘 알아듣고 알맹이를 흡수할 수 있다. 낯선 분야라 다소 어려움이 있더라도 의지만 있다면, 시간이 좀 걸리더라도 그 말을 이해할 수 있는 능력을 갖춘 것이다. 그러므로 새로운 사람과의 대화가 즐거울 확률이 높아지고 세상에 좋은 마음으로 만날 수 있는 사람들이 늘어나는 기쁨이 있다. 한마디로, 공부를 많이 하면 사랑스러운 사람들을 더 잘 사랑할 수 있다. 꼭 사람들과 직접 소통하지 않더라도 생각의 언어가 풍부해지면 책이며 영화며 노래며 세상 풍경이며, 그 모든 것이 나에게로 닿아오는 속도와 질이 달라진다. 나는 그래서 공부를 계속하고 싶다고 생각한다. 더 많이 사랑하고 더 많이 이해하며 살고 싶어서.

무엇을 공부해야 할까?

어떤 전공이 미래에 살아남을까, 이런 얘기를 하려는 게 아니다. 그건 내가 무슨 짓을 해도 도저히 알 수 없는 영역이다. 내가 세 살 때 돌아가신 할머니께 스마트폰이 그러하듯이, 그보다 먼저 가신 할아버지께 시험관 시술이 그러하듯이, 2000년대 초반에 돌아가신 나의 아버지께 유튜버가 그러하듯이, 미래엔 지금으로서는 상상도 할 수 없는 물건과 기술과 직업이 생겨날 것이다. 그러나 그 상상도 할 수 없는 물건이며 기술, 직업을 꿰뚫는 기본 중의 기본이 있다. 읽고 이해하고 쓰는 능력, 질문하고 대화하는 능력. 이것들은 세상 그 어떤 일을 하든 꼭 필요한 능력이다. 어떤 물건, 어떤 기술, 어떤 직업이 새로 생겨나든 간에 이 기본 능력의 중요성이 사라지는 일은 없지 않을까. 그러므로 나는 우리가 읽고 이해하고 쓰고 질문하고 대화하는 법을 제대로 배워야 한다고 생각한다. 그것도 아주 진지하게.

우리는 대체로 읽고 이해하고 쓸 줄 안다고, 질문하고 대화할 줄 안다고 생각한다. 하지만 글자를 읽는다고 글을 읽는 게 아니고, 글씨를 쓴다고 글을 쓰는 게 아님을 우리 모두 알고 있다. 길을 물어볼 줄은 알아도, 오랜 시간 마음속에 품고 갈 좋은 질문을 던지지 못하는 사람들이 많다. 나는 좋은 질문은커녕 질문 자체를 환영하지 않는 분위기 속에서 학창 시절을 보냈다. 호기심을 두려워하는 어른들 속에서, 질문을 거부하는 사회 안에서 자랐다.

《소크라테스 익스프레스》를 쓴 에릭 와이너는 우리가 대체로 '철학에 대해서' 배우느라 '철학하는' 법을 배우지 못했다고 말하는데 나는 그 말에 크게 공감한다. 돌아보면 그랬다. 수학 문제를 푸는 법을 배우느라 수학적으로 세상을 바라보지 못했고, 미술에 대해서 배우느라 미술과 만나는 법을 배우지 못했다. 나는 학창 시절에 수학 문제를 푸는 방법은 알았어도 수학적인 개념에 대한 의문은 단 한 번도 품어본 적이 없었다. 그저 왜 자꾸 물에다 짜게 소금을 섞어놓고 그걸 합친 뒤에 농도를 구하라고 하는지, 순돌이 통장 복리 계산을 왜 순돌이가 안 하고 내가 해줘야 하는지 화가 났을 뿐이었다. 수학은 그저 기계적으로 답을 내는 과목이었지, 어떤 질문을 품어볼 영역은 아니었다. 수학의 언어로 세상을 바라보는 법을 배운 적이 없었기 때문이다.° 미술도 마찬가지였다. 작품에 푹 빠져들어 이런저런 이야기를 상상하기 전에 일단 어느 사조의 어떤 화가가 어느 시대에 그린 것이며 특징은 무엇인지, 이런 것들을 기계적으로 외우기 바빴다. 우리나라에서 공부를 잘하던 학생들이 대학원 공부를 시작하거나 유학을 떠났을 때 초반에 어려움을 겪는 이유는, 대체로 선생님이 질문하고 학생들은 답을 맞히는 방식의 공부에서 벗어나 학생들 스스로 좋은 질문을 던지는 것에 중점을 두는 분위기에 적응하기 어렵기 때문이라고 생각한다. 그리고

° 같은 학교에서 수학과 박사과정을 밟던 친구와 함께 교정을 걷다가 "진민아, 여기 이 길은 X인 (뭔가 그 앞에 그 수열을 수식하는 설명이 붙었으나 내가 기억할 리 없다) 등차수열이자 Y인 등비수열로 나무가 심어져 있어"라고 했을 때의 얼빠진 내 표정을 나도 구경하고 싶다. 친구는 운동화 끈을 어떻게 하면 각각의 구멍에 가장 짧은 선으로 연결할 수 있을까, 그런 생각도 한다고 했다. 그 말을 듣고 굉장히 멍청한 표정으로 도서관에 갔던 나는, 밤이 되어 집으로 돌아갈 때 밤하늘을 바라보면서 생전 처음으로 저 별자리는 한붓그리기가 가능한 건가 생각했던 것 같다.

그게 나였다.

　나는 다행히 철학이라는 과목을 공부한 덕분에 '질문'이라는 개념에 질문을 품기 시작했고 (쓰고 보니 상추로 상추 싸 먹는 소리 같다) 이제는 세상 만물을 볼 때 물음표와 느낌표를 상당히 장착한 눈알을 갖게 되었다. 우리에게 익숙한 질문은 보통 정답을 상정하고 던지는, '다음 보기 중에서 고르시오'다. 그런 납작한 질문 말고, 묻는 사람이나 답하는 사람 모두 그 질문으로 인해 머릿속에서 꽃 하나가 피어나는 질문을 할 줄 알아야 한다. 프랑스 수능인 바칼로레아 문제라며 소개된 문제들을 본 적이 있다. '사랑이 의무일 수 있는가?', '철학자는 과학자에게 어떤 도움을 줄 수 있는가?', '예술 작품은 반드시 아름다운가?', '기술이 인간 조건을 바꿀 수 있는가?', '평화와 불의가 함께 갈 수 있나?' 수능이 끝나고 성적표만을 기다리는 우리와는 달리 프랑스 국민들은 시험이 끝난 후 문제가 공개되기를 기다린다고 한다. 그 문제에 대해 자기 생각을 정리해보기 위해서라고. 학자들은 시민과 함께 바칼로레아 문제를 가지고 강당에서 함께 토론하고, 정치인들은 텔레비전에 나와 자신이 생각하는 답을 제시한다고 한다. 매년 함께 질문을 읽고 함께 답을 생각해보는, 그야말로 함께 공부하는 국민들인 것이다.

　우리나라 사람들은 질문보다 대답에 익숙하다. 가지고 있는 지식을 누가 빨리, 누가 토씨 하나 틀리지 않고 뱉어내느냐를 가린다. 모든 것에 정답이 있다고 믿기에 흑백논리나 이분법적 사고와

친화적이기도 하다. 한 사람이 맞으면 다른 사람은 틀려야 한다. '다른 것'이 '틀린 것'과 동의어가 되는 일은 다반사다. 질문이 아니라 대답에 익숙하도록 훈련된 결과라고 생각한다. 답만 외우느라 읽고 쓰는 능력이 현저히 위축되어 있기 때문이기도 하다. 사실 어린 시절의 나는 뭘 틀렸는지보다 몇 개를 틀렸는지에 더 많은 관심을 쏟았다. 그러니 시험을 봐도 별로 남는 게 없었다. 나의 공부를 돌아봤을 때 가장 아쉬운 부분이고, 나의 아이들은 그러지 않기를 가장 바라는 지점이다. 이제 공부의 대상과 방식이 바뀌어야 한다. 제대로 읽고, 제대로 이해하고, 제대로 생각을 정리해서 표현하고, 나의 질문을 만들고, 그 질문으로 타인과 대화할 수 있어야 한다. 볼테르가 말했듯, 사람을 판단하는 가장 좋은 방법은 그 사람의 대답이 아닌 질문을 보는 것이다. 질문의 깊이가 사람의 깊이를 결정하고, 질문의 크기가 삶의 크기를 결정하기 때문이다.

잘 듣고 잘 읽고 잘 쓰고 좋은 질문을 만드는 일. 우리가 배워야 하는 것 중 이보다 중요한 게 있을까 싶다. 우리가 학교에서 여러 과목을 배우는 것은 잘 읽고 잘 이해하고 잘 표현하기 위한 밑 작업이기도 하다. 사실 기회는 우리에게 자기소개서를 보내지 않는다. 하고 싶은 일을 미리 찾은 아이들이라면 그에 맞춰 학습의 내용을 더욱 세부적으로 가꿔갈 수 있겠지만, 아직 하고 싶은 게 뭔지 잘 모르겠다면 나중에 하고 싶은 일이 생겼을 때 그 기회를 놓치지 않고 도전할 수 있도록 기본이 되는 것들을 준비해야 한다.

그 기본이 바로, 나는 잘 읽고 잘 이해하고 잘 표현하는 능력을 갈고닦는 것이라고 생각한다.

한 가지 덧붙이자면 이렇게 잘 듣고 잘 읽고 필요한 질문에 관심을 두는 사람들이 실제로 점수도 잘 받는다. 읽는 눈이 좋고 듣는 귀가 밝으면 책에서든 선생님 말씀에서든 중요한 점을 잘 파악하기 때문이다. 나는 시간을 적게 들이고도 시험을 잘 보는 편이었는데, 이 벼락치기 능력에서 가장 중요한 건 뭐가 중요하고 시험에 나올 것 같은지 잘 골라내는 능력이다. 암기과목 시험을 앞두고 주변 친구들에게 주관식 문제를 찍어주는 '시험 5분 전 이진민의 무당 타임'은 늘 높은 적중률을 자랑했고, 심지어 박사과정 시절에는 논문 자격시험 문제를 예상해 맞히기도 했다. 잘 읽고 이해하는 능력의 시너지다. 또 이렇게 눈이 밝아지면 내가 뭘 알고 뭘 모르는지가 분명해진다. 공부를 함에 있어서 제일 중요한 건 내가 뭘 알고 뭘 모르는지 그 경계를 아는 것이 아닐까. 공자도, 소크라테스도, 한목소리로 얘기한 부분이다.° 거기에서부터 시작해야 한다.

° '너 자신을 알라'로 유명한 소크라테스의 문답법은 모두가 안다고 생각하는 단어를 골라 검토하고 여러 각도에서 뜯어봄으로써 자신이 모르는 부분을 발견하는 것이다. 《논어》의 〈위정〉편에서도 공자가 이렇게 말씀하신다. "아는 것을 안다고 하고, 모르는 것을 모른다고 하는 것, 이것이 곧 아는 것이니라."

이것도 제발 배웠으면 좋겠다

:

　내 아이들이 꼭 배웠으면 좋겠다고 생각하는 것이 또 있다. 잘 듣고 잘 읽고 잘 쓰는 것과 더불어 문자 그대로 '잘 살 수 있는 기술'을 어렸을 때부터 꼭 배웠으면 한다. 먹고사는 법, 즉 청소하고 빨래하는 법, 좋은 물건을 고르는 법, 돈 관리를 하는 법, 요리하는 법, 응급처치법, 제대로 된 성교육 같은. '배운다'와 '공부한다'라는 동사의 어감 차이가 있어 이런 기술들을 '공부한다'고 하는 건 좀 어색할지도 모르겠다. 혹자는 공부의 목적으로 앞에서 제시했던 '성숙'과도 큰 관련이 없는 것 아니냐고 생각할지도 모르겠다. 하지만 이런 생활의 기술은 성숙한 인간이 되는 기본 중의 기본이다. 이런 것들이 중요도에 비해 '공부'라는 영역에 발을 붙이지 못하고 있는 현실 때문에 나는 일부러 여기에 더 밑줄을 긋고 강조하고 싶다.

　나는 어린 시절 이런 것들을 공부나 하라는 이유로 면제받았다. 그저 나는 책상에 앉아 있으면 됐고 요리며 빨래, 돈 관리 같은 건 부모님의 뒷바라지 영역이었다. 학교에서도 이런 걸 신성한 공부의 영역에 넣어주지 않아서 배울 기회가 없었다. 아니 지금 영어, 수학 시간도 모자라 음악이며 체육을 접을 판인데 어디 이런 잡스러운 것들을, 이라는 논리였다. 그런데 살아보면 안다. 이런 것들이야말로 가장 중요한 공부의 대상이 되어야 한다는 것을. 앞서

논한 첫 번째 능력이 '성숙'한 인간을 만든다면, 이 두 번째 능력들은 그 기본이 되는 '인간'을 만들기 때문이다. 어떤 인간으로 자랄 것인가를 꿈꾸기 이전에 우리는 먼저 그냥 인간으로 사는 법부터 잘 배워야 한다.

  대학생씩이나 되고서도 나는 제대로 끓일 줄 아는 국이 단 한 개도 없었다. 밥솥과 세탁기와는 수줍은 얼굴로 어찌어찌 안면을 텄지만, 국이나 반찬을 직접 만들 수 있는 능력은 형편없었다. 된장찌개는 물에 된장 풀고 양파, 감자, 두부를 넣어 끓이면 되는 줄 알았다. 대학교 새내기 시절의 어느 날, 나는 자취를 시작한 친구네 집에 놀러 가서 호기롭게 된장찌개를 끓여주겠노라고 했다. 어디서 주워들은 건 있어서 일단 쌀뜨물을 버리지 않고 냄비에 부었다. 국물이 잘 우러나라고 멸치도 조금 넣었다. 된장 한 숟가락 개어 넣고, 양파, 감자 착착 썰고 두부 숭덩숭덩 썰어 넣고 보글보글 끓였다. 냄새가 그럴듯했다. 이 정도 했으면 되게 맛있어야 하는데, 아니 지금 내가 뭘 먹은 거지. 된장찌개가 이렇게 청순한 거였어? 아니면 대학생 되고 술을 하도 마셔서 내 혀에 마비가 왔나? 잠깐, 파를 아직 안 넣어서 그런가? 파가 그렇게 위대한 거였어? 잔뜩 기대한 얼굴로 한 숟가락 입에 넣어본 친구의 얼굴을 나는 아직도 잊지 못한다. 친구의 표정을 보아하니 다행히 내 혀에는 이상이 없었다. 우리가 그 찌개를 어떻게 처리했는지는 잘 기억이 나지 않는다. 간장은 뭘로 만드는지, 마늘에 무슨 성분이 들어 있는지는 알

앉아도 정작 된장찌개에서의 국간장과 다진 마늘의 역할을 나는 몰랐던 것이다. 처음 미역국에 도전했을 때는 말린 미역을 만만히 보는 우를 범해서 부엌 싱크대를 온통 싱그럽게 넘실거리는 푸른 미역으로 가득 채웠다. 온통 초록으로 가득한 부엌에서는 피톤치드 향 대신 황홀한 비린내가 넘쳤다. 스무 살이 넘도록 매년 생일에 미역국을 받아먹으면서도, 말린 미역이 그렇게 꾸역꾸역 불어나는 미친 잠재력을 가진 물건인 줄은 당최 몰랐던 것이다.

대학원에 진학했을 때는 본가가 학교에서 너무 먼 곳으로 이사를 가는 바람에 집에서 통학하기가 어려웠다. 그래서 마침 제대해서 같은 학교에 다니던 동생과 학교 근처에서 함께 살 곳을 구하기로 했다. 그런데 대졸 학력을 가지고서도 나는 집을 고를 때 어떤 점을 고려해야 하는지, 임대인의 의무와 임차인의 의무는 무엇인지, 전입신고는 어떻게 하고 전세금은 어떻게 보호받을 수 있는지, 도대체 아는 바가 하나도 없었다. 그럴 때마다 엄마는 "애는 공부만 해서 이런 걸 잘 몰라요"라고 웃으며 한 마디씩 보태시곤 했다. 그때는 그 변명이 익숙했다. 네, 저는 공부만 해서 이런 걸 잘 모릅니다. 아니 근데 생각해보면 공부를 했으면 이런 걸 알아야 되는 거 아닌가? 공부를 그렇게 열심히 해서 정작 노숙을 할 생각인가. 학교에서는 인간이 살아가는 데 꼭 필요한 것이 의식주라고 가르쳐놓고 정작 의식주에 관한 실전은 거의 알려주지 않았다.

19세에서 20세로 넘어가는 순간 갑자기 가능해지는 일들이 너무 많은데, 과연 대비가 잘 되어 있는가 되물어보자. 독립적인 인간으로 살아갈 수 있는 여러 방법이며 기술이며 지혜는 대체 언제 어디서 누구에게 배워야 한다고 생각하는지도. 학교에서도 가정에서도 이런 영역을 너무 외면하지 말고 제대로 교육시켰으면 한다. 이 영역은 의미를 깊이 파헤치기보다는 당위를 강조하고 싶기에 내 경험만 언급하고 넘어가는 것이지, 결코 덜 중요해서가 아니다. 너무 중요하고 너무 분명한데, 우리가 그저 모른 척하고 있기 때문이다. 감자에 아스코르브산과 니아신이 풍부하다는 걸 알면 뭐하나. 그놈의 감자를 요리해서 입에 넣을 수가 없는데.

어떻게 공부해야 할까?

이에 대한 내 생각은 간단하다. 꾸준히, 평생, 쉬어가며.

공부는 사실 꾸준히 시간을 들여서 하는 것이다. 공부는 내용의 문제이기에 앞서 태도와 근육의 문제다. 뭔가를 위해 꾸준히 내 시간을 투자하는 것, 그 '자세'의 영역이 바로 공부의 핵심이기도 하다. 학교 공부도 그렇고 언어를 배우거나 악기를 배우는 일, 그 모든 배움의 세계가 마찬가지다.

근육이란 게 하루 이틀 잠깐 운동한다고 만들어지는 게 아님을 우리는 잘 알고 있다. 생각의 근육도 마찬가지다. 공부에는 시간의 투자가 필요하며, 그래서 공부는 엉덩이로 하는 거라는 말에 나는 꽤 동의한다. 공부에 요행이나 운을 바라는 건 운이 좋아서 바이올린을 잘 연주할 수 있게 되기를 바라는 마음과 같다. 사람이 진짜 운이 좋으면 인공위성을 설계할 수 있다고 믿는가. 그럴 리 없다. 배우 이정은 님이 한 인터뷰에서 말했듯이, 운은 부가적으로 따르는 것일 뿐 "성실과 열심이야말로 운의 기본값"이다.

근육이 생기려면 내 능력보다 조금 벅찬 무게를 들어야 하는 것도 우리는 안다. 다시 말해서 나의 평소 근력에 비해 조금 더 무거운 아령을 꾸준히 들어야 근육이 생긴다는 얘기다. 공부를 한다고 앉아서 계속 쉬운 것만 들여다보고 있으면 생각의 근육이 생길 리가 없다. 공부가 다소 괴로운 건 그래서다. 늘 조금 벅차야 하기 때문에. 그러므로 늘 진도가 쭉쭉 나가고 막힘이 없는 공부를 하고 있다면 둘 중 하나다. 공부를 잘못하고 있거나, 천재거나.

존경하는 후배 Y가 기본을 어느 정도 알수록, 직접 해본 일일수록 오히려 배우는 것이 즐겁고 보이는 것도 많아지는 아이러니에 대해 얘기한 적이 있다. "하나도 모르겠는 막막함과 재미없음을 어떻게든 건너고 나면 비로소 만나는 재미의 세계"가 있다는 것을, 하나뿐인 자신의 딸에게 꼭 알려주고 싶다고 했다. 그렇다. 시작 단계의 반짝거리는 호기심과 자신감은 곧 꺼지고 노 이해와 노 잼의 시기가 우리에게 파도처럼 몰려온다. 이 뭔 소린지 모르겠음과 재미없음의 단계는 꽤 넓게 포진되어 있기 마련인데, 이 단계를 어떻게든 꾸역꾸역 건너고 나면 비로소 진입하게 되는 재미의 세계가 있다. 이 두 번째 세계에 발을 들인 사람들만이 오래 남아 깨달음의 열매를 먹는다. 일단 공부가 어느 정도 궤도에 오르면 그럭저럭 스스로 진행되는, 탄력이랄까 관성 같은 것이 생기기 때문이다. 그렇게 공부에는 기본적으로 시간을 밀고 나가는 꾸준함이 필요하다.

두 번째로, 공부는 평생 해야 한다. '이 정도 했으면 됐어'라고 생각하는 순간부터 그 사람은 낡아지고 얇아지기 시작한다. 이 정도 근육을 키웠으면 됐어 하고 운동을 접는 순간부터 근손실이 오고 팔다리가 얇아지는 것과 마찬가지다. 나는 아이를 키우느라 그간 키웠던 생각의 근육을 많이 잃었다. 한번 분야에서 멀어지니 나 자신이 낡고 얇아지는 속도가 어마어마하다. 조금씩이라도 다시 회복하려면 엄청난 근육통을 앓아야 할 것 같다. 그러므로 애초에 꾸준히, 조금씩이라도 놓지 않는 게 중요하다.

프랑스 철학자 시몬 베유는 "학교 공부의 유일하게 진지한 목적은 관심을 기울이는 법을 훈련하는 것"이라고 말했다. 관심의 질이 삶의 질을 결정한다는 것이다. 우리는 평생을 두고 다양한 것들에 관심을 가진다. 평생 공부를 해야 한다고 말하면 조금 부담스러울 수도 있지만, '평생에 걸쳐 질 좋은 관심을 진득하게 오래 간직하는 것'이라고 말하면 꽤 해볼 만하지 않을까. 관심 있게 세상을 바라보고 그 관심으로 나만의 질문과 맥락을 만들어내는 것. 평생에 걸쳐 나의 문제를 만들고 이 세상에 나의 작은 무늬를 찍어내는 것. 이 세상은 모순투성이고, 그렇기에 혼란하다. 잘 듣고 잘 읽고 좋은 질문으로 타인과 대화해서, 평생에 걸쳐 조금씩 이 세상을 내가 이해하는 방식으로 최대한 다른 사람도 납득할 수 있게 풀어내는 그런 사람이라면 공부를 제대로 한 사람이 아닐까.

마지막으로 공부는 쉬어가며 해야 한다. 쉰다는 것은 휴식의 의미일 수도, 일탈의 의미일 수도 있다. 공부를 잘하기 위해서는 공부를 안 하는 시간이 필요하다. 《시골빵집에서 자본론을 굽다》의 저자 와타나베 이타루는 빵을 더 잘 만들기 위해서 빵을 안 만드는 시간이 필요하다며 이렇게 말한다. "빵에 대해 더 파고들고 기술력을 높이는 것도 좋지만, 빵만 보이고 세상이 안 보이게 되면 어떤 빵을 만들어 제공해야 할지를 모르게 된다." 쉬어가는 시간이 없으면 기술에만 집착하게 되고 방향을 못 보게 된다는 말이다. 빵만 보느라 빵이 놓일 세상을 보지 못하면 채식주의자에게 더할 나위 없이 맛 좋은 고기파이를 구워주는 제빵사가 된다. 공부도 마찬가지 아닐까. 지식의 습득이라는 행위에 빠져 있다 보면 내가 이 지식을 왜 습득하는지, 어디로 가는지 못 볼 때가 많다. 글 쓰는 일도 그렇다. 마냥 컴퓨터 앞에 앉아만 있다고 좋은 글이 나오는 건 아니다. 잠깐 내려놓고 산책을 하거나 물에 몸을 담글 때 비로소 그 글의 전체 맥락이 보이고 고칠 점, 덧붙일 점 같은 게 몽글몽글 떠오른다. 그도 그럴 것이 가던 길을 벗어났을 때 그 길의 전체 모습이 더 잘 보이기 때문이다. 영감은 주로 일탈의 순간에 온다. 그러므로 무언가를 잘하기 위해서는 그 무언가를 안 하고 쉬는 시간이 절대적으로 필요하다.

몰입도 중요하지만 이완도 중요하다. 사람이 멍을 때리는 이유는, 바쁘게 일하던 뇌가 습득한 정보를 정리해 다시 새로운 정보를 얻을 수 있는 환경을 만들기 위해서라고 한다. 그렇게 잠시 눈을 감고 이완할 때 난제의 실마리가 풀리는 경우가 많은데, 이완의 순간에 오는 이런 영감은 그동안 집중하고 몰입했던 기본값 때문이다. 열심히 집중하고 나서 즐겁게 쉬는 기쁨. 평소에 줄곧 누워 있는 사람이 계속 누워 있다고 기쁘지 않다(… 아. 기쁜 것 같기도 하다?). 몇 시간이나 집중해서 책상에 앉아 있다가 드디어 기지개를 켜고 척추를 라텍스 위에 곱게 펴줄 때, 나는 그야말로 등뼈 사이사이에서 행복을 느낀다. 잠시 척추를 펴며, 잠시 다른 세계로 여행도 다니며, 순전한 의미의 멍 때림도 구현하며, 그렇게 우리는 쉬어가야 한다.

배우는 너에게

:

아이들은 반짝이는 눈과 말랑말랑한 뇌를 가지고 하루가 다르게 세상을 빨아들이고 있다. 오늘 나는 새로운 단어를 배워서 상황에 맞게 끼워 넣어보는 둘째의 귀여운 문장에 웃었고,° 열차 노선도를 들여다보면서 뮌헨의 A 지점에서 B 지점까지 가는 모든 경우의 수를 내게 쫑알쫑알 설명하는 첫째의 집중력에 감탄했다. 저 작고 동글동글한 머리 안에 어떤 우주가 어떤 모양으로 들어 있을지 나는 참 궁금하다.

초등학생이 된 첫째는 자기가 배운 걸 동생에게 알려줘야 한다는 사명감이 있는지 집에 돌아오자마자 동생을 위한 문제지를 만들고 숙제를 낸다. 그걸 또 신나서 하고 있는 둘째도 웃긴다. 신기한 건 형을 신뢰하고 배우면서도 "이음이 생각에는…"이란 말로 끊임없이 자기 생각을 어필한다는 것이다. 이놈들은 엄마의 지식을 신뢰하면서도 엄마가 늘 옳다는 생각도 안 한다. 그래서 좋다. 옳고 그름을 떠나 내 지식은 어차피 낡을 테고, 아이들은 결국 나의 세계와는 다른 자신들의 세계를 만들어야 할 테니. 한 사람의 통찰력은 그 날개를 다른 사람에게 빌려줄 수 없다는 말이 있다. 함께 배우더라도 결국 우리는 홀로 세상의 이치를 알아가야 한다. 그러므로 무엇보다 공부 안에 '내'가 항상 존재해야 한다. 공부를 하는 이유는 내가 세상과 만나기 위해서니까. 작가이자 일러스트레이터인 바랜 님은 이미 있는 색 대신 스스로 직접 만든 색만 사용하게 했던 미술 선생님을 만나서, 가지고 있던 크레파스의 모

° 독일에서 크라펜 혹은 베를리너라고 부르는 잼이 든 도넛을 먹으며 "엄마, 이게 옴-총- 맛있는데 엄마도 먹어보고 싶어? 한입 먹어볼래?"라고 '엄청'이라는 단어를 쓰기 시작했다!

든 색을 하나하나 섞어가며 색을 만들고 표로 정리했다고 한다. 그래서 나만의 검은색, 나만의 보라색을 직접 만들어서 썼고, 나만의 팔레트를 만들었다고. 색에 대한 이해도도 높아졌겠지만 무엇보다 평생에 걸쳐 이 세상에 나만의 색으로 나만의 그림을 그리는 일의 즐거움을 보물처럼 받아 가지던 순간이 아니었을까. 그렇게 내 아이들의 공부 안에는 항상 '나'의 존재가 빛을 내며 들어 있기를 바란다.

아이들이 세상을 만나가는 공부가 즐겁고 행복했으면 한다. 젊고 반짝이는 날에 입시와 취업으로 귀결되지 않는 싱싱한 공부를 할 수 있기를 바란다. '공부'라는 말로 어딘가로 숨어 들어가는 것이 허락되는 시기에 왕성히 배우고 실패하고 깨어지기를. 모를 수 있는 축복을 한없이 누리기를. 부디 끈기 있는 태도로 막막함과 지루함의 길고 긴 강을 어떻게든 건너서 저쪽 강변에 있는 그 찬란한 재미의 세계를 만나게 되기를. 사실 지적 체험이란 건 굉장히 황홀한 것이다. 니체를 공부할 때였나. 책을 읽다가 너무 행복해서 가슴이 꽉 차던 순간이 있었다. 그때의 나는 비록 미래도 불안하고 경제적으로 충분히 독립하지도 못한 한낱 대학원생에 불과했지만, 내가 이걸 이해하게 되었으니 이 세상에 태어난 보람이 있다고 생각하게 되는 그런 순간이었다. 세상에 이걸 이해하고 있는 사람은 아마 많지 않을 거라는 기쁨, 마치 선택받은 소수처럼 느껴지던 희열. 세상의 비밀 하나가 나에게만 살짝 베일을 벗고 웃어주는 느낌

같은 그런 행복. 나의 아이들에게도 그런 행복이 손짓하는 순간이 찾아온다면 참 좋겠다.

그렇게 지적 희열을 느끼는 순간이 있을 만큼 깊이 배울 기회를 가졌으면 좋겠지만, 한편으론 배움의 깊이가 인간의 깊이를 결정하는 것도 아니라는 사실을 반드시 알았으면 한다. 세상에는 배우지 않고도 세상의 이치를 소박한 방식으로 깨닫는 놀라운 분들이 있다는 사실도. 세상에는 빛나는 졸업장 없이도 충분히 빛나는 사람들이 많다. 앞서 좋은 질문을 품고 사는 일에 대해 말했지만, 좋은 질문이라는 것이 반드시 현학적인 필요는 없다. 공부는 하면 좋은 것이지만, 모든 사람이 배움의 기회를 갖는 것도 아니고 학력이 곧 성숙을 의미하는 것도 아니므로 학력으로 누군가를 가볍게 평가하는 잘못을 범하지 않기를 바란다. 스스로가 깊이 배울 기회를 못 가진다 하더라도, 나는 나의 아이들이 그 사실로 의기소침해 하지 않고 학력이 아닌 다른 방식으로 인간의 깊이를 키워가기를 바란다.

마지막으로 학문에는 늘 한계가 있다는 사실도 잊지 않았으면 좋겠다. 학문이, 인간의 이성이, 많은 지식이, 인류를 더 나은 세상으로 데려다줄 것이라는 믿음을 가졌던 시대가 있었다. 학문의 세계에 있다 보면 인류가 쌓아온 지식에 압도될 때가 있다. 하지만 의학이 아무리 발전한들 우리는 죽음을 피할 수 없고, 심리학이 아무리 발전한들 타인의 마음을 완벽히 설명할 수 있을 리가 없다.

철학이 아무리 발전한들 인간 존재에 대해서, 삶에 대해서, 세계에 대해서, 단 하나의 티끌도 없는 완벽하고 통합적인 논리를 제시할 수 있을 리가 없다. 이성이라는 건 그저 복잡하기 그지없는 인간 존재의 한 축일 뿐이다. 그러니 힘써 배우되, 학문이 우리를 구원해주지는 못한다는 사실을 늘 마음에 품고 학문을 대하기를 바란다. 사실 우리를 구원하는 건 사랑하는 눈빛, 따뜻한 밥 한 그릇, 강아지의 온기, 아주 작은 다정함 같은 것들이다.

아는 것이 많아질수록 모르는 것이 많음을 깨닫게 된다. 이것은 공부를 할수록, 질문을 가질수록 나를 둘러싼 세계가 커지기 때문이다. 우물이 연못이 되고, 연못이 커다란 호수가 되고, 결국은 그 호수에서 벗어나 끝없이 펼쳐진 바다를 보게 되기 때문이다. 내가 모르는 세상은 거의 무한대로 늘어나는데, 나는 그 안의 아주 작은 부분만을 알고 있다는 부끄러움이 생긴다. 우물에 낀 이끼의 생태를 알고 의기양양하다가, 연못의 물풀들을 만나 한껏 벅차하다가, 호수에 사는 수많은 민물고기를 알게 되어 경이로움을 느끼다가, 미역을 만나서 소문으로 전해지는 심해어의 생김새를 듣고 놀라 자빠지는 것이다. 그러므로 공부를 하면 할수록, 한편으로는 확신이 늘어가면서도 다른 한편으로는 확신이 줄어드는 묘한 경험을 하게 된다. 확신만이 늘어가는 공부는 잘못된 공부라고 생각한다. 벼는 익을수록 고개를 숙인다고 했다. 신영복 선생님의 말씀처럼, 방향을 가리키는 나침반은 언제나 떨려야 한다. 공부라는 것은 늘 이렇게 우리가 모자란 존재임을 알고, 그렇기에 더더욱 서로의 말에 귀 기울여야 한다는 것을 깨닫는 일이어야 한다.

너무 뜬구름 잡는 이야기만 늘어놨다고 생각하는 분들이 계실지도 모르겠다. 이런 얘기보다는 어떻게 하면 공부를 잘할 수 있을지, 그래서 어쩌라는 것인지, 방법을 딱 제시하라고 요구하고 싶을지도 모르겠다. 하지만 애초에 방법론이 넘쳐나는 사회에 또 다른 방법론을 제시하고 싶지도 않았고, 공부에 누구에게나 통용되는 방법론이 있을까 싶은 회의도 있다. 한국은 유치원 때부터 입시에 정열을 바치는 나라지만, '공부하라'고만 말하지, '왜 공부하는지', '무엇을 공부해야 하는지'에 대해서는 기이할 정도로 묻지 않는 나라다. 경험에 비추어보니 입시라는 관문을 그럭저럭 통과했음에도 나는 너무나 미성숙했고 허탈했다. 삶은 속도가 아니라 방향이라고 했다. 그래서 방향을, 기본을 돌아보고 싶었다. 성숙한 부모라면 너 이번에 점수 몇 점 받았니, 숙제는 했니, 학원 갈래 과외 할래, 이런 얘기만 하기보다는 (물론 이런 얘기도 아주 중요하다고 생각한다) 가끔은 더 멀리 있는 질문, 더 큰 질문을 해야 하지 않을까 싶었다. 무슨 과목이 재미있고 왜 좋은지, 요즘 가장 궁금한 건 무엇인지, 특별히 배우고 싶은 건 없는지, 무엇을 할 때 가장 행복한지, 어떤 사람이 되고 싶은지.

크면 알게 되니까 지금은 공부나 하라는 말을 삼갔으면 좋겠다. 그때 했어야 하는 치열한 고민을 그때 안 하면 나이가 들수록 점점 더 꺼내기 어려워진다. 그리고 사실 그게 중요한 공부다. 김사인 시인의 〈공부〉라는 시가 있다. 세상만사가 다 그저 공부하는 일이다 생각하면 못할 게 없다는 소박하고도 강렬한 진리를 담은 시. 세상만사가 다 공부다. 지금은 딴생각 말고 공부나 하라고 말할 게 아니라, 지금 네가 참 중요한 공부를 하고 있구나 하고 다정히 바라봐주면 좋을 것 같다. 나는 누구인지, 내가 뭘 좋아하고 무엇을 원하는지 아무것도 생각해보지 못한 채 어른이 되지 않도록. 그렇게 오늘도 같이 무언가를 배웠으면 좋겠다.

놀이라는 것은
평생을 호모 루덴스로 살 수 있기를

노는 게 제일 좋아
:

오늘도 시끄러워 죽겠다.

글을 쓰겠다고 거실에 앉아 있는데 옆집 잔디 깎는 소리는 나의 영혼을 탈곡하고, 아이들이 부는 리코더 소리에 코브라가 될 지경이다(삑삑거리며 피치가 제대로 안 나는 것이 더욱 고통이다. 차라리 실로폰을 두들겨라). 자기들이 명연주를 하고 있다고 생각하기 때문에 나의 속마음을 들켜서는 안 된다. 다행인지 불행인지 리코더 타임이 끝나고 공을 던져 엄마를 맞히는 (응?) 놀이가 시작되었다. 작년 부활절에 유치원에서 말랑말랑한 하늘색 바구니에 색색의 달걀과 초콜릿을 담아 아이들에게 주셨는데, 그 바구니는 알고 보니 바람을 넣어 부풀릴 수 있는 얇은 공이었다. 세계지도가 그려져 있어 불면 작은 지구본 모양이 되었다. 그렇게 온 세계가 나의 뒤통수를 후려치는 시간이 펼쳐졌다. 아이들은 좋아 죽는다. 공의 재질도 그렇고 팔 힘도 제구력도 형편없기 때문에 간지러운 수준이지만, 꽃을 꽂아둔 작은 병이 넘어질까 봐 걱정됐다. "가서 아빠한테 던져!" 깔깔거리며 아빠 방으로 달려갔던 아이들은 아빠에게 공으로 두들겨 맞은 뒤 다시 거실로 후퇴했다. 이런, 다시 리코더를 집어 들었다. 둘째는 아까 내 마음을 읽었는지 합주를 하겠다며 실로폰을 꺼내 들었다. 우와. 이것 참 즐거워서 견딜 수가 없다. 하지만 나에게는 에어팟 프로가 있다. 노이즈 캔슬링 기능 만세, 이과 만세. 솔soul 충만한 연주의 그 지울 수 없는 찬란함으로 인해 차마 캔슬되지 못한 노이즈가 귓구멍을 비집고 들어오기는 하지만 그런대로 평화가 찾아온다. 이사 가면 제일 먼저 내 작업실부터 만들어야지.

    고난의 합주가 끝나고 꿀 같은 고요가 찾아왔으나 아이들은 이내 거실에서 침실에 이르는 광대한 기찻길을 건설하기 시작했다. 생각을 모으고, 그러다가 옥신각신하기도 하고, 다시 낄낄 웃기도 하고, 그렇게 같이 길을 만들어간다. 소리 지르며 싸우다가도 5분 뒤에 서로 동글동글한 머리통을 맞대고 쫑알쫑알 의견을 모으고 있는 걸 보면 웃음이 난다. 시간이 지나 일을 얼추 마친 아빠가 놀이터에 갈까 물으니 아이들은 발딱 일어나 춤을 추며 반긴다. 나도 춤을 추며 물통이며 간식거리를 챙겨 들려 보낸다. 그래, 위험하게 집에서 공놀이하지 말고 나가서 실컷 하고 오자. 이제 집은 나만의 놀이터가 되었다. 슬쩍 리코더를 들어서 한 곡조 불어본 건 비밀이다. 글도 쓰고 웹툰도 보고 반찬도 하고, 한참 지나도 안 온다 싶어 전화기를 보니 '오메, 골병들겠는데 안 간다'라는 반려인의 소리 없는 비명이 문자로 찍혀 있다. 아이들은 어쩜 저렇게 한시도 쉬지 않고 놀까. 저 에너지는 다 어디서 오는 걸까.

잘 노는 아이들을 보면 보는 사람도 행복하다. 노는 건 아이들의 직업 같은 것이니까 그렇게 신나게 많이 놀았으면 좋겠다. 어른 입장에서 놀이를 잃어버린 아이의 모습만큼 슬프고 미안한 것도 없다. 조금 크면 하기 싫어도 해야 하는 일들이 점점 늘어나 예전만큼 자유롭게 놀 수 있는 시간은 조금씩 줄어들 것이다. 별 걱정 없이 심심한 시간을 잔뜩 갖고 있었던 시절이 나도 그립다. 사실 애고 어른이고 우린 다들 놀고 싶다. 우리 모두는 노는 게 제일 좋은, 뽀로로의 후예들이니까.

한국에 살다 미국을 찍고 독일에 정착한 나는 독일에 살면 뭐가 좋으냐는 질문을 많이 받는데, 가장 좋은 건 노는 날이 많다는 점이다. 자기 시간이 많고 충분히 놀 수 있다 보니 삶이 전체적으로 건강해지는 느낌이다. 한국에서는 애고 어른이고 많은 것들을 빨리빨리 해치워야 했다. 물론 긍정적인 면도 있겠지만 삶이 피곤했다. 지하철을 탈 때마다 낯선 사람의 품에 안겨 헤드뱅잉을 하며 졸곤 했다. 미국에서는 좀 더 개인과 가족의 영역에 굵은 선이 그어져 있었지만 여전히 성과 중심이었다. 누군가는 늘 쉬지 않고 열심히 일하고 있었고, 휴가를 쓸 때는 동서남북으로 눈치를 봐야 했다. 독일에 왔더니 이곳은 휴가를 쓸 권리에 굉장히 관대한 느낌이다. 토요일 오후부터 일요일까지는 여는 상점이 극히 드물 정도다. 미국에서도 늦게까지 실험실에서 일하고 성과의 압박을 받던 반려인은 독일에 와서 바이올린을 새로 샀고 온라인으로 이런저런 듣고 싶은 클래스를 듣고 있다(대체 경영 수업이 뭐가 재미있는지 모르겠으나 놀랍게도 재미있다고 한다). 그렇게 국가 번호마저 +82인 스피드의 나라 한국에서, 왠지 1등의 압박이 느껴지는 국가 번호 +1의 미국을 건너, 우리는 지금 숫자 7을 두 번 곱한 희년禧年, Jubilee, 즉 안식과 축제의 숫자인 +49의 독일에 와 있다.° 어른들은 잃어버리고 아이들은 놓치고 있는 것 중 가장 대표적인 것이 바로 놀이가 아닐까. 우리는 평생 놀고 다치고 배워야 한다. 애고 어른이고 놀아야 잘 큰다.

이 글에서는 아이들에게 놀이가 중요하다는 조금은 뻔한 메시지에서 더 나아가 놀이가 근본적으로 어른을 포함한 '인간'에게 왜 중요한지 생각해보려고 한다. 아이들의 놀이는 어른들의 놀이 상황에 질적으로 의존한다. 어른들이 즐기지 못하는 사회에서 아이들이 편하게 놀 수 있을 리가 없기 때문이다. 그러므로 놀이라는

° 자유롭게 모든 속박을 벗어나는 49재의 숫자가 국가 번호인 나라라고 할까 하다가 이건 너무 간다 싶어 참았다.

행위는 인간 존재 및 사회와 어떤 관계를 가지는지, 우리는 왜 놀지 못하는지, 그 근본을 짚으려는 노력이 필요하다고 생각한다. "아는 사람은 좋아하는 사람만 못하고, 좋아하는 사람은 즐기는 사람만 못하다"는 공자 말씀을 누구나 알고 있다. 하지만 우리가 대체로 아는 것에만 매달리고 즐기는 법을 잃어버린 근본적 이유를 짚지 못하는 상황에서 아무리 놀이가 중요하고 놀이하는 마음을 지켜주어야 한다고 한들, 그건 그저 가치관이 다른 자의 속 편한 소리로 들릴 수 있다. 그래서 어설프게나마 내가 가진 지식의 범위에서 근본을 건드리려는 시도를 해보려 한다. 그러니까 이 글은 애고 어른이고 놀아야 잘 큰다는 말을 철학적으로 지지하고 싶은 자의 변명 같은 것이다.

놀이의 두 얼굴

네덜란드 화가 피터르 브뤼헐 Pieter Bruegel이 약 500년 전에 그린 〈아이들의 놀이 Die Kinderspiele〉라는 그림이 있다. 오스트리아 빈에 있는 미술사 박물관에 소장된 그림인데, 내 아이의 키와 내 키를 곱한 만큼의 널찍한 화폭에 약 250여 명의 인물들이 100여 가지나 되는 다채로운 놀이를 하는 모습이 담겨 있다. 배경도 왼쪽에는 냇물이 흐르는 전원 풍경, 오른쪽에는 도시의 거리 풍경이 좌

피터르 브뤼헐, 〈아이들의 놀이(1560년경)〉

우에서 평행한 세로선을 그어가며 펼쳐져 있다.

　이 그림을 처음 보았을 때, 마음이 활짝 피어나는 느낌이었다. 화폭을 꽉 채우는 에너지에 내 마음도 덩달아 팽이며 굴렁쇠를 따라 뱅글뱅글 돌고, 깡충거리는 발 따라 내 마음도 콩콩 뛰는 느낌. 당시에 아이들이 즐기던 놀이가 백과사전처럼 나열된 구성을 따라, 하나하나 눈으로 쫓으며 어떤 표정으로 무슨 놀이를 하고 있는지 살펴보기 시작했다.

그렇게 보다 보니 신기한 점이 두 가지 있었다. 우선 우리에게 굉장히 익숙한 놀이들, 이를테면 말뚝박기, 가마 태우기, 인형놀이, 꼬리잡기, 술래잡기, 엎드린 친구 등 짚고 뛰어넘기, 굴렁쇠 굴리기며 공기놀이, 팽이치기, 구슬치기 같은 친근한 놀이가 가득하다는 점. '아이들의 놀이란 동서양을 막론하고 근원적인 교집합이 있는 거구나.' 세상의 아이들은 모두 비슷한 놀이를 하며 세상에 웃음을 쌓아가고 있구나 생각하니 왠지 마음이 몽글몽글했다. 모두 모여 친구의 팔다리를 잡고 그냥 집어던지기라든지 둘이서 그냥 치고받고 싸우기 같은 것이 들어 있다는 점도 유쾌했다.

다음으로 신기했던 점은 표정을 살피다 보니 '어, 이건 아이가 아니라 어른 같은데?' 하는 의문이 드는 인물들이 제법 보인다는 점이었다. 머리가 좀 벗어져 있는 것 같다거나 (이 시대의 네덜란드 아이들은 혹시 이런 헤어스타일을 선호했던 것인가 싶을 정도로 그림 속에 굉장히 많다.) 세상 풍파에 찌든 듯한 표정이라거나, 키가 지나치게 크다거나. 가장 앞쪽에서 빨간 바지를 입고 굴렁쇠를 굴리고 있는 남자는 아무리 봐도 아이라기엔 좀 거시기한 (후후) 부분이 많고, 왼쪽 구석에서 조약돌로 공기놀이를 하고 있는 여자들 역시 부인들로 봐도 무방한, 최소 망아지만 한 처녀들이다. 빨간 울타리 안쪽으로 양 무릎 사이에 얼굴을 파묻고 앉아 있는 사람은 머리 모양도 신체 비율도 아이라기에는 좀 어색한데, 무엇보다도 표정이 마음에 걸린다. 근심 없이 천진한 아이의 표정이라기보다는 해고 통보를 받은 가장의 표정이랄까. 혹시 어른들이 섞여서 아이들에게 놀이를 가르쳐주는 것일까도 생각해봤지만 그러기엔 그들이 너무 이질감 없이, 주변에 딱히 아이들 없이도 놀이하는 주체로 들어가 있다. 작품 제목도 '놀이하는 아이들'이 아니라 '아이들의 놀이'라는 점이 의문을 더 증폭시켰다. 혹시 이건 아이들의 놀이를 있는 그대로 즐겁게 묘사한 작품이 아니라 이면에 다른 의미가 든 건 아닐까. 심지어 왼쪽 건물 2층 창문으로 가면을 쓴 사람이 보이는데, 광대들이 쓰는 '가면'이라는 소재와 그 가면의 생김새도 심상치 않다.

찾아보니 나와 비슷한 반론을 제기하는 학자들이 제법 있었던 모양이다. 단순히 그저 놀이하는 아이들의 찬란한 에너지를 따스한 시선으로 그린 작품이 아니라, 인간들의 우매하고 무의미한 행위를 '놀이'라는 단어에 담아 펼쳐 보인 풍자화라고. 사실 브뤼헐은 성경 이야기나 속담, 우화를 소재로 한 우의화를 자주 그렸고 당시의 정치 상황을 날카롭게 풍자한 작품도 다수 남겼기 때문에 이 작품 역시 그렇게 볼 수 있는 여지가 충분히 있다.° 하지만 한편

° 브뤼헐은 〈바벨탑〉이라는 작품으로 인간의 어리석음과 무모한 욕망을 드러내는 동시에 극도의 혼란 속에 있던 당시의 정치 상황을 풍자하기도 했고, 〈맹인들의 우화〉에서는 '맹인이 맹인을 인도하면 구덩이에 빠진다'는 마태복음의 내용을 그려내 무능한 지도자와 선동가에 끌려가는 당시 플랑드르 사회의 우매함을 표현하기도 했다. 〈코카인〉이라는 작품에서는 온갖 먹을거리로 가득한 상상의 낙원 속에서 사람들은 마치 마약을 한 것처럼 바닥에서 뒹굴고 있는데, 아무리 봐도 부럽다는 느낌은 들지 않는다. 이렇게 거듭되는 '우매함'에 대한 질타 속에 〈아이들의 놀이〉라는 그림을 슬쩍 끼워 넣는 일은 그래서 꽤 설득력이 있어 보이기도 한다.

으로는 〈농부의 결혼식〉처럼 소박한 서민문화를 넉넉히 보여주는 그림들도 많아 양쪽 모두로 해석이 가능하다.

그런데 여기서 내가 주목하려는 것은 이 작품이 실제로 어떤 의미를 담았는가보다 놀이라는 것이 이렇게 이중적 해석이 가능한 개념이라는 점이다. 니체도 경탄했던 '생의 찬란하고 긍정적인 몰입의 순간'으로 보는 시각, 그리고 대다수의 중세 문헌과 대한민국의 스파르타식 기숙학원에서 공통적으로 확인할 수 있듯이 '분별없고 미성숙한 자들의 어리석고 무의미한 시간 낭비'로 보는 시각. 놀이라는 단어 안에 담긴 이런 양가적인 감정은 현재 아이들의 놀이를 바라보는, 그리고 자기 자신의 노는 행위를 바라보는 어른들의 마음속에 그대로 들어 있다. 이는 아이들이라는 존재를 어떻게 볼 것인가 하는 관점의 문제이기도 하다. 어른이 잃어버린 찬란한 시간을 가진 자들로 볼 것인가, 빨리 어른처럼 성숙한 존재로 교정해야 할 대상으로 볼 것인가. 즉, 아이들은 지금 어른이 회복해야 할 경이감과 신비감으로 충만한 시기를 지나고 있는 것인가, 아니면 미성숙과 야만의 시기를 지나고 있는 것인가.

앞서 말했듯 우리 모두는 노는 게 제일 좋은 뽀로로의 후예들인데 커가면서 놀이에서 점점 멀어진다. 그건 아마도 이렇게 '놀다'라는 동사가 가지는 제2, 제3의 의미 때문일 것이다. 사전적으로 '놀다'라는 동사에는 세 가지 의미가 있다. 첫째, 놀이나 재미있는 일을 하며 즐겁게 지내다. 둘째, 직업이나 일정하게 하는 일이 없이 지내다. 셋째, 어떤 일을 하다가 일정한 동안을 쉬다. 첫 번째 의미는 긍정적이고 세 번째 의미는 중립적이지만 두 번째 의미는 꽤 부정적으로 사용된다. "어, 그 집 아들 그냥 집에서 놀고 있어." 그 집 아들이 몇 개월 됐는지는 모르겠지만 이 문장은 아무리 들어도 그 집 아들이 귀여워서 엄마 미소가 방긋 피어나진 않는다. 노는 건 어릴 때나 하는 거지 어른들은 열심히 일해서 먹고살 만할 때야 비로소 여유를 좀 찾는 거라고, 우린 모두 그렇게 알고 있다. 아이들도 놀이에서 빨리 손을 놓을수록 칭찬받는다. 아이들에게는 "그렇게 놀기만 하고 공부는 대체 언제 할래?"라는 호통이, 어른들에게는 "그렇게 놀다가 평생 논다"라는 한숨 섞인 잔소리가 있다. 이쯤 되면 놀이란 건 왠지 인류 공통의 적이 된 것 같은 느낌이다.

게으르게 놀기만 해서는 안 된다는 교훈은 아이들이 접하는 이야기 속에도 꽤 중요한 비중을 차지한다. 잘 알려진 우화 《개미와 베짱이》에는 케세라세라, 배째라째라, 노래만 부르고 놀다가 추운 겨울을 맞게 된 베짱이가 혹독한 참회의 시간을 맞는다는 내용이 들어 있다. 꼭두각시 인형 피노키오는 놀고 싶어서 학교를 빼먹고 장난감 나라에 간다. "장난감 나라에서는 하루 종일 놀기만 할 수 있어!" 그렇게 신나게 놀던 피노키오는 당나귀로 변해 팔려갈 위기를 맞는데, 어린 내 눈에는 너무나 징그럽고 잔혹한 장면이었다. 우리나라 전래 동화에도 《소가 된 게으름뱅이》라는 이야기가 있어 당나귀가 된 피노키오가 잡혀갔다면 이랬겠구나 하고 내 아이들에게 충격과 공포를 선사한 바 있다. 이러다 보니 노는 건 죄악이며, 놀이와 공부, 혹은 놀이와 일은 반대되는 개념으로 오인하기 쉽다. 그런데 전문가들에 따르면 놀이는 공부 또는 일의 반대쪽 극단에 선 개념이 결코 아니다. 어리석고 무의미한 행위도 아니다.

아이들에게서 놀이를 뺏는다는 것
:

아이들에게 놀이의 중요성은 이미 수많은 전문가에 의해 마르고 닳도록 소개되었다. 그중 내가 가장 좋아하는 설명은 "놀이는 아이들이 세상을 안전하게 경험할 수 있는 작은 세계"라는 말이다. 다시 말해서 놀이란 아이들이 세상에 나가 실전을 치르기 전에 완충작용이 있는 폭신한 곳에서 핵심적인 기술을 배우고 연습해볼 수 있는 과정이다. 그것도 재미있고 즐겁게. 놀이를 통해서 아이들은 규칙, 승패, 페어플레이같이 세상을 살 때 꼭 필요한 개념들을 배우고, 스스로를 다스리는 법과 인간관계 맺는 법을 연습한다. 특히 나의 주장을 펴고 남의 주장을 듣는 법, 새로운 친구를 사귀고 감정을 나누는 법 등은 책을 많이 읽는다고 깨우칠 수 있는 게 아니다. 세상을 탐색하는 일도 직접 만지고 냄새 맡

◦ 2012년 EBS 다큐 프라임 〈놀이의 반란〉 속 인터뷰 중에서 명지대 아동심리치료학과 선우현 교수의 말을 따왔다.

고 소리를 듣고 피부로 느끼지 않으면 안 된다. 어렸을 때부터 손으로 직접 만들어보고 뭔가 조립해보지 않은 사람들은, 성인이 되어서도 현실 속 문제 해결 능력이 현저히 떨어진다고 한다. 그러므로 아이들에게서 놀이를 빼앗는다는 건 생존 기술을 빼앗는 것과 같다. 아이들은 놀면서 수없이 지고, 죽었다가 다시 살아난다. 이런 것을 충분히 경험하지 않은 아이들이 세상에 나가서 패배하고 좌절하면 과연 그것을 부드럽게 넘어설 수 있을까. 각종 장애물을 뛰어넘고 격파하며 앞으로 전진하는 슈퍼 마리오처럼, 인생이라는 거대한 현실 놀이터에서 내 앞으로 뚝뚝 떨어지는 힘든 일들을 헤치고 앞으로 나갈 수 있을까.

나는 다음 세대의 건강한 성장을 미션으로 하는 벤처 기부 펀드 씨프로그램C Program에서 놀이에 관한 리서치를 의뢰받아 관련된 자료와 논문들을 섭렵한 적이 있다. 플라톤이며 칸트, 니체, 실러 등 유명한 철학자들의 놀이에 대한 생각에서부터 놀이의 종류와 효과, 놀이 공간에 대한 제안과 리뷰들, 아이들에게 놀이를 되찾아주기 위한 각종 아이디어와 프로그램까지 별별 자료들이 많았는데, 그중에는 재미있는 실험도 많았다.

초등학교 학생들을 대상으로 한 실험 중에서 기억에 남는 것은 두 가지. 하나는 놀이터가 있는 학교의 학생들과 아직 놀이터가 없어서 그냥 빈 공간에 각종 재활용품을 잔뜩 갖다 놓은 학교의 학생들, 양쪽을 비교해봤을 때 후자 쪽의 아이들이 더 놀이시간도 길고 활동성도 뛰어났다는 점이다. 아이들의 창의력을 생각했을 때도, 그렇게 그저 틀 없는 무정형의 자유가 주어졌을 때 놀이 효과가 더 좋았다. 그러므로 놀이를 위해서 그렇게 큰돈을 쓰거나 설비를 근사하게 갖추지 않아도, 아이들은 그저 놀 공간과 시간만 주면 알아서 잘 논다는 말이기도 했다.° 다른 하나는 수업시간 사이에 놀이 시간을 충분히 주었을 때와 그렇지 않았을 때를 비교했을 때, 전자 쪽이 아이들의 학습 태도가 좋고 집중력도 훨씬 좋아졌다는 것. 그러므로 적절히 놀 시간을 주는 쪽이 공부에도 더 도움이 된다는 말이다. 즉 놀이와 공부는 서로 반대되는 개념이 아니며, 함께 갈 수 있다는 말이기도 하다.

쥐를 대상으로 한 실험 중에는 놀라운 결과가 더 많다. 심리학자인 브루스 알렉산더Bruce Alexander 교수가 설계한 '쥐 놀이공원rat park 실험'은 놀이와 마약을 대비시킨 실험으로 유명하다. 쥐 우리

° 그렇다고 이 부분이 아이들은 빈 공간에 그냥 데려다만 놔도 잘 놀기 때문에 공터 같은 걸로 충분하다는 의도로 읽혀지지는 않았으면 좋겠다. 아이들이 그렇게 빈 공간을 채우며 노는 놀라운 존재라는 것은, 그렇다고 해서 어른들이 아이들을 위한 공간에 대한 고민을 접어도 된다는 말은 결코 아니다. 플레이 펀드를 운영하며 놀이터 사업을 활발히 진행해온 씨프로그램의 엄윤미 대표는 아이들에게 무정형의 자유를 주기 위해서는 오히려 더 많은 공을 들여야 한다고 말한다. 건축가 지정우 님은 아이들에게 미감이 발달할 수 있는 눈을 만들어주고, 섬세한 질감의 차이를 알려주고, 즐겁고 세련된 공간의 경험을 풍요롭게 제공하는 것이 어른들이 해야 할 일이라고 주장한다. '아빠 건축가'라는 다정한 명칭을 가진 이 전문가의 주장에 따르면 어렸을 때부터 자기들을 위한 배려와 감각이 돋보이는 공간을 경험하고 자란 세대는 각자의 공간을 세심하게 만들 것이고, 결국은 그것들이 모여 미래의 공간을 형성하게 된다.

에 일반 물통과 모르핀 희석액이 담긴 물통을 넣어주면 쥐들은 모르핀 희석액을 미친 듯이 마시고 중독된다고 한다. 그런데 우리 안에 쥐를 위한 놀이공원을 만들어주고 함께 놀 친구 쥐들도 잔뜩 넣어주었더니 모르핀 희석액을 마시는 쥐가 없었다는 것이다. 더 의미심장한 실험은 의학박사이자 정신과 의사, 미국 놀이연구소의 창시자인 스튜어트 브라운Stuart Brown 박사의 실험이다. 우선 쥐를 두 그룹으로 나누어 한 그룹의 쥐들에게만 놀이 경험을 충분히 만들어주었다. 그러고는 우리에 고양이 냄새가 잔뜩 밴 목줄을 넣었다. 두 그룹의 쥐들은 모두 위험을 감지하고 후다닥 몸을 숨겼다. 즉각적인 반응은 공히 같았지만, 시간이 지나면서 관찰된 두 그룹의 행동 패턴은 명백히 달랐다. 놀아본 쥐들은 호기심을 갖고 주변을 탐색하며 슬금슬금 다시 세상으로 나왔지만, 그렇지 않은 쥐들은 계속 그 자리에서 떨다가 결국 죽었다는 것이다(가엾은 쥐들아 미안해). 다시 세상으로 나올 수 있게 만드는 탄력적인 힘. 놀이란 단순히 재미 이상의 것으로, 생존에 필요한 능력이기도 하다는 주장은 이 실험을 통해 다시 빛을 발한다. 어떻게 변할지 알 수 없는 미래에 던져질 아이들이 유연하게 대처하고 새로운 환경을 탐색하며 살아남으려면, 우리는 놀이가 아이들에게 키워줄 이 근원적인 힘을 믿어야 하지 않을까.

기원전의 고대 그리스를 살았던 헤라클레이토스도, 현대철학의 문을 연 니체도 비슷한 생각을 했다. 삶의 본질은 우연성에 있으며 놀이에서 우리가 만나는 우연성은 바로 삶의 본질을 잘 축약한 것과 같다는. 우연성, 즉 미래를 예측할 수 없다는 것은 우리 삶 최고의 매력 요소인 동시에 가장 큰 불안 요소다. 그런데 놀이하는 인간은 기본적으로 우연성 안에서 헤엄치며 예측 불가능성을 즐긴다. 헤라클레이토스는 인생을 장기 놀이하는 아이로 묘사함으로써, 놀이가 가진 우연성을 불확실한 삶의 본질과 연결시켰다. 니체는 놀이를 한다는 것은 우연을 긍정한다는 것이고, 우연에 대한 긍정은 세계와 삶에 대한 긍정을 의미하기 때문에, 인간이 추구해야 할 새로운 가치는 바로 놀이의 정신을 구현하는 것이어야 한다고 주장했다. 철학자들 역시 우리 인간들이 우연성과 불확실성이 넘치는 삶 속에서 긍정적으로 탐색하고 즐겁게 몰입하며 살기를, 구석에서 숨죽이고 떨다가 가엾게 죽어버리는 쥐들이 되지 않기를 바랐던 것이다.

 놀이하는 인간에게 세계는 늘 새롭다. 놀이하는 쥐들이 다시 세상으로 나온 이유는, 위험하기는 해도 그것을 감수할 만큼 탐색할 거리가 많은 재밌는 공간이기 때문이었을 것이다. 독일의 철학자 한스 게오르그 가다머Hans-Georg Gadamer는 놀이가 '이리저리로의 운동'이라는 점, 즉 종착지로서의 어떤 목표가 고정되어 있지 않다는 점에 주목한다. 즉 놀이하는 눈에는 이 세상이 처음과 끝이 있는 명확한 인과관계로 짜인 고정된 틀로 인식되는 게 아니라, 무한히 자유로운 말랑말랑한 가능성으로 인식된다. 아이들이 새로운 놀이를 개발하는 것은 어른들이 회사에서 신제품을 개발하는 것과 꽤 비슷하다. 새로운 놀이를 개발하는 건 기존의 규칙을 깨고 새로운 틀에서 새로운 규칙을 만드는 일이다. 스마트폰은 '전화기란 전화를 하는 물건'이라는 기존의 틀과 규칙을 깨고, 새로운 틀에서 새로운 규칙들을 넣어 전화기라는 물건을 새로 규정했다. 그리하여 이 세상의 놀이 풍경을 바꾸어버렸다.

같은 물건이라도 놀이하는 눈에는 그 사물의 무한한 가능성이 보인다. 걸음마도 잘하지 못했던 시절의 내 아이는 거품기를 가지고도 한참을 신나게 놀았다. 놀이의 감각을 잃은 어른의 눈에 그 물건은 그저 달걀과 생크림의 영혼의 단짝으로 규정되는 단순한 물건이지만, 아이의 눈에는 통통거리며 재미있게 굴러가고, 손가락을 끼워 잡아볼 수도 있고, 동그랗게 빛나는 도톰한 기둥을 입에 넣어봄직한 무한한 가능성이 있는 물건이었다. 어른들에게 책이란 물건은 읽는 것, 혹은 집 안을 장식하는 것(음?)이지만 아이들은 책을 읽기만 하는 게 아니라 책으로 성을 쌓고 징검다리를 만들어 건너고 도미노 게임을 한다. 세상에 놀 거리가 많은 사람은, 정해진 틀 안에서 사고하지 않기에 사물의 다양한 잠재력을 볼 수 있고 빈 공간에서 이야기를 볼 수 있다. 그리고 그렇게 빈 공간의 이야기를 볼 수 있는 사람이 그 공간을 새로운 이야기로 채우는 법이다. 이게 바로 우리가 돈을 주고서라도 구매하고 싶은 창의성이라는 것 아닐까.

아이들은 놀이를 하면서 항상 내가 승자가 될 수는 없다는, 인생의 담백한 진리를 배운다. 놀이의 규칙을 바꾸어버리면, 즉 카드를 많이 모으는 게 아니라 카드를 다 털어버리는 사람이 이기는 거라고 한다면, 똑같이 행동했는데도 승자와 패자가 바뀌는 신기한 경험을 하게 될 것이다. 주어진 시스템 안에서 이기는 사람보다는 그 시스템 자체를 바꿀 수 있는 사람이 더 강하다는 것도 알게 된다. 이쪽에서 저쪽으로 돌을 많이 옮기는 게임에서, 빨빨거리며 하나씩 옮기고 있는 근육질 사자 옆에서 어디선가 놀이용 손수레를 밀고 앞머리를 바람에 촤라락 휘날리며 나타난 여우처럼. 주산 대회°에서 1등 하는 사람보다는 계산기와 컴퓨터를 만들어내는 사람이 더 강한 것처럼. 그럴 때는 종종 내가 이 시합에서는 졌지만 장기적으로 보면 승자가 될 수도 있다는 묘한 사실을 깨닫게 된다. 손수레를 가져오느라 시간이 지체되어 당장 그 시합에서는 졌더라도 괜찮다. 주어진 시간이 5분이 아니라 10분이었다면, 아니면 이후의 시합에서라면. 이렇게 우리는 놀이 안에서 세상의 오만가지 이치를 체험할 수 있다.

한 인간이 납작한 것은 주로 그 사람이 입체적인 사고, 틀을 깨는 생각을 하지 못하기 때문이다. 입체적인 생각은 호기심을 먹고, 질문을 양분 삼아 자라난다. 변화에 주눅 들지 않고 위험을 감수할

○   주판으로 속산하는 대회. 주판이 뭔지 모르시는 분들도 있을 것 같습니다. 레트로한 감성의 계산기라고 할까요.

수 있는 능력은 틀을 깨는 데 도움이 될 것이다. 그리고 이 모든 것의 중심에 놀이가 놓여 있다. 아이들에게 놀이를 빼앗는 것이 무얼 의미하는지, 우리는 좀 더 생각해볼 필요가 있지 않을까.

놀이는 공부의 반대말도 일의 반대말도 아니다

놀이는 공부와도 일과도 딱히 반대되는 개념이 아니다.° 앞서 소개한 초등학생 대상의 실험 결과에서도 드러났지만, 나 스스로가 공부를 놀이처럼 한 전력이 있고 지금은 놀이처럼 일을 하고 있기 때문에 나는 저 문장에 전적으로 동의한다.

굉장히 재수 없게 들릴 것을 알지만 어린 시절의 나는 학습지를 굉장히 좋아했다. 한글도 일찍 깨쳐서 언니들에게 한 장씩 배달되어 오던 일일공부를 선망의 눈으로 바라보곤 했다. 초등학교에 들어가서는 문제를 풀고 답을 맞히는 게 너무 재밌어서, 시중에 나와 있는 모든 문제집을 전부 사달라고 해서 앉은자리에서 한 권씩 푸는 걸 즐겼다. 심지어 친구들이 놀러 오면 학교 놀이를 한답시고 시간표를 짜서 친구들에게 해당 과목의 문제집을 풀게 했다는 아

° 앞서 소개한 고양이와 쥐 실험의 브라운 박사는 놀이의 반대말은 일이 아니라 우울 depression이라고 한다.

찔한 기록이 나의 초등학교 때 일기에 남아 있다(그런 몹쓸 짓을 했어도 내 곁에 남아준 친구들아 고마워).

학자들은 놀이의 특성을 주도성, 자발성, 즐거움, 무목적성 등으로 꼽는다. 그러니까 나는 성적을 올리려던 것이 아니라 그냥 재미있고 신나서 스스로 공부를 했던 것이었다. 꼭 이렇게 재수 없는 어린이가 아니더라도, 공룡을 좋아하는 아이는 누가 시키지 않아도 혀가 꼬일 것 같은 공룡의 이름과 특성을 줄줄 외우고 다니고, 우주를 사랑하는 아이는 마음속에 수많은 별과 행성, 항성의 이름을 빼곡히 담은 은하수를 품고 있다. 도서관에 가면 그런 책 앞에서 한참을 머물며 즐거워할 것이고, 내가 지구과학 시간에 가장 증오했던 달의 모양 변화나 공전 주기 자전 주기 문제를 경이감 가득한 마음으로 대할지도 모른다.

내가 공부에서 재미를 잃던 순간은 내용이 어려워지고 (특히 수학. 자꾸 나한테 각도를 구하라고 하지 말고 각도기를 좀 사라고!) 과제의 양이 확 늘어나면서였다. 학교의 성미 급한 진도 빼기 시스템은 우리가 주춤하는 순간을 봐주지 않았다. 컨베이어 벨트의 한 곳에 문제가 생기면 그 자리에 엄청난 양의 상품이 쌓여 난리가 나듯, 한번 이해를 못 해서 잠시 멈추는 순간 그 위로 엄청난 양의 짐이 쌓여 꽥 하고 소리를 지르지 않을 수 없었다. 성적을 떨어뜨리면 안 된다는 목적성, 의무가 늘어나면서 빛을 잃게 된 즐거움, 가기 싫었지만 꼬박꼬박 가야 했던 학원과 어마어마한 숙제의 양에 납작하게 짓눌려버린 주도성이며 자발성 같은 것들. 좋아하던 글쓰기는 의무적인 독후감과 목적성 다분한 반공 글짓기 같은 것들이 과제로 쏟아지는 바람에 장르가 납작해졌고, 곧 재미없는 논술 쓰기 한 분야로만 질식되었다. 다니던 피아노 학원이며 서예 학원은 수학 학원, 영어 학원에 예의 바르게 자리를 내줘야 했다. 그렇게 놀이였던 공부는 나에게 징글징글한 의무가 되었다. 그래도 그 와중에 문학 참고서를 집어 들었을 때는 교과서 외에 실린 작품들을 읽느라 시간 가는 줄 몰랐고, 영어를 배우는 시간도 대체로 즐거웠다. 새로운 언어를 입에 넣고 이리저리 굴려 발음해보는 일은 매혹적이기까지 했다. 그러나 단어를 100개씩 외워오라던 숙제는 전혀 매혹적이지 않았다.

직업을 물으면 몹시 부끄러운 얼굴로 작가라고 답하는 현재의 나에게는 글쓰기가 놀이다. 마감이 코앞에 닥쳐 있는데 글감이 도통 떠오르지 않아 스트레스를 받을 경우를 제외하고, 글 쓰는 일은 나에게 대체로 재미있고 즐겁다. 밟지 않은 눈처럼 하얗게 펼쳐져 있는 모니터 안의 여백을 놀이터 삼아 나는 그 눈밭에서 까불고 뒹굴면서 자유롭게 논다. 쓰고 싶은 글을 쓸 때의 즐거움, 내가 만든 세계에 폭 빠져 있을 때의 즐거움은 내가 하고 있는 것이 일이라는 생각을 잠시 잊게 한다. 그러므로 나에게 글쓰기는 유희이자 몰입의 대상이다. 책이라는 것이 사실 투입된 인간의 노동 대비 가성비가 몹시 떨어지는 물건이라 그리 많은 돈을 벌지는 못하지만, 재미있게 놀면서 돈도 약간 벌 수 있고, 일하면서 술도 마실 수 있고 (주로 화이트 와인을 총명탕처럼 마시며 글을 쓴다), 나와 모니터 사이로 비집고 들어오는 아이들의 작은 몸을 그때그때 꼭 안아줄 수 있고, 좋은 사람들도 왕창 만날 수 있는 이런 일을 할 수 있어 얼마나 감사한지 모른다.

엄마로서의 일, 즉 육아의 경우에도 그야말로 먹이고 씻기고 기저귀를 갈고 다치지 않게 늘 신경을 곤두세워야 했던 시기를 지나 이제는 시간을 함께하는 것이 중요한 시기가 되었기에 주로 같이 놀면 된다. 놀아줘야 하면 일이지만, 같이 놀면 놀이다. 나는 특히 손으로 뭘 만들고 그리는 걸 좋아하는데, 그렇게 아이들의 주문 따라 그림을 그려주고 같이 장난감을 만들고 하는 일이 솔직히 되게 재밌을 때가 많다. 택배 상자로 놀이용 부엌을 만들고 거기다 종이와 천으로 각종 먹거리를 만들었을 땐 솔직히 아이들보다 내가 더 흥분했다. 아이들과 함께 보드 게임이나 카드 게임 같은 걸 하면 잠시 이성을 잃기도 한다. 반려인도 아이들과 놀 때는 약간 정신을 잃는 것 같다. 참 바람직하게 미쳤구나 싶어 흐뭇하게 바라본다. 육아는 아이들이 커감에 따라 양상이 많이 달라지는데, 이 시기는 부모로서도 유희이자 몰입이 가능한 육아의 시기라 그런 것 같다.

문제는 시간이다. 늘 시간이 없어 쩔쩔매는 부모는 아이들을 데리고 놀이터에 갈 여력도 흥도 안 난다. 어른도 자기가 하고 싶은 걸 하면서 놀 시간이 필요하기 때문이다. 짬이 나도 놀이터보단 집을 선택하게 되고, 같이 뛰고 뒹굴며 놀기보단 역할놀이에서 겨울잠을 자는 곰 역할을 열망하지 않을까. 시간에 쫓기면 육아도 효율적으로 수행해야 할 과제가 된다. 나도 할 일이 많을 때는 육아의 성격이 확 바뀌는 걸 느낀다. 그러므로 해야 할 일이 즐거운 웃음이 될 수 있다는 건 사실 그 일을 평생(은 아니더라도 지속적으로) 해야 하는 입장에서 얼마나 중요한 일인지 모른다. 브라이언 오서 코치의 인터뷰 중에서 마음에 담아뒀던 부분이 있다. "2006년 김연아를 처음 만났을 때 연아는 거의 화난 얼굴로 스케이트를 타고 있었다. 그래서 기술보다는 웃음을 주는 것에 중점을 두고 훈련을 시켰다. 훈련의 궁극적인 목표는 연아를 행복한 스케이터로 바꿔주는 것이었다." 자신의 일을 웃을 수 있는 일, 마음이 꽉 차는 일, 가능하면 놀이처럼 할 수 있는 일, 그렇게 행복한 일로 만드는 건 너무도 중요하다.

내가 잘할 수 있는 것과 내가 좋아하는 것, 둘 중에서 어떤 걸 직업으로 삼아야 하는가는 탕수육계의 부먹과 찍먹의 대립(그러나 그 둘을 뛰어넘는 쳐먹이라는 것이 있다)처럼 의견이 첨예하게 갈리는 질문이다. 둘이 겹친다면 더할 나위 없겠지만, 둘 사이에 간극이 있다면 무엇을 골라야 할까. 나이브한 생각이라고 할지 모르겠지만 나는 반드시 좋아하는 것을 골라야 한다고 생각한다. 잘하는 것이 있고 그걸 좋아한다면 행복할 수 있는 확률이 높다. 좋아하진 않지만 딱히 싫어하지도 않는다면 그걸 선택해도 크게 상관은 없다. 그런데 남들보다 잘할 수 있는 게 있기는 한데 나는 그게 영 힘들고 기운이 빠진다면 그걸 선택하는 건 비극이다. 평생을 힘들고 기운 빠지는 상태로 애쓰며 살아야 하기 때문이다. 주변을 살펴보니 정말 좋아하는 일을 마음에 품고 있는 사람은 삶 전체가 그리로 약간의 각도를 기울이고 있기에, 나중에는 어떤 모습으로든 그 가까이로 가는 것 같다. 그러니 부디 내가 좋아하는 것에 귀 기울이고, 앞에 놓인 의심의 산과 반대의 강을 뛰어넘어 그리로 갈 수 있는 용기를 갖추기를. 생의 엄청난 비중을 차지하는 노동 시간을 그토록 힘겨워해야 한다는 건 너무 속상한 일이니까.

그런데 좋아하는 일로 생계를 유지할 수 있는 경우는 드물다는 게 문제다. 역시 세상이 그리 만만할 리가 없다. 나만 해도 지금처럼 글만 써서는 아이들을 키우며 먹고살기 어렵다. 반려인의 수입이 없었다면 나는 아마도 본격적으로 대학에서 강의할 방법을 찾았을 것이다(그리고 그것으로 가족의 생계를 유지할 수 있을지에 관해서는 일단 입을 닫도록 하겠다). 강의는 내가 좋아하는 일이기는 하지만 강의를 할 수 있는 안정된 자리를 얻고 유지한다는 건 다른 차원의 문제다. 몰입은 가능해도, 유희는 꽤 어려운. 보람이며 긍지며 수입이며 다른 좋은 것들이 따른다 해도 놀이 같은 행복을 얻기는 힘들지 않았을까. 지금처럼 일하면서 노는 게 아니라, 놀 시간을 위해 꾸역꾸역 의무를 다하는 삶이 그려진다. 놀이는 존재감이 희미해

지거나, 아니면 납작하게 눌렀다가 간간이 보상 심리로 폭발하게 되는 영역이 되지 않을까.

사실 놀이처럼 할 수 있는 일은 아니더라도 보람 있는 업무가 있는 탄탄한 직장이 있고, 열심히 일한 뒤에 내가 즐거워하는 일을 할 수 있는 여가시간이 꽤 확보될 수 있다면 그걸로 우리는 충분히 행복할 수 있다. 놀이처럼 할 수 있는 일이 많지 않음을 감안할 때, 그리고 결코 놀이처럼 해서는 안 되는 직종도 무수하다는 점을 감안할 때,° 현실적으로는 이렇게 일과 놀이의 균형을 합리적으로 잡는 쪽이 더 설득력 있는 안이 될 것이다. 하지만 대다수의 사람들이 그렇게 살지 못한다. 그래서 좋아하는 일이 밥 먹여주는 이른바 덕업일치라는 것은 많은 직장인의 꿈이기도 하다. 밥벌이를 하며 일하는 어른에게, 놀이나 취미라는 것은 삶의 중심에 놓이기 어렵기 때문이다. 자본주의 사회에서 어른은 베짱이가 아니라 개미가 되어야 하는 것이 기본이다. 이 사회에서 우리는 먹고살기 위해서 놀이를 옆에 치워두고 열심히, 부지런히, 성실히, 일할 것을 강요받는다. 그런데 꼭 그래야만 하는 걸까?

° 놀이를 특히 '유희'라는 특성이 들어가는 것으로 볼 경우, 놀이처럼 할 수 있는 일은 많지 않고 놀이처럼 해서는 안 되는 직종도 많다. 사람의 목숨을 다루는 일이라든가, 치안과 형벌에 관한 일 같은 것이 특히 그렇다.

어른들은 어떻게 놀이를 빼앗겼나
:

놀이는 우리를 나태하게 만드는 것도 삶의 변방에 있는 잉여물 같은 것도 아니고, 오히려 삶의 의미 있는 형식이자 사회구조 그 자체라고 주장한 학자가 있다. 1938년 출간한《호모 루덴스》로 잘 알려진 네덜란드의 문화사가 요한 하위징아Johan Huizinga다. 하위징아에 따르면 인간 사회의 중요한 원형적 행위에는 처음부터 놀이가 스며들어 있었고 인류는 놀이를 통해 문명을 발전시켜왔는데, 19세기 들어 문명의 놀이적 요소가 급속히 쇠퇴하고 사람들이 지나치게 진지해졌다고 한다. 금욕과 성실성이 기본값인 프로테스탄트의 노동윤리와 시장의 상품거래 관계가 사회를 지배하게 되면서, 놀이가 유치하고 나태한 것으로 잘못 찍히게 됐다는 얘기다. 대신에 치열한 노동은 거스를 수 없는 사명이자 교리가 되었다. 하위징아는 이렇게 말한다. "일과 생산이 시대의 이상, 나아가서는 시대의 우상이 되었다. 온 유럽이 노동복을 걸쳤다. 따라서 사회의식, 교육열, 과학적 판단 등이 문명의 지배적 요소로 등장했다."

앞서 이야기한 '놀다'의 여러 의미 중에서 '놀이나 재미있는 일을 하며 즐겁게 지낸다'는 의미를 '줌 아웃'시키고 '직업이나 일정하게 하는 일이 없이 지내다'의 의미를 '줌 인'해놓은 뒤, 인류는 노는 행위에 대해 쯧쯧 혀를 차기 시작했다. 오직 일만이 이상적인 삶으로 간주되는 상황에서 인간이 피폐하고 불행해지고 있으니, 하위징아는 놀이가 다시 삶의 중심으로 복권되어야 한다고 생각했다. 일이 아니라 문화가, 노동이 아니라 놀이가 중요성을 되찾는 사회가 되어야 한다고. 다시 말해서 17~8세기 계몽주의 시대에서의 인간은 사유하는 인간, 즉 호모 사피엔스적 성격이 강했고, 19세기의 자본주의, 제국주의 시대에는 작업하고 도구를 사용하는 인간, 즉 호모 파베르적 속성이 강조되었다면, 20세기 이후의 인간형은 호모 루덴스가 되어야 한다고 말이다. 이렇게 보면 사실 호모 루덴스는 노세노세가 아니라, 인간의 역사와 문명에 대한 깊은 성찰과 통렬한 비판이 들어 있는 개념이다.

다시 개미와 베짱이로 돌아가보자. 이 우화가 교훈을 가지려면 열심히 일하면 누구나 행복하게 잘 살 수 있다는 흔들림 없는 공식이 성립되어야 한다. 그런데 뼈 빠지게 일해도 행복하게 살 수 없다면? 사실 가난할수록 더 열심히 일하는 분들이 많은데, 왜인지 점점 더 비참해지는 현실을 어떻게 설명하면 좋을까? 청년 개미 개돌이가 열심히 일하다 다리를 하나 잃어서 더 이상 일을 못하게 되었다면, 개돌이는 굶어 죽어야 마땅한 것일까? 유례없는 풍요의 시대, 기술의 발전이 인간 역사상 가장 많은 부를 만들어내고 있는 시대, 나눌 파이가 이렇게 큰 시대에 우리는 왜 이렇게 놀 시간도 없이 일만 하고 있을까? 왜 우리 아이들에게도 좋은 일자리를 얻으려면 지금부터 뼈 빠지게 공부해야 한다고 협박을 하고 있는 것일까?

여러 답이 있을 수 있지만 나는 하위징아의 주장이 꽤 중요한 답이 될 수 있다고 생각한다. 호모 파베르의 인간형을 기본값으로 정해두고 노동에다 너무 거룩한 후광을 씌워놓은 탓이라는 얘기다. 성실함과 진지함이라는 무거운 쇠구슬을 스스로 우리 팔목에 하나씩 묶어둔 까닭이라는 말이기도 하다. 일도 공부도 다 좋은데, 너무 그쪽으로 치우쳐버렸다. 마르크스의 둘째 딸인 로라 마르크스와 결혼했던 폴 라파르그Paul Lafargue라는 프랑스 사회주의 운동가가 있다. 마르크스의 사위이자 동지이기도 했던 그는 마르크스가 세상을 떠난 1883년에 놀라운 제목의 저작을 발표하는데, 바로 〈게으를 권리〉라는 에세이다. 라파르그는 이 글에서 자본주의 속 소외된 노동에 대한 가장 준엄하고 치열한 비판자였던 마르크스조차도 '신성한 노동'이라는 준칙에서 자유롭지 못했음을 지적하면서, 노동자들이 겪는 비참함은 모두 노동에 대한 처절할 정도의 애착과 열정에서 기인한다고 말한다. 이런 소위 '신성불가침의 교리로서의 노동'에 대한 따끔한 비판은 이후 한나 아렌트 등 다수의 철학자에게서도 확인할 수 있다. 스스로에게 과도한 노동을 부과하고 자기 몸을 갉아먹는 인간형들이, 열심히 일해서 각자도생해야 한다는 교리가 진리처럼 떠받들어지는 사회를 만들어두었다. 그 안에서 인간은 몸이 부서져라 일할 수밖에 없다.

오늘날에도 사람들은 하나같이 일자리가 없다고, 일을 하고 싶다고 말한다. 라파르그는 이렇게 말한다. "6개월 동안 하루에 열두 시간이나 일하는 대신에 1년 내내 노동량을 골고루 분산시켜 모든 노동자가 하루에 대여섯 시간만 일하게 하지 않는 이유가 무엇인가? 노동자들이 매일매일의 일자리를 보장받게 된다면 더 이상 서로를 시샘하지도, 서로에게서 일거리나 먹을 것을 빼앗지도 않을 것이고, 심신이 기진맥진하지도 않을 것이다." 그리하여 그는 성스러운 노동의 권리를 주장하는 대신, 그보다 더 성스러운 게으름 권리를 주장하자고 말한다. 하루에 서너 시간만 일하고 나머지 시간은 여가와 취미와 놀이를 즐기는 삶으로 가야 한다고.

당연히 하루에 서너 시간만 일해서는 당최 뭔가를 만들어내기 어려운 직종도 있을 것이다. 인용한 라파르그의 제안이 꼭 옳다는 게 아니라 방향성을 보았으면 한다. 노동시간을 조금 유연하게 만들어 더 많은 사람이 고르게 조금씩 일할 수 있게 만드는 방식, 그리하여 더 많은 사람이 자기의 시간을 가질 수 있는 그런 방향성 말이다. 소수의 사람이 건강을 잃어가며 과로하고 거기에 들지 못하는 사람은 굶는 시스템이 아니라, 다수의 사람이 적절히 일하고 적절히 쉬는 시스템. 독일에는 풀타임 일자리도 많지만 하프타임 자리도 굉장히 많아 자신의 형편에 맞게 운용하는 사람들을 많이 본다. 아이들이 유치원이나 학교에 있는 동안 일하고 두세 시쯤 퇴근하면서 아이들을 데려가 함께 시간을 보내는 모습은 그리 나쁘지 않은 선택지가 아닐까. 그렇게라도 단절되지 않은 경력을 가지고 이후의 삶을 도모할 수 있다면. 혹은 그 정도만 일하고 사는 것이 참으로 행복할 수 있다면. 나는 어느 쪽이 옳다는 말을 하고 싶은 게 아니다. 사람마다 각자의 정답이라고 믿는 것들이 있기에. 다만 우리가 자유롭게 선택할 수 있도록 '선택지'를 늘리는 쪽으로 가면 좋겠다고 생각한다.

열심히 일하는 것이 미덕이고 게으름은 죄악이라고 평생 배워 온 우리들은 라파르그가 말하는 이런 종류의 주장에 반사적으로 도덕적 불편함을 느낀다. 그러나 이미 자본주의 생산력은 우리가 그만큼만 일해도 충분한 양을 생산해내고 있다. 문제는 일자리를, 생산한 과실을 나누는 방식에서 발생한다. 우리는 아직 지난 시대의 경제학 논리에서 벗어나지 못하고 여전히 많이 생산해야 한다고, 일자리를 찾아서 밤낮없이 일해야 살 수 있다고 믿는다. 소수의 일자리를 두고 의자 뺏기 게임을 한 뒤, 그렇게 얻은 의자에 엉덩이 붙이고 오래오래 앉아 있는 의자왕이 되어야 한다고. 의자왕들은 그렇게 오래 앉아 있느라 위장병과 디스크를 달고 산다. 나는 우리가 일에 대한 열정과 신앙을 조금 줄이고, 그 열정을 분배에 좀 더 쏟았으면 좋겠다.

우리는 사실 그렇게까지 열심히 일하지 않아도 되는 시대에 살고 있다. 먹을 것이 차고 넘쳐 쓰레기가 되고 있는 세상에서 오늘도 누군가는 굶고 있다는 것은, 생산이 아니라 분배에 문제가 있다는 말이다. 생산해낸 것들을 잘 나누는 시스템을 만들면 여가도 휴가도 좀 더 누릴 수 있고, 열심히 일하다 다리를 잃은 청년 개미 개돌이가 굶어 죽지 않아도 되는 사회안전망도 만들 수 있는 시대다. 사실 미친 듯 일하면 뭐하나, 분배의 방식이 잘못되어 있다면 그 과실은 다 극히 일부의 사람들에게만 돌아가는 것을. 우리가 로봇세나 구글세 같은 것에 관심을 갖는 이유, 기본소득이나 기초자본 같은 새로운 분배 방식을 고민하는 이유, 전 국민 고용보험 같은 새로운 보호망을 고민하는 이유가 여기에 있다. 빼앗겼던 놀이를 되찾고, 호모 파베르에서 호모 루덴스적인 인간형으로 돌아가기 위해서. 우리 아이들이 미칠 듯한 경쟁의 부담을 조금은 덜고 평생을 호모 루덴스적 인간으로 살게 해주기 위해서. 피땀 흘려 전문가가 되는 삶도 좋지만, 원한다면 적절한 시간 만큼만 일하고 남은 시간에는 좋아하는 것들을 즐기며 행복하게 살 수 있는 사회를 만들기 위해서.

능력만을 강조하는 사회는 공정한 사회이기 이전에 비정한 사회다. '능력'이 나쁘다는 얘기가 아니라 능력'주의'가 문제라는 말이다. 이 점에 오해 없기를 바란다. 능력주의가 공정하다는 것은 꽤 큰 착각이다. 능력이라는 단어는 우리 모두의 출발선이 다르다는 사실을 외면하는 경향이 있기 때문이다. 드라마 〈스토브리그〉의 대사처럼, 세상에는 3루에서 태어나놓고 자기가 3루타를 친 줄 아는 사람들이 있다. 우리는 현재 비를 가릴 우산은 미친 듯이 노력해서 너 스스로 준비하라는 사회에 살고 있다. 그 우산을 쥐기 위한 아이들도, 그 우산을 계속 유지하려는 어른들도, 놀 시간 없이 일하고 공부한다. 오늘날의 넘치는 생산력으로 우리는 모두가 안전하게 들어앉아 비를 피할 수 있는 사회적 장막을 만들 수 있는데, 그냥 좋은 자동우산을 혼자 틀어쥐고 비 맞는 이들을 구경하는 걸 혹시 더 선호하나 싶은 절망적인 생각이 들 때도 있다. 《새로운 가난이 온다》를 쓴 정치철학자 김만권은 다음과 같이 말한다. "사랑하는 이들에게 능력이란 덕목을 요구하는 대신, 보호라는 제도의 우산을 씌워주세요. 그리고 그 우산 아래서 서로의 어깨를 맞대고 퍼붓고 있는 이 시대의 위기들을 함께 견뎌냈으면 해요." 나는 보호의 제도가 존재하는 사회 안에서, 오히려 능력의 덕목도 놀이처럼 꽃필 수 있을 거라고 생각한다.

평생을 호모 루덴스로 살 수 있기를

인간은 놀이하는 동물이다. 즐길 수 있는 것을 찾는 건 밥 먹고 잠자는 일만큼 중요하다(우리는 실제로 밥을 굶고 잠을 안 자가며 논다). 놀이가 없는 인생을 상상해본다. 생각만으로도 살기가 싫다. 친구와의 수다도 음악도 낙서도 뒹굴뒹굴도 없는 세상이라니. 술이 없을지도 모른다고 생각하니 진심으로 걱정이 된다.

아이가 커서 뭐가 됐으면 좋겠냐는 질문에 "뭘 하든 행복한 사람이 됐으면 좋겠어요"라고 대답한 적이 있는데, 한마디로 말한다면 평생을 호모 루덴스로 사는 사람이 아닐까. 그러므로 나는 내 아이들이 평생을 놀이하는 사람으로 살았으면 좋겠다. "평생 놀아라"가 저주가 아니라 축복 같은 말이 되면 좋겠다. 그래서 '놀이'라는 개념을 일부러 책의 앞부분에 두었다. 아이는 놀이를 잃지 않았으면, 어른들은 다시금 놀이를 삶에 더 채워갈 수 있었으면 해서. 한 사회의 교육 현실과 문화, 경제, 사회 구조에 얽힌 내용이라 이를 바꾸는 일을 이 작은 책의 작은 챕터 하나에 담는 건 무리겠지만, 그래도 놀이의 중요성과 당위, 우리가 그렇게 살 수 있는 가능성이 있다는 사실만큼은 제대로 언급하고 싶었다. 아이든 어른이든 놀 권리가 인간다움을 만든다고 생각하기에.

놀이가 중요하다는 말은 충분히 넘치고 있다. 하지만 놀이가 중요하다더라, 놀이를 통해 아이들이 이것도 저것도 그것도 배워야 한다더라 같은 단편적인 시각으로는 놀이를 제대로 꽃피게 하기 어렵다. 놀이가 아이뿐 아니라 어른에게도 가지는 의미, 즉 인간 존재에 가지는 의미를 크게 바라보고 접근해야 결국 인식이며 구조에 작은 균열이라도 만들고 틀을 조금씩 바꿀 수 있지 않을까 싶었다. 호모 루덴스적인 인간형이 왜 중요하고 왜 매력적인지, 놀이가 왜 우리 시대의 정신을 대변할 수 있는 개념으로 주목받아야 하는지, 미약하게나마 알리고 싶어서 잔소리를 길게 늘어놓았다.

1년의 대화보다 한 시간의 놀이로 그 사람을 더 잘 알 수 있다는 말이 있다. 비슷한 맥락에서, 놀이를 어떻게 가꾸고 대하는지를 보면 그 사회가 보일 법하다. 우리 사회가 놀이라는 지표로 점수를 받는다면 과연 결과가 어떨까. 학교와 직장과 국가가 전방위적으로 우리를 못 놀게 압박했어도 우리의 흥은 쉽게 꺾이지 않았다. 우리에겐 빌보드 차트 1위곡과 넷플릭스 1위 콘텐츠를 보유한 문화 강국이라는 자부심도 생겨났다. 하지만 엔터테인먼트 사업보다는 놀이 문화가 더 단단히 꽃피는 나라가 되었으면 좋겠다. 문화 오락 콘텐츠를 만드느라 정작 자신은 놀지도 못하고 혹사당하는 어른들이 점점 줄었으면 좋겠다. 돈 내고 들어가서 뿔뿔이 흩어져 파편화된 채 어른들이 만들어준 가공된 단맛만 보다 오는 키즈 카페보다는 동네 아이들이 일상적으로 모여들어 관계를 형성하고 어울릴 수 있는 놀이터가 많아졌으면 좋겠다. 아무나 들어가서 놀아도 아이들에게 무단침입이라고, 도둑이라고 경찰에 신고하는 이상한 어른이 없는 그런 놀이터가.

나는 어른이 되면서 놀이의 감각을 많이 잃었다. 사실 세상 만물이 다 흥미롭고 매혹적인 나이란 인생에서 얼마나 짧고도 찬란한 순간인지 모른다. 앞서 말했듯 첫째가 7개월 때, 부엌 바닥에서 거품기를 가지고 한참을 재미있게 노는 모습을 바라보다 마음이 뭉클해졌었다. 이렇게 가난해진 어른이 쓸데없는 권위로 저 찬란한 시간을 함부로 방해하지 말아야겠다는 생각에 마음이 조심스러워지기도 했다. 세월이 흘러 7개월이 일곱 살이 되자 나의 그 다

집은 벌써 무색해졌다. 숙제를 마치지도 않고 좋아하는 놀잇감에 몰입한 그 녀석의 모습은 찬란하기보다는 심란했다.

하지만 아이들은 참 열과 성을 다해 노는 것 같은데도 의외로 꾸역꾸역 많은 것을 배워서 갖고 있다는 게 또 신기하다. 알파벳을 깨우칠 때는 세상 만물에서 알파벳을 발견하며 즐거워했었다. 망치랑 면도기는 T, 조그만 건전지는 I, 테이프는 O, 엄마 배는 D(응? 그때 내가 임신을 했었던가?), 크로스된 의자 다리는 X, 심지어 먹다가 흘린 스파게티 면은 C. 알파벳이 크게 들어간 놀이 매트에서 자동차 운전면허 코스 연습하듯 알파벳을 길 삼아 작은 미니카를 굴리며, 그렇게 글자들을 배웠다. 유치원에서 돌아오는 아이를 기쁘게 해주려고 스프링 노트에 알파벳으로 시작하는 독일어 단어로 아이가 좋아할 만한 그림을 한 장씩 그려주면서 나도 놀았다. 그렇게 같이 놀면서 배웠다. 잘 놀아야 잘 큰다니, 때로는 다소 심란하더라도 나는 그 말을 좀 더 믿어보고 싶다.

놀이가 중요하다니 또 특정한 능력이 향상되기를 바라는 놀이 프로그램들이 속속들이 생겨난다. 열심히 고안해서 아이들에게 좋은 것을 주려는 선생님들의 마음, 아이에게 도움되는 것들을 채워주려는 부모님의 마음을 알기에 그런 프로그램들도 분명 좋은 효과가 있을 거라고 생각한다. 하지만 그렇게 짜인 프로그램 말고 그냥 심심할 시간을 충분히 주는 것을 잊지 않았으면 좋겠다. 놀이의 효과는 어디까지나 부대적인 것이지, 어떤 효과를 기대하면서 놀이를 시키는 순간 그건 이미 놀이와 거리가 멀어진다. 창의력을 키우는 건 창의력 학원이 아니라 극도의 심심함이다. 우리 모두에게는 너무 심심한 나머지 벽지 무늬와 대화를 시작하고, 비슷하게 생긴 구슬의 다른 점을 찾아 이름을 붙여주던 그런 순간들이 있었다. 그게 바로 뭔가 싹트는 순간이라는 것을 어른들이 알았으면 좋겠고, 재미라는 건 누가 가르쳐줄 수 없는 거라 스스로 찾아야 하는 것임을 아이들이 배웠으면 한다. 놀이가 좋다고 해서 또 모든 것을 놀이로 만들지도 않았으면 좋겠다. 소프트웨어야 놀자, 인공지능아 놀자, 정치야 놀자, 인성아 놀자, 세상에 참 많은 놀자 프로그램들이 생겼다. 하지만 세상에는 놀이로 배울 수 있는 것이 있고, 조금은 더 진지한 자세로 배워야 하는 것이 있다. 세상 모든 것을 놀이라고 하면, 정말 진지해야 할 주제며 개념들이 너무 가벼워져 버리는 건 아닐까 걱정이 들 때가 있다. 전쟁아 놀자라든가 난민아 놀자, 이런 프로그램이 생겨나지 않기를 나는 간절히 바란다.

 독일 고전주의 극작가이자 철학자였던 프리드리히 실러는 놀이만이 인간을 완전하게 만들어준다고 했다. 그는 우리가 스스로를 잘못 이해하고 있다고 생각했다. 이성적 존재라고 자만해왔지만 사실 인간은 충동의 동물이라고. 하지만 놀이를 통해서 충동이 조화를 이루는 상태를 만들 수 있다고 생각했다. 그래서 실러가 그렇게 극본을 많이 쓴 건가 싶기도 하다. 엄격 근엄 진지, 소위 엄근진의 가면을 써야 한다고 믿는 어른들에게 "너희들 그런 사람 아니잖아. 너희도 놀고 싶잖아. 다른 데서 괜히 사고 치지 말고 그냥 미리미리 놀아"라고 말하는 실러 아저씨가 나는 마음에 든다. 하이데거는 "놀이의 비밀은 그것에게 이유가 없다는 것이다. 놀이는 '왜'라는 것 없이 존재한다. '때문에Weil'라는 것은 놀이 속에서 가라앉는다. 놀이는 최고의 것이자 가장 깊은 것이다"라고 했다. 이유와 근거가 없는 존재, 그러면서 인간의 역사를 성립시키는 존재, 그러나 거기에서 아무런 법칙도 찾아낼 수 없는 존재. 이렇게 보면 놀이라는 게 되게 멋있어 보이지 않는가. '거, 지난 세기에 살았던 철학자 놈들이 뭘 알아'라고 생각한다면 세계적 미래학자인 다니엘 핑크Daniel Pink를 소환해 그의 베스트셀러《새로운 미래가 온다》에서 제시한 미래사회 인재의 여섯 가지 조건을 보자. 디자인, 조화, 놀이, 스토리, 공감, 의미. 내 눈에는 이 모든 게 '놀이'라는 커다란 한 단어로 뭉뚱그릴 수 있는 것으로 보이기도 한다. 게다가 AI, 즉 인공지능이란 놈이 할 수 없는 일이 있다면 그것은 '아직 관찰하지 못한 미지의 공간을 다루는 일'이라고 한다. 아무 입력값 없는 미지의 공간에서는 전혀 작동하지 못하는 인공지능과 달리, 호기심 많고 놀기 좋아하는 아이들은 오히려 미지의 공간을 탐색하는 걸 즐긴다. 이만하면 우리, 좀 놀아도 되는 거 아닙니까.

아이들은 점점 놓치고 어른들은 잃어버리고 있는 놀이. 함께 조금씩 우리 삶 안으로 되찾아온다면 좋겠다. 아이들 유치원에는 작은 언덕이 있는데 모든 아이들이 그곳에서 깔깔거리며 데굴데굴 굴러 내려오는 걸 좋아한다. 그래서 우리 아이들은 밖에서도 잔디언덕이 보이면 일단 구른다. 가끔 나도 같이 구른다. 아이들과 데굴데굴 언덕을 굴러 내려오면 재.밌.다. 구름이 송송 박힌 하늘이 보였다가, 민들레가 알알이 박힌 잔디가 보였다가, 앞서 굴러 내려간 아이들의 모습이 보였다가. 혼자 까르르 웃으며 데굴데굴 언덕을 굴러 내려오는 중년 여성을 상상해보자. 아이들과 구르면 아이들과 즐겁게 놀아주는 엄마가 되지만, 혼자 구르면 정신세계가 걱정되는 독특한 여성이 되는 법이다. 이 재밌는 걸 우리는 나이 좀 들었다고 못 하게 됐다. 가끔 놀이터나 놀이동산에 가면 아이들보다 더 신나게 소리를 지르며 노는 엄마 아빠들을 본다. 내가 보기에 그들은 보호자로서 아이들과 놀아주는 게 아니라 자기가 신나서 깔깔거리며 뛰어노는 중이다. 사회적 지위며 체면, 업무 같은 것에 짓눌려 그간 못 놀았던 어른이 아이들의 힘을 빌려 그렇게 노는 것이다. 트램펄린 위에서 이성을 잃고 텀블링을 하는 배불뚝이 아저씨를 보면 무게 규정을 살피다가도 피식 웃음이 난다. 그네를 좋아하는 나는 아이들과 놀이터에 가서 엉덩이 꼭 끼는 그네에 앉아 세상이 내게서 파도처럼 밀려오고 빠져나가는 모습을 보며 독일 춘향이 놀이를 할 때 커다란 행복감을 느낀다. 우리는 이렇게 아이들의 힘을 빌려서라도 놀이의 감각을 회복하고 가끔씩 내 안의 어린아이를 꺼내놓아야 한다.

놀이는 아이의 직업 같은 것이지만, 아이의 전유물이 되어서도 안 된다. 나는 우리 모두가 할머니 할아버지가 되어서도 신나게 놀았으면 좋겠다. 독일에 와서 처음 파싱Fasching이라는 카니발을 즐기러 나갔을 때, 정말 좋았던 것은 백발의 할머니 할아버지들도 재미있는 코스튬을 차려입고 나와서 유쾌하게 웃고 춤추고 즐기는 모습이었다. 우리 같으면 어르신들 스스로도 '젊은 애들이나 저러고 노는 거지, 저 양반 노망났네' 할 법한데, 여기는 나이 든 분들도 노는 자리엔 빠지지 않고 즐겁게 참여하는 모습이 참 좋아 보인다. 오히려 그동안 챙기고 보살피고 일하고 걱정하느라 힘든 삶을 살아오신 할머니 할아버지들께서 더 거리낌 없이, 즐겁게 노셨으면 좋겠다. 피부에는 탄력이 떨어져도 뇌는 쫀쫀했으면 좋겠는데, 안티에이징의 꿀팁은 아무래도 아이 같은 마음을 회복하는 게 아닐까. 버나드 쇼의 말처럼, 우리는 나이 들어서 놀이를 멈추는 게 아니라 놀이를 멈춰서 나이 드는 것이다. 그러므로 마음껏 놀 수 있었으면 좋겠다. 그런 사회를 만들기 위해서는 조금 더 노력해야겠지만.

2장

아이들이 이것만큼은 단단히 배웠으면 좋겠다

경제관념이 있는 아이로 자랐으면
아리스토텔레스 할아버지로부터 돈 잘 쓰는 법 배우기

마법의 동전
:

작은아이가 세 살 때의 일이다. 공터에서 놀던 아이가 동전을 주웠다. 반려인은 길에서 돈을 줍지 않는다. 어려운 분들이 주울 수 있게 놔둬야 한다는 주의다. 하지만 아이가 자랑하려고 애써 가져온 걸 다시 바닥에 놓아두라고 하긴 좀 그랬다. 네가 가져온 이 동그랗고 반짝이는 물건이 뭔지 알려주고 싶다는 생각이 들었다.

"이음아, 이거 뭔지 알아?"

"코인."

그러자 옆에서 반려인이 한마디 거들었다.

"우와, 1센트도 아니고 2센트짜리네?"

아이는 잘 모르겠지만 뭔가 자기가 훌륭한 일을 했나 보다 하는 오묘한 표정으로 서 있다.

"이걸로 나중에 슈퍼마켓 가서 아이스크림 사 먹을까?"

그러자 아이 얼굴에 해님이 떴다. 그 표정이라니. 작디작은 눈동자에 기쁨과 놀라움이 걸리는 순간을 목격하는 일은 늘 즐겁다. 자기가 주운 이 동그란 물건이 그런 힘을 가졌다는 사실을 알고는 굉장히 애지중지하기 시작했다. 손에 쥐고 어쩔 줄 모르며 어루만진다. 잘하면 뽀뽀도 할 것 같은 분위기다.

"더러울 수 있으니까 일단은 주머니에 넣어서 가자."

아이는 중간중간 멈춰 서서 몇 번이고 주머니를 확인했고, 집에 돌아와서는 비눗물에 깨끗이 씻어 말렸다. 그리고 이 동전이 나에게 가져다줄 달콤한 미래를 상상하기 시작했다. "엄마, 슈퍼마켓 언제 열어? 엄마, 아이스크림 말고 위버라슝Kinder Überraschung° 사 먹을까?"

그런 동전을 여러 개 모아야 아이스크림도 초콜릿도 사 먹을 수 있다고 말했지만 이미 머리에 들어오지 않는 눈치였다. 제대로 된 돈 개념 알려주기는 이렇게 실패. 하지만 동전이 가진 힘을 알게 되었으니 한 발자국 뗀 셈이다. 어렸을 때 교과서에 실려 있던

° 안에 작은 장난감이 든 달걀 모양 초콜릿. 국내에서 '킨더 조이'라는 이름으로 판매되고 있다.

〈이해의 선물〉에서처럼, 돈 대신 은박지로 싼 버찌 씨를 내미는 그런 귀여움 폭발하는 동심은 이번 일로 혹시 벗어나게 되는 걸까.

큰아이는 가게에 진열된 물건들 앞에 쓰인 숫자의 의미를 이해하고 있지만, 작은아이는 가게에 갈 때 준비물이 지갑이라는 것 (최근엔 코로나 때문에 안타깝게도 마스크가 추가되었다) 정도만 알고 있다. 길을 가다가 빵집이 문을 열었는데 엄마가 지갑을 안 갖고 있으면 몹시 속상한 얼굴로 호통을 친다. 동네에 정조 임금님 때부터 빵을 구워 온 빵집이 있는데 일주일에 나흘만, 그것도 정해진 시간에만 연다. 빵도 금세 동난다. 그래서 그곳의 도넛을 사 먹는 일은 날이면 날마다 오는 기회가 아니다. 그런데 엄마가 지갑을 안 가져오다니 이 무슨 멸치똥 같은 소리란 말인가. 아마 아이들은 내 지갑에서 언제든 돈이 솟아나는 줄 알고 있을 것이다.

경제관념이 있는 아이로 자랐으면 좋겠다

우리나라는 돈이 대접받는 사회다. 부자 되라고 서로 덕담을 외치고, 돌잡이 때 아기가 돈을 잡지 않으면 부모가 손에 억지로 지폐를 쥐여주며 환히 웃는다. 그런데 그런 것치고는 유난히 경제 교육이 따르지 않는다. 모두 돈에 대해 이야기하지만, 인간과 돈이 어떻게 같이 살아가면 좋을지는 아무도 알려주지 않는 사회.

희한한 침묵 속에서 돈은 그저 묻지도 따지지도 않고 많을수록 좋은 것처럼 인식되고 있다.°

내가 어릴 때만 해도 아이들에게 커서 뭐가 되고 싶은지 물어보면 대체로 선생님과 과학자와 (난데없는) 미스코리아가 삼파전을 벌이는 양상이었다. 그런데 요즘에는 부자가 되고 싶다는 아이들이 부쩍 많아졌다. 그런데 정작 왜 부자가 되고 싶고, 어떤 일을 해서 돈을 벌 것이며, 부자가 되어 어떻게 살고 싶은지 물어보면 대체로 대답들은 허황되거나 납작하다. "몰라요, 유튜버로 뜨면 돈 많이 벌 수 있다던데.", "돈은 많으면 좋잖아요. 하고 싶은 것 다 할 수 있으니까요." 그러니까 얘들아, 그 하고 싶은 게 뭐냐고. 어떻게 벌어서 어떻게 쓰고 싶은 건데.

돈을 많이 버는 건 좋다. 실은 나도 돈을 많이 벌고 싶다. 그런데 돈과 어떤 관계를 맺고 싶은지에 대해 생각하지 않은 채 그저 '돈 많음' 그 자체를 목적으로 두는 건 조금 우려스럽다. 내 주변에 많이 두고 싶은 무언가가 있다면 그에 대해 지속적으로 관심을 갖고 나와의 관계를 고민해야 하는 법이다. 하다못해 햄스터를 많이 키우고 싶으면 햄스터란 놈에 대해 알아보고, 어떻게 키워야 하는지, 어떤 방식으로 나와 공존할지 고민하고서 그놈을 만나야 한다. 그런데 우리 아이들은 그토록 많이 만나고 싶어 하는 돈에 대해서

° 세상에 많으면 많을수록 좋은 건 다정한 마음뿐이라고 생각한다. 사랑도, 꿈과 희망도, 돈이나 능력도, 친구도, 너무 크거나 너무 많으면 슬그머니 그늘이 생기는 법이다.

얼마나 많은 생각과 고민의 기회를 가지고 세상에 나가는 걸까.

돈은 단순히 어떤 물건이나 경험, 혹은 서비스를 살 수 있는 숫자 그 이상의 의미를 지닌 우리 사회의 필수적인 시스템이다. 나의 가치와 직결되는 문제이고, 내가 세상과 관계 맺는 방식에 관한 문제이기도 하다. '직업'이라고 단순히 표현할 수만은 없는, '한 사람이 돈을 만지고 삶을 꾸려가는 방식'은 그 사람의 많은 부분을 보여주고, 또 한 사람이 사회에서 어떤 역할로 기능하는지를 설명한다. 로크에서 마르크스로 이어지는 많은 철학자들은 우리의 노동이 어떻게 우리를 인간답게 하며, 일하는 행위로 인해 우리는 어떻게 세상과 관계를 맺는지, 또 그 결과로 어떻게 반드시 존중받아야 할 소유의 권리를 갖게 되는지를 밝힌 바 있다. 그러므로 사실 나 개인의 가치뿐 아니라 넓게는 사람의 가치 문제이기도 하다.

나의 능력, 아이디어, 서비스가 어떤 가치로 환산될 것인가? 자연과는 어떤 관계를 맺을 것이며 다른 사람들과는 어떤 관계를 만들 것인가? 그런 일련의 행위로 인해 나와 타인은 행복해질 것인가? 그리고 그렇게 갖게 된 돈을 나는 어떤 방식으로 소비하고 싶은가? 돈을 두고는 이런 연속적인 생각의 사슬이 고리 하나하나마다 천천히, 그리고 탄탄히 만들어져야 한다. 하지만 이런 생각보다는 그저 돈을 많이 벌고 남들이 선망하는 직업을 갖는 것이 시급한 목표가 되어버린 아이들. 아이들 앞에 그런 목표를 무턱대고 던져 놓은 것은 어른들이다.

아이들이 돈이라는 개념에 대해 교실에서 질문을 하고 생각을 나눌 기회를 충분히 가지는지 잘 모르겠다. 아이들은 뉴딜정책이며 인플레이션 같은 용어는 배워도 정작 패스트푸드점에서 아르바이트할 때 계약서는 어떻게 써야 하는지, 내 안의 흥청이 망청이들은 어떻게 다스려야 하는지 같은 기본적이고 일상적인 것들을 학교에서 배우지 못한다. 이 중요한 걸 대체 왜 가르치지 않는 걸까. 영어단어 몇 개 모른다고 죽지는 않지만 신용이나 부채 관리법을 모르면 삶이 통째로 위협받는데. 이십 대가 되어 신용카드를 발급받은 '초보 성인'들이 신용을 제대로 관리하지 못해서 문제가 되는 경우를 종종 본다. 어처구니없이 적은 금액이 눈덩이처럼 불어나, 찬란해야 할 젊은 시절에 숨 막히는 그늘이 지는 건 얼마나 가슴 아픈 일인지. 신용이라는 것은 어떻게 유지되며 어떻게 불량이 되는지, 카드의 혜택만 나열할 것이 아니라 보다 중요한 것부터 강조하고 알려줘야 한다.

한편으로는 돈에 대해 말하는 걸 부끄러워하느라, 혹은 그게 점잖지 못한 일이라고 배워서 자신의 몫이나 소유를 제대로 주장하지 못하는 경우도 허다하다. 이것도 어른들이 아이들의 소유권을 부당하게 대우하는 경험에서 비롯했을 가능성이 크다. 초등학교 때 지점토로 포도 덩굴이 감긴 근사한 바구니를 구워서 방학 숙제로 냈는데, 그게 마음에 든다며 홀랑 가져가버린 다른 반 선생님 때문에 당황한 적이 있다. '아니, 선생님만 마음에 드신 게 아니라

나도 진짜 마음에 들었는데요. 책상 위에 놓고 연필꽂이로 쓰면서 아끼고 싶었단 말이에요.' 아무 소리 못 하고 끙끙 앓았지만, 부모님이나 담임 선생님께서 "네 솜씨가 진짜 좋아서 그런 거야" 대신 "왜 애가 만든 걸 아무 소리 없이 그냥 가져가요"라고 말해줬으면 좋았을 거라고 생각한다. 알량하게나마 선물의 형식으로 만들었다면 덜 억울했을 거고, 엉망으로 알고 큰 저작권 개념에 대해 조금이라도 생각이 바뀌지 않았을까. 선생님께, 어른들께, 선배들께, 나의 시간과 노력을 무상으로 드리는 일이 미덕이 아님을 좀 더 빨리 깨달았으면 좋았을 인생들은 도처에 널려 있을 것이다. 각 가정의 모습과 상황은 모두 다르니까, 이런 부분을 가정에만 맡기지 말고 학교에서 조금씩 알려주면 좋겠다고 생각한다. 사회에 아이들을 내보내기 전에 학교에서 경제적으로 규모 있는 삶을 꾸리는 법, 내 몫의 선을 잘 긋는 법을 꼼꼼히 교육해주면 좋지 않을까.

사실 나도 딱 그렇게 경제관념 없는 아이로 자랐다. 내가 어렸을 때 학교로부터 또 부모님으로부터 제대로 배우지 못했던 것, 그렇기에 아이들에게는 어렸을 때부터 신경 써서 만들어주고 싶은 것이 바로 경제관념이다. 나는 내 아이들이 경제관념만큼은 이 엄마를 닮지 않았으면 좋겠다.

나는 정기적으로 용돈을 받진 않았다. 하지만 필요하다고 하면 부모님은 언제든 돈을 주셨다. 내가 그다지 물욕이 없는, 뭘 사달라는 일이 지극히 드문 아이였기 때문에 별말 없이 믿어주시는 편이었던 것 같다. 크게 부족함 없이 자란 것은 감사한 일이나 두 가지 면에서 부족함이 생겼다. 첫째는 규모 있게 용돈을 쓰면서 내 생활을 스스로 꾸리고 계획하는 경험의 부족, 둘째는 돈은 언제든 부모님으로부터 나오는 것으로 착각하며 자랐다는 것. 즉, 내게는 독립이라는 관념이 부족했다.

대체로 장학금을 놓치지 않았고 부지런히 아르바이트로 용돈을 벌긴 했지만 나는 성인이 되고서도 한참 동안 부모님의 지원에 기대는 걸 당연하게 생각했다. 돌아보니 그것이 제일 부끄럽다. 부모님은 늘 내가 돈을 벌기보다는 공부를 더 하길 바라셨다. 돈 걱정 없이 크기를 바라셨던 그 마음의 온기를 모르는 바는 아니지만, 그리고 그럴 수 있었던 것은 엄청난 행운인 것도 알지만, 그 큰 사랑이 오히려 나의 경제관념에는 독이 되었다. 나의 경제관념은 안일하기 그지없었고 지금도 대체로 그렇다. 일단은 숫자 개념이 굉장히 없어서 지금도 누가 몇 평 넓이의 집에서 한 달에 얼마를 쓰며 살고 있느냐고 물으면 대답을 잘 못한다. 한 달 수입이 얼마고, 고정 지출이 얼마고, 그런 개념은 외우려고 노력해도 당최 머리 안에 들어와 박히지가 않는다. 대신에 궁상맞음과 알뜰함의 경계를 걷는 일엔 자신이 있다. 옷도 신발도 도저히 회생이 불가할 때까지 입고 신는다. 내가 물건을 사들이는 일에 취미가 있었다면 아마 우리 집은 쫄딱 망했을 거다.

그래서 이번 생은 망한 경제관념을 가진 나는, 아이들이 어렸을 때부터 독립을 생각하고 자기 삶을 계획할 수 있는 사람으로 컸으면 좋겠다고 생각한다. 그런 이유로 두 가지를 생각하고 있다. 하나는 용돈을 주는 일, 다른 하나는 열여덟 살에서 스무 살 즈음에 완전히 독립을 시키는 일. 독립은 아직 10년도 더 넘게 남은 일이라 찬찬히 생각을 더 할 예정이고, 여기서는 용돈에 대한 이야기를 하려고 한다.

우리 모두에게는 용돈이 필요하다

사람마다 아이들에게 용돈을 주는 일에 대한 입장이 다르겠지만, 나는 용돈이 세 가지 측면에서 꽤 괜찮은 시스템이라고 생각한다. 소비와 경영의 경험 쌓기, 취향 만들기, 그리고 관대함의 연습. 그래서 이 시스템을 구현할 구체적인 계획으로 아이가 여덟 살이 되면 귀여운 수준의 기본금을 용돈으로 주고, 빨래며 청소, 쓰레기 버리기, 설거지 같은 집안일을 나이에 맞는 선에서 가르쳐주고 그에 맞는 금액을 추가적으로 주는 방법을 생각하고 있다. 이후에 정말 독립해서 혼자 살 수 있도록 생활에 필요한 기술과 능력을 천천히 배워나간다는 의미도 있고, 집안일이 돈으로 환산될 수 있는 중요한 가치임을 알려주고 싶기도 하다. 그리하여 어린 시절부터 작게나마 일주일을, 한 달을, 몇 개월을, 스스로 소비하고 꾸려가는 경험을 하게 하고 싶다. 이 시스템으로 내가 기대하는 바는 앞서 말한 세 가지다.

첫째, 소비와 경영의 경험 쌓기. 필요한 걸 부모가 알아서 턱턱 사주는 건 피차간에 편할지 몰라도 사실 소중한 배움의 기회를 날려먹는 일이다. 나는 이 작은 아이들이 그 조그만 머리로 자신에게 뭐가 필요한지 생각하고 물건을 구입하게 하고 싶다. 그게 색연필 한 자루가 됐든 꽃 한 송이가 됐든 아니면 젤리 스물여섯 봉지가 됐든, 아니면 뭘 살지 몰라 가게 안의 모든 물건을 신중하게 탐색하느라 부모 입장에서는 가게가 갑자기 억겁의 시간이 흐르는 공간이 되든. 자기가 고민에 고민을 거듭해서 물건을 고르고, 값을 치르고, 자기가 산 물건의 가치를 느끼고 즐기는 일은 중요한 경험이다. 탕진을 해도 어릴 때 소규모로 말아먹는 게 출혈이 적다. 오늘 까까를 흥청망청 사버리면 내일부터 한 달간 살 수 있는 간식은 없다는 사실을 배우면 좋겠다. 갖고 싶은 물건이 생기면 오래 계획하고 차근차근 모아서 결국 그 물건을 갖게 되는 기쁨도 알게 되면 좋겠다. 나는 아이들이 결핍을 아는 사람이 되어야 한다고 믿는다. 또 내가 이 물건을 사는 것이 나와 이 세상에 어떤 의미를 갖는 일인지 알게 되기를 바란다. 그리하여 결국, 소비할 때 사유할 줄 아는 사람이 되면 좋겠다. 벌지 않고도 살 수 있지만 사지 않고 살긴 어렵다. 인생을 '산다'와 물건을 '산다'가 우리말로 다르지 않은 건 그래서 내겐 꽤 의미심장하다.

둘째, 사는 행위, 즉 소비하는 행위를 통해 작게나마 자신의 취향을 만들어가는 즐거움을 알았으면 한다. 사람을 그릇에 비유한다면 취미나 취향은 그릇에 새겨진 무늬다. 그 무늬로 다른 그릇과 구별되고, 덕분에 그릇이 한결 매력적으로 보이기도 한다. 하지만 취미도, 취향도, 결국 내가 자유롭게 사용할 수 있는 적정한 돈이 있어야 생겨나는 법이다. 호기심을 느꼈을 때 방해받지 않고 그리로 가볼 수 있는 것, 그리하여 그것을 취미며 취향으로 빚어갈 수 있는 것은 사실 큰 축복이다. 여러 옵션을 두루 섭렵하며 개의치 않고 실패해볼 수 있는 경제적 여유가 있어야 하기 때문이다. 1년에 단 서너 번 영화를 볼 수 있는 사람이 제3세계 영화나 독립 영화에 취미를 가질 수 있을까. 컴퓨터 조립에 흥미를 가지려면 마음껏 풀었다 조여도 좋을 오래된 컴퓨터라도 하나 주어져야 하고, 자신만의 음악 취향을 키워가려면 적어도 스트리밍 서비스에 월정액 낼 돈은 있어야 한다. 그래서 나는 내 아이들이 어렸을 때부터 작은 시도들을 통해 취향에 맞는 물건을 구입하고 소중히 사용하는 법, 용돈을 차곡차곡 모아 호기심을 납작하게 짓누르지 않고 그리로 신나게 뛰어가는 법을 천천히 배웠으면 한다. 나는 사실 공부 못하는 건 참아도 취향 안 맞는 건 못 참는 성미라서 앞으로 아이들과 패션이라는 화두를 갖고 치를 대전이 두렵다. 요즘도 첫째가 단추를 목까지 꼭꼭 채우는 모습에 내적 비명을 지르고, 둘째가 새마을운동 당시의 마을 이장님 같은 패션으로 유치원에 간다고 고집 피울 때 탄식이 절로 나온다. 그래도 자유롭게 시도하길 바라며 참아본다. 마음에 안 든다고 엄마의 취향을 고집하면 아이는 아마 꽤 오래 스스로 실패해볼 시간을 갖지 못할 테니까. 사실 그게 실패인지 아닌지를 내가 판단할 수도 없는 일이다. 그래서 아이가 스스로 용돈을 모아 거적때기를 사오는 날을 나는 살짝 기대하고 있다.

마지막은 용돈을 통해 관대함이라는 미덕을 연습하는 일이다. 이 아이디어는 아리스토텔레스의 《니코마코스 윤리학》을 읽다가 마음에 심어졌다. 사실 예로부터 우리 문화권에서 재물이라는 것은 인격 수양에 방해가 되는 것으로 여겨지곤 했다. 논어에서도 이 利에 밝은 것은 소인小人의 특성이고, 불교에서도 색불이공 공불이색色不異空 空不異色, 즉 세상 만물이 공허한 것이라고 했다. 최영 장군도 황금 보기를 돌같이 하라고 했다. 그런데 아리스토텔레스 할아버지는 사람이 덕이 있으려면 돈이 좀 있어야 한다는 얘기를 하신 거다. 《니코마코스 윤리학》에는 인간으로서 가져야 할 미덕과 피해야 할 악덕들이 세세히 나열되어 있는데, 돈에 관련된 미덕으로 '관대함', 혹은 '관후함'이라는 미덕이 있다. 사용할 수 있는 돈이 좀 있어서 그 돈을 쓰면서 어릴 적부터 관대함이라는 덕을 습관처럼 갈고닦으라는 얘기다. 나는 이 이야기가 꽤 솔깃했다. 그래서 내 아이가 생기면 용돈을 주어야겠다고 생각했다. 아리스토텔레스가 이 관대함이라는 미덕을 어떻게 서술하고 있는지 살펴보자.

아리스토텔레스가 알려주는 돈 잘 쓰는 법

아리스토텔레스의 미덕에 관한 논의에서 가장 중요한 것은 적절한 중간, 즉 '중용'을 끊임없이 연습하는 일이다. 인간이란 이리로 치우치기도 하고 때론 저리로 치우치기도 하지만, 균형을 잡을 수 있게 잘 연습하면 결국 그 균형점이 습관처럼 몸에 착 달라붙어서 그 사람의 덕이 된다는 것이다. 그런 의미에서 관대함이라는 미덕은 '방탕함'과 '인색함'이라는 양극단의 사이에서 중용을 이루었을 때 빛난다.

기원전에 살던 귀족 할아버지가 하신 말씀을 경전처럼 받들어 읽고 싶은 생각은 없다. 하지만 돈이라는 게 오늘날에도 너무나 중요한 주제인 만큼, 아리스토텔레스가 돈에 관해 들려주는 조언을 조금 들어봐도 재밌을 것 같다. 아리스토텔레스는 방탕한 사람, 인색한 사람이 되지 말고 관대한 사람이 되라고 말한다. 그렇다면 어떤 사람이 관대한 것일까?

> 관대한 사람은 고귀한 일을 위하여 주며, 올바르게 주는 사람이다. 줄 만한 사람에게, 줄 만한 양을, 줄 만한 때에 주는 사람이다. 그리고 기쁜 마음으로, 고통을 느끼지 않으면서 주는 사람이다.°

° 이 글에 사용한 인용문들은 《니코스마스 윤리학》 본문 그대로가 아니라 필요한 부분을 발췌해서 재가공한 것들임을 밝힌다.

아리스토텔레스의 말은 때론 뜬구름 잡는 소리처럼 들리기도 한다. 줄 만한 사람에게, 줄 만한 양을, 줄 만한 때에 주라니. 이건 마치 고사리나물 어떻게 하는 거냐고 물었을 때 "응, 푹 불려서 삶은 다음에 갖은 양념 적당히 넣고 잘 버무렸다 달달 볶으면 되지"라고 대답하는 엄마를 보는 느낌이다. 그래도 '줄 때 기쁜 마음으로, 고통 없이 주는 사람'이라는 부분은 알 것 같다. 우리에게는 모두 그런 경험들이 있지 않은가. 내 돈을 쓰면서, 특히 타인에게 쓰면서도 행복하고 뿌듯하고 기뻤던 경험. 돈 참 잘 쓴 것 같다고 느껴지던 경험들.

> 관대한 사람은 주는 일과 취하는 일을 올바로 하는 사람이다. 당연히 취할 곳에서 마땅한 양을 취하는 사람이다.

나는 이 부분이 좋았다. 관대하다고 하면 주는 쪽으로만 이해하기 쉬운데, 아리스토텔레스는 취하는 일을 올바로 하는 것도 꼭 필요하다고 말한다. 그리하여 당연히 취할 곳에서 마땅한 양을 취하라고 한다. 즉 가치 있게 노동을 했으면 그 대가를 적절히 받을 줄 아는 사람이, 돈에 있어서 미덕을 가진 사람인 것이다. 세상에는 인연이나 친분에 기대어 너무나 당연하게 타인의 능력과 시간을 내 것처럼 사용하려는 사람들이 있다. 열정 페이라는 고약한 소리로 젊은이들의 찬란한 시간과 빛나는 재능을 가책 없이 꿀꺽

삼키려는 어른들도 있다. 재능 기부라는 순화된 버전도 돌아다니지만 여전히 우려되는 부분이 있다. 그래서 나는 내 아이들이, 당연히 취할 곳에서는 똑 부러지게 마땅한 양을 취하는 사람으로 자랐으면 좋겠다고 생각한다. 그것이 미덕이라는 말에도 십분 공감한다.

친한 사이에 일을 부탁할수록 감사의 마음을 제대로 표시하고, 합당한 보수를 제공하는 게 기본이라는 사실을 나도 참 뒤늦게 깨달은 편이다. 내가 먼저 마음이 우러나서 흔쾌히 해주면 몰라도, 우리 사이에 이런 것도 못 해주냐는 말은 세상을 살면서 딱 듣기 싫은 말 중 하나다. 당연하게 여기지 말고 제대로 부탁해야 한다. 또, 그저 기회를 얻는 것이 기뻐서 돈에 관한 질문을 주저하거나 부끄럽게 여기지도 않아야 한다. 사실 이러한 풍토를 만드는 일은 사회에 이미 점을 찍고 자리를 잡은 어른들의 몫이다. 젊은 놈이 벌써부터 돈만 밝힌다고 생각하지 말고, 자신의 노동 가치를 귀하게 여기고 있다고 생각해야 한다. 그리고 그게 당연한 거다.

관대한 사람은 그 재물로 남을 돕고자 하므로 자신의 소유물을 소홀히 하지 않는다. 줄 만한 사람들에게 주어야 할 때에 줄 것을 지니고 있기 위해서.
관대한 사람이 곧 부유한 사람은 아니며, 오히려 부유하기가 쉽지 않다. 관대함이란 주는 액수의 많고 적음에 있는 것이 아니라 주는 사람의 성품에 달려 있다. 즉, 자기 재산 정도에 따라 당연한 일에 재물을 쓰는 사람이 관대하고 관후한 사람이다.

관대한 사람은 막 주는 사람이 아니라, 오히려 자신의 소유물을 소홀히 하지 않는 사람이라고 한다. 꼭 필요할 때 좋은 곳에 쓰기 위해서. 또 돈이 많아야 관대한 사람이 되는 것도 아니라고 한다. 아리스토텔레스에 따르면 자기의 재산이 어느 정도인지를 알고, 그 정도에 따라서 당연하고 좋은 일에 재물을 쓰는 사람이 바로 돈에 대한 미덕을 갖춘 사람이다. 예를 들면 평소에는 얼마 안 되는 용돈을 꽤 소중히 여기지만 친구가 곤란해할 때 선뜻 자기가 가진 동전을 내어줄 수 있는 아이, 거리의 음악가가 아름다운 음악을 연주했을 때 기쁘게 감상한 후 다가가서 동전을 넣고 오는 아이. 이런 아이라면 아리스토텔레스 할아버지가 흡족해하지 않을까.

관대한 사람은 올바르지 못하게 소비하는 일이 있으면 괴로워한다. 또 취해서는 안 될 데서 취하지 않는다. 어디서 어떻게 취하는지를 문제 삼지 않고 어디서든지 무턱대고 취하는 사람은 방탕하거나 인색한 사람이다. 그들은 가난해야 할 사람을 부유하게 하며, 훌륭한 인격을 가진 사람에게는 아무것도 주지 않으며, 아첨하는 자나 쾌락을 주는 자에게 많은 것을 준다.

이 부분도 울림이 크다. "올바르게 소비하지 못하면 괴로워하고, 취하지 않아야 할 곳에서는 취하지 않는 것." 나부터 연습해야 할 부분이고, 아이들에게도 꼭 알려주고 싶은 부분이다. 요즘은 특히 환경문제라든가 기업윤리 등을 비롯해서 올바른 소비에 대해 생각이 많아지고 있다. 어떤 식으로 돈을 벌고 어떤 식으로 돈을 쓰며 살 것인가. 아이들과 함께 부지런히 연습할 수 있다면 좋겠다.°

돈의 사슬을 선하게 만드는 사람

:

경제관념이 제대로 박히지 않은 내가 아이들에게 그런 걸 가르치고, 또 좋은 경제관념을 가지기를 소망한다는 일이 참 역설적으로 느껴지기도 한다. 하지만 그렇기에 더더욱 마음과 다짐을 담아 글을 쓴다. 2센트짜리 동전이 가진 힘을 즐겁게 상상하고 있는 꼬맹이가, 100유로짜리 지폐의 무거움을 겸허하게 느끼는 사람으로 자랐으면 하기 때문이다.

나는 아이들이 부자가 되기보다는 돈의 가치를 아는 사람이었으면 좋겠다. 돈을 가치 있게 쓰고 소중하게 다루되, 세상에는 그보다 더 중요한 가치들도 많음을 알았으면 한다. 성공이라는 것은

° 이 부분은 뒤에 이어질 환경 교육에 관한 글에서 조금 더 자세히 다룰 예정이다.

재물의 많고 적음으로 얄팍하게 판단하는 개념이 아니라는 것을 알았으면 좋겠다. 돈이 많더라도 원하는 걸 모두 가질 수 없다는 점도 알았으면 좋겠고, 그 대표적인 것이 시간과 사랑임을 깨달았으면 좋겠다. 그러므로 돌아오지 않을 순간들을 소중히 즐기고, 사랑에는 진심을 다했으면 한다.

자라면서 아이들은 친구가 입은 멋진 옷, 타인이 가진 근사한 물건에 혹하게 될 것이다. 실은 엄마인 나도 최근 발을 들인 반짝이는 인스타 세상에서 매일 눈으로 침을 뚝뚝 떨어뜨리며 다닌다. 하지만 두른 것의 가치보다는 내 안에 든 것의 무게를 신경 쓰는 사람이면 좋겠다. 내가 소유하고 싶은 욕망보다는, 내가 사랑하고 아끼는 사람들에게 딱 알맞은 물건을 선물하고 싶은 깜찍한 마음에 열심히 돈을 버는 사람이면 좋겠다.

나는 아이들이 물건을 함부로 사지 않고 자신이 만들어내는 쓰레기에 민감한 사람이면 좋겠다. 경제 규모에 맞고 취향에 부합하는 질 좋은 상품을 구입할 줄 아는 그런 눈 밝은 사람이면 좋겠고, 한 번 산 물건을 함부로 쓰레기통에 넣지 않는 책임감 있는 사람이길 바란다. 늘 새것에만 혹하지 말고, 오래된 물건에 깃든 시간과 추억이 만드는 아름다움을 볼 줄 아는 사람이면 좋겠다. 알뜰하게 살되 필요한 사람들에게 기꺼이 나눠줄 수 있는 사람이면 더욱 좋겠다. 가격을 세심하게 비교하고 쿠폰을 쓰는 걸 부끄러워하지 않지만, 알뜰하게 장을 보고 나오는 길에 마련된 기부 코너에 오늘

산 것 중에서 제일 좋은 것 몇 가지를 남겨놓고 오는 사람이면 좋겠다.

무엇보다, 적은 것을 가지고 웃으며 사는 법을 배우기를 바란다. 적은 돈으로도 비참하지 않을 수 있는 능력은 가장 큰 자산이며, 아무나 갖는 게 아니다. 이건 아이에게 전하는 말이자 사실 어른으로서 나의 다짐이기도 하다. 살아보니 우리가 사는 데 그렇게 많은 물건이 필요하진 않은 것 같다. 그래도 자신을 기쁘게 하는 물건, 미소 짓게 하는 물건이라면 망설이지 않고 구입하는 즐거움도 누릴 수 있기를 바란다. 별로 필요 없는 물건을 잔뜩 사들여 쓰레기를 늘리는 걸 경계하자는 것이지, 소비를 극도로 제한하자는 말은 아니다. 나는 아이들이 스스로를 기쁘게 하는 물건을 신중하게 구입해서, 함께 즐겁게 나이 들어 가기 바란다.

우리가 사는 생태계가 이어져 있듯이 돈의 생태계도 이어져 있음을 알고 그 그물을 어그러뜨리지 않는 사람, 돌고 도는 돈의 사슬을 선하게 만드는 사람이었으면 좋겠다. 내가 먹고살 수 있도록 도와주는 많은 이들이 있음을 알고, 그들에게 감사하는 마음을 가지고 늘 겸손했으면 좋겠다. 그 많은 이들 중 일부는 아마도 경제활동을 하지 못하는 사람들도 있을 것이기에, 버는 돈의 액수로 함부로 사람을 판단하지 않았으면 좋겠다. 또한 모든 가난이 반드시 게으름의 결과는 아님을 꼭 깨닫기를 바란다. 가능하다면, 돈은 단순히 많으면 많을수록 좋은 게 아니라는 점도 함께 깨닫는다면 더

할 나위 없겠다.

'중요'와 '소중'을 구별하는 눈을 갖기 바란다.《마음사전》에 실린 김소연 시인의 구분에 따르면 소중한 존재는 그 자체가 궁극이고, 중요한 존재는 그 궁극에 도달하기 위한 방편이다. 그러므로 돈이 궁극이 되는 삶과 돈이 방편이 되는 삶, 그 두 삶 사이의 커다란 간격에 바로 중요함과 소중함의 뜻 차이가 녹아 있다. "돈은 전혀 소중하지 않은 채 가장 중요한 자리에 놓여 있고, 너무 중요한 나머지 소중하다는 착각을 일으키게 한다"라고 말하는 시인은 "우리는 중요한 것들의 하중 때문에 소중한 것을 잃는 경우가 많다"고 충고한다. 중요함과 소중함을 구별하는 눈은 인간관계에서도 굉장히 중요하지만, 돈과 관련해서 특히 예민하게 발달되어야 한다고 믿는다.

돈은 숫자가 아니라 가치다. 돈은 능력이라기보다 태도다. 돈이란 것은 결국 나라는 인간의 본질 및 정체성과 관련된 문제다. 나는 돈과 어떤 관계를 맺고 있는가, 나는 왜 돈이 필요하고, 그 돈을 얻기 위해서 무슨 일을 어떻게 할 것인가. 이는 내가 내 삶을 어떤 모습으로 살아갈 것인가 하는 문제와 깊게 맞물려 있다. 그러므로 아이들을 보면서 기도한다. 돈이 너를 규정하게 두지 말고 네가 돈을 규정하는 삶을 살 수 있기를.

사실 이 모든 바람은 내 아이가 스스로 필요한 돈을 벌어서 소박하게나마 자기 삶을 꾸려갈 수 있는 사람이라는 전제가 깔린, 굉장히 오만한 바람이다. 누구나 가난할 수 있고 가난해질 수 있다. 내 아이가 커서 어떤 사람이 될지 나는 모른다. 경제활동에 영 소질이 없을 수도 있고, 그로 인해 삶 전체가 흔들릴 수도 있다. 그러므로 로크가 말했듯 마르크스가 말했듯 땀 흘려 일하고 그것에서 인간다움을 찾는 인간이 가장 먼저 되기를 바란다.

나와 내 반려인은 둘 다 연구하고 글 쓰는 사람들이기에 앞으로도 딱히 재산이 많지 않을 것이다. 일확천금은 늘 마음속으로만 꿈꾸기에 둘 다 복권을 사본 적이 단 한 번도 없는 인간들이기도 하다. 많은 돈을 물려줄 순 없어도, 아이들에게 돈의 가치를 알고 단단한 경제관념을 물려주는 일은 열심히 해볼 수 있지 않을까. 그래서 나는 돈 걱정 없이 크는 아이보다는 적절하게 돈 걱정하며 크는 아이로 키워보려고 한다. 그것이 결국에는 장차 세상에 나갈 아이의 걱정과 두려움을 줄일 수 있는 길이라고 믿기에.

제대로 사랑하는 법을 배웠으면

국영수보다 중요한 교육이 있다

n번방 사건의 충격

믿거나 말거나, 나는 점잖은 사람이다(문장으로 쓰고 보니 내가 못 믿겠네). 그런데 이런 점잖고 수줍음 많은 나로부터 온갖 험한 말을 마치 떡집에서 가래떡 뽑듯 뽑아낸 사건이 있었다. 텔레그램에서 미성년자를 포함한 수많은 여성을 성적으로 착취하는 내용의 참혹한 영상물을 공유해 이윤을 챙겼다는 n번방 사건. 이게 대체 사람이 사람에게 할 짓인가 싶어 기사를 읽는 내내 참담했다. 문장을 읽는 것이 괴로워 눈 뜨기가 벅찰 정도인데 여러 겹의 인증 절차를 거쳐 돈을 내고 본 사람이(그러므로 어쩌다 잘못 본 사람이 있을 리 없다) 최소 6만 명이라고 했다. 대한민국 인구가 5000만이라고 했을 때, 절반을 뚝 잘라 남성 인구를 2500만이라고 친다면 약 400명 중 한 명꼴로 이 생지옥을 보며 낄낄거렸다는 애기다.° 확률적으로는 그 안에 지인이 몇 명 있어도 이상하지 않다. 그 생각을 하니 갑자기 현실이 생지옥이 되고 말았다. 이 세상은 조금 힘들어도 살 만한 곳, 서로가 비틀거리면서도 기대어 열심히 한 발 한 발 내딛는 곳이라고 생각하면서 살았는데, 와 진짜 이런 세상이라면 망해도 싸다는 생각이 들어 우울감을 떨치기 힘들었다.

그래도 불행 중 다행으로 분노하고 슬퍼하는 사람들이 많았다. 청와대 국민청원 게시판에 순식간에 300만 명이 서명했고, 대통령까지 나서서 특별조사팀을 꾸려 운영자뿐 아니라 회원 전원을 조사해야 한다고 언급하는 모습을 보며 나는 마음속 우울감을 조금씩 깎아냈다. 특히 전자발찌 대신에 나쁜 짓을 하면 머리를 조이는 전자 긴고아(손오공 머리띠)를 도입하는 것이 좋겠다는 한 지인의 말에, 깜깜한 절벽 앞에 선 것 같던 마음에서도 웃음이 터져 나왔다. 시간이 흐르면서 n번방 주모자들은 속속들이 잡혀 포토라인에 모습을 드러냈고, 성폭력처벌법이며 청소년성보호법도 개정되어 시행되었다. 하지만 그 와중에 생후 6개월 된 아기까지 성 착취에 이용했던 세계 최대 아동 포르노 사이트 운영자가 미국 송환 불허 결정을 받아 석방되는 일이 있었다. 너무 배가 고파 달걀 열여

° 여성이 보았을 확률도 있겠지만 그리 높지 않을 것으로 생각되고, 남성 인구가 여성 인구보다 살짝 많으므로 어림잡아 가감하면 대체로 들어맞는 계산이 될 것이다.

덟 개를 훔친 사람에게 구형된 형량과 같은 형량을 받았다는 점이 회자되기도 했다. 아동 성 착취 범죄는 국제사회가 마약 범죄 이상으로 중하게 취급하고 있는데도, 그의 부친은 "앞으로 애가 컴퓨터를 못 하게 하도록 하겠다"라고 답해 지켜보던 사람들을 얼빠지게 만들었다. 아니 테스형, 세상이 왜 이래요.

나에겐 아직 병아리같이 삐약거리는 아들이 둘 있다. 내가 아들만 둘 낳으리라는 생각은 꿈에도 하지 않았는데 어쩌다 보니 우리 집에서 나만 혼자 XX(욕 아니고 염색체입니다)로 외롭게 살고 있다. 나는 다시 태어나도 여자로 살고 싶지만, 여자로서의 삶이 그다지 만만한 건 아니었기 때문에 솔직히 말하면 아들은 신경을 덜 쓰며 키울 수 있을 것 같다는 생각도 했었다. 그런데 아니었다. 딸이든 아들이든 신경을 덜 쓰며 키울 수 있는 성별이란 없었다. 어울려 살아가는 인간 사회의 특성상 아이들은 타인과의 관계에서 상처를 입기도 하고 주기도 할 것이다. 아이를 키우면서 많은 기대를 내려놓으려고 의식적으로 노력한다. 하지만 거짓말을 한다든가 부모를 존중하지 않을 때보다는, 어쩌다 행운처럼 얻은 남성으로서의 힘을 가지고 약자에게 폭력을 행사하고 상처 주는 모습을 볼 때 나는 가장 크게 실망하고 분노할 것 같다. 이놈들을 어떻게 제대로 키워야 하나, 마치 머리에 채워진 긴고아가 조여올 때의 손오공과 같은 자세로 머리를 싸매는 나를 발견한다.

함께 손 잡고 지뢰밭 건너기

번번이 얘기하기도 입 아픈 사실이지만, 여자 입장에서 성희롱, 성추행, 성폭력, 이 빌어먹을 삼종 세트를 하나도 만나지 않고 산다는 것은 거의 기적과 같은 일이다. 나만 해도 되돌아보기 싫은 경험들이 꽃처럼 만발해 있다. 이게 뭔지도 모르고 지나온 것들, 뭔지 알았지만 어떻게 대처해야 할지 몰랐던 일들, 나름대로 대처한다고 했고 괜찮을 거라고 생각했지만 평온한 일상에 불시에 들이닥쳐 내 마음을 종이처럼 구겨대는 기억들. 아이를 둘 낳은 중년 여성에게도 이런 일은 여전히 일어나고, 닥칠 때마다 늘 당황스럽다. 삶이 지뢰밭이다. 상대적으로 어리고 사리판단이 아직 야물지 못한 아이들이 어떤 심정으로 그런 일을 당했을지, 그 기억이 평생 얼마나 그들을 괴롭힐 것인지 생각하면 눈이 질끈 감긴다.

내 아이들의 세상은 이런 어둠과는 관계가 없을 듯 포근해 보이지만, 살펴보면 그들 곁에도 늘 지뢰가 있다. 아이들이 즐겨 읽는 이야기, 특히 전래 동화나 세계 명작 동화 속에는 시대를 따라가지 못하는 성차별과 성 고정관념은 물론이고 성추행과 성폭력이 난무한다. 그리스 신화 속 제우스는 강간의 제왕이고, 세상의 많은 왕자들은 여자들이 자고 있으면 마음대로 입을 들이밀고 키스를 한다. 보통 '진실한 사랑'이라는 그럴싸한 말로 포장하지만 아니 처음 보는 여자가 자고 있는데, 처자느라 말도 한마디 못 나뉘봤을 텐데 무슨 놈의 진실한 사랑. 많은 사람이 알고 있듯 이쪽 방면의 유명한 빌런은《선녀와 나무꾼》속 나무꾼으로, 이 이야기는 목욕하는데 훔쳐본 것도 모자라 옷을 감춰 집으로 돌아가지 못하게 만들고 아이 셋을 낳을 때까지 한 여성을 감금한 사례를 다루고 있다. 아이를 셋 낳을 때까지 함께 살았다면 선녀 측의 동의가 있었던 것 아니겠느냐 한다면 동의보감으로 처맞을 소리다. 선녀는 살던 곳이 그리워 눈물을 흘렸고, 늘 옷을 내어주기를 간청했다. 비슷한 또래를 키우고 있는 후배 H는 늘 "○○을 해오는 자에게 내 딸을 주마"라고 말하는 동화 속 왕들이 너무나 싫었단다. 이런 망할 놈의 왕들.

《신데렐라》나《콩쥐팥쥐》처럼 여성이 다른 여성의 핍박 속에도 오랜 기간 참고 순종하다가 수동적으로 남성에게 구원받는 스토리도 문제지만, 이렇게 동화 안에 버젓이 성추행과 성폭력이 만연해 있다는 사실을 우리는 잘 모르고 지나치기 쉽다. 무엇보다도 엄마 아빠 품에 안겨 어린 시절에 읽은 재미있는 이야기들, 그 따뜻한 시간과 매혹적인 스토리 안에 우리를 망가뜨릴 지뢰가 숨어있다는 생각을 하기 어렵기 때문이다. 비판 의식이 없는 스펀지 같은 아이들에게는 기존의 잘못된 가치관과 행동들이 무방비 상태로 제공되는 순간이다. 신화나 전래 동화들이 만들어질 당시의 성 문화나 젠더 감수성은 지금 시대와는 분명 달랐겠지만, 그것이 전통이나 문화라는 탈을 쓰고 들어올 때를 우리는 특히 경계해야 한다.

그렇다고 여성학자 바바라 워커가 쓴 《흑설공주 이야기》처럼 비틀어서 쓴 동화를 찾아 읽으라고 권하고 싶지는 않다. 올바름이라는 가치를 관통시키기 위해 억지로 지어낸 이야기는 원작의 맛을 훼손시켜 그저 밍밍한 교훈 덩어리가 될 우려가 있기 때문이다. 누구나 아는 스토리와 그 안의 이름들은 세상의 타인들과 이야기를 나눌 때 꼭 필요한 알맹이 같은 것이기 때문에, 나는 내 아이들이 백설공주며 신데렐라, 선녀와 나무꾼과 그리스 신화를 알아야 한다고 생각한다. "이런 놀부 같은 놈"이라고 했을 때 놀부님이 뉘신지 잘 모르는 청순한 얼굴로 눈을 깜빡여서는 곤란하다.

그러면 어쩌면 좋을까. 그대로 두고 읽는 대신, 지뢰를 제대로 터뜨리면 된다. 무방비 상태로 있다가 지뢰가 터지면 파편이 안에 들어와 박히지만, 위험성을 알려주고 대피시킨 뒤 터뜨리면 아이들 뇌에 그 파편이 잘못 박히는 일은 없지 않을까. 즉, 답답한 유교 걸들이 추앙받고 성범죄자들이 은근슬쩍 등장하는 전래 동화를 피하는 것이 아니라, 함께 읽으면서 이야기는 이야기대로 즐기고, 대신 제대로 비판할 줄 알면 된다고 생각한다. 없애버리는 것이 아니라 마주할 힘을 키워주는 것이다. "코 자고 있는 여자에게 남자가 마음대로 뽀뽀해도 된다고 생각해?", "목욕할 때 누가 나를 몰래 훔쳐보면 어떤 느낌이 들까?", "그런데 아빠가 저런 말을 하면 공주 입장에서는 어떨 것 같아?" 이렇게 질문을 던지는 기회로 삼자는 말이다. 동화 읽는 시간을 질문을 던지고 생각해보는 시간으로 만들면 그 자체가 아이들에게 좋은 성교육이 되리라 생각한다. 사실 각 잡고 남녀 인체도를 보면서 어색하게 말을 더듬는 것보다, 이런 방식이 더 자연스럽고 마음에도 오래 남는 성교육이 되지 않을까.

엄마도 무수한 지뢰밭을 건너 여기에 와 있지만, 아이들 앞의 지뢰밭도 만만치 않다. 우리는 이 지뢰밭을 함께 걸어가야 한다. 이게 잘못 터지면 나만 다치는 게 아니라, 소중한 누군가가 함께 다칠 우려가 있다. "이런 걸 같이 생각해보라고 이런 이야기가 있는 거야." 두 아이의 엄마인 H는, 이렇게 말하면서 자신의 어여쁜 아이들에게 그런 동화들을 읽어줄 거라고 했다. 엄마 아빠들이 자기 자리에서 조금씩 깨닫고 힘을 내면, 아마 세상은 조금씩 바뀔 것이다.

인성 교육은 성교육에서부터
:

최근 들어 우리 사회에 인성이라는 말이 이전과는 꽤 다른 무게감을 갖고 널리 퍼져 있다. 내 아이들이 격하게 좋아한 나머지 표지가 너덜거릴 정도로 보았던 그림책 전집에는 '인성 그림책'이라는 말이 곳곳에 강조되어 있었다. 부모들은 아이의 인성 교육에 유달리 신경 쓸 것을 권유받고, '인성교육진흥법'이라는 법도 생겨나 학교에서의 인성 교육은 의무로 규정되어 있기도 하다. 법안의 정의에 따르면 인성 교육이란 "자신의 내면을 바르고 건전하게 가꾸고 타인, 공동체, 자연과 더불어 살아가는 데 필요한 인간다운 성품과 역량을 기르는 것을 목적으로 하는 교육"이다. 그런데 여기에서 가장 기본이 되는 '자신의 내면을 바르고 건전하게 가꾸는' 그리고 '타인, 공동체와 더불어 살아가는 데 필요한 성품과 역량을 기르는'에 성교육만큼 꼭 들어맞는 게 또 어디 있을까. 나는 인간 교육의 시작은 성교육이어야 하고, 성교육이 인성 교육의 기본이 되어야 한다고 믿는다.

인성이 바른 사람은 앞서 본 정의에서 확인할 수 있듯이 가장 먼저 나와의 관계, 그다음으로는 타인과의 관계, 그리고 한 단계 더 나아가 자연과의 관계를 아름답게 만들어갈 줄 아는 사람이다. 동심원적으로 관계를 넓혀가는 이 프로세스에서 성교육은 나의 자아를 건강하고 단단하게 만드는, 가장 근본이 되는 교육이다. 자신의 본능을 적절히 통제할 줄 알고 책임감으로 충만한 자아, 이런 건강한 자아를 가진 사람들이 훌륭한 시민이 된다. 파시즘 같은 거대하고 야만적인 힘의 이면에는 자신을 왜소하게 느끼고 책임감이 결여된, 굴종하는 자아들이 있다.

성교육의 기본은 크게 두 가지다. 우선은 자신의 본능을 건강한 것으로 인식하고 적절한 방식으로 통제하는 법을 배우는 일. 바로 '나와의 관계'다. 불필요한 죄의식은 나와의 관계를 어그러뜨리는 주범이다. 뭔가 궁금한 게 생겼는데 어른들로부터 "이건 아직 몰라도 돼. 알려고 하지 마. 저게 커서 뭐가 되려고 벌써부터 저래?" 같은 말을 들어야 한다면 아이들은 다음 두 가지 중 하나의 행동양식을 보일 것이다. 움츠러들거나 엇나가거나. 즉 내가 뭘 잘못했나 싶고 수치심을 느껴 죄의식을 품게 되거나, 몰래 알아보려다 왜곡된 정보의 바다에 발을 담그고 부정적인 인식을 키워가거나. 아주 높은 확률로 그 둘이 결합하기도 한다. 그런데 대체 이게 이럴 일인가 싶다. 어떤 집단 내부의 사건이 제대로 해명되지 않으면 사실과 전혀 다른 가십이 되어 떠돌기 쉽다. 예를 들어 누군가를 해고한 이유를 명확하게 설명해주지 않으면 남은 직원들은 자신만의 다양한 해석을 시도하게 되는데, 진짜 이유보다 훨씬 어이없고 황당한 이유를 붙이게 되는 경우가 많다고 한다.° 그러므로 회사 입장에서 직원들이 꼭 알아야 하는 건 알려줘야 한다. 어른들도 이상한 이론을 창조해내는데 하물며 아이들은 어떨까. 그러니 아이들이 꼭 알아야 하는 건 제대로 알려줘야 한다. 성 문제도 정확하고 담백하게 알려주고 책임감을 강조하는 편이 백번 낫다. 아이들이 집중력을 묘한 방면으로 낭비해서(이런 쪽의 놀라운 집중력과

° 회사가 건강하게 오래 지속될 방법을 찾고자 여러가지 운영 방식을 실험한 내용을 담은 《일을 버려라!》라는 책을 읽은 후배가 소개해준 에피소드다. 안 읽은 책을 내가 읽은 것처럼 쓰지 않으려는 양심의 고백이랄까.

불굴의 의지를 우리 모두 알고 있다) 이상한 정보를 획득하게 만들어선 안 된다.

성교육의 두 번째 기본은 '성적 자기 결정권'에 대한 이해를 기반으로 타인과의 합의 및 동의의 중요성을 제대로 인식하는 것이다. 바로 '타인과의 관계'다. 사실 이 방식은 자유를 기반으로 합의와 설득을 통해 타인과의 관계를 만들어가는 자유민주주의에서 우리가 맺는 인간관계의 전형이라고도 할 수 있다. 성교육이 타인과 어울려 살아가는 방법을 배우는 참교육, 좋은 정치 교육이 된다는 건 이런 의미에서다. 합의와 동의는 성의 영역에서뿐 아니라 타인과의 관계에서 기본 중의 기본이 된다. "가장 사적인 것이 가장 정치적인 것the personal is political"이라는 유명한 여성학적 명제를 굳이 가져오지 않아도 성 문제는 근본적으로 정치 문제이며, 우리가 어떻게 조화롭게 타인과 어울려 살아갈 수 있을지에 관한 이야기다.

따라서 어려서부터 성과 관련된 올바른 인식을 갖는 것이 단단한 자아를 만드는 일이며, 좋은 시민이 되는 밑거름이라는 말에 나는 전적으로 동의한다. 성은 음란한 것, 부끄러운 것이 아니라 인간의 근본 가치인 자유와 생명, 인권에 관련되어 있다. 세상에 이보다 중요한 일이 있을까. 아이의 영어·수학 수업과 성교육 수업 중에서 무엇을 선택하겠냐고 묻는다면 나는 고민 없이 후자를 택하겠다. 영어 스펠링 모른다고 큰일 나거나 수학 문제 못 푼다고 잡혀가는 것은 아니지만 성 문제는 잘못 건드리면 큰일 난다. 잡혀

가기도 한다. 자신의 행위에 대한 강한 책임감을 갖는 것으로 성 문제만큼 기본적이고 중요한 일도 흔치 않다.

이런 측면에서 n번방에서 피해 여성에게 '노예'라는 글자를 쓰게 했다거나 협박을 통해 입에 담을 수 없는 더러운 행위를 강요했다는 점, 그리고 이를 이용해서 돈을 벌었다는 점은 이들이 타인과 관계를 맺는 방식이 얼마나 뒤틀려 있는지 단적으로 보여준다. 게다가 회원들에게 동조를 구하고 비슷한 영상을 올릴 것을 강요한 일 역시 뒤틀린 방식으로 그 집단 내부의 동질화를 꾀한, 굉장히 악마적인 관계 맺음이다. n번방에서 자행된 일들은 이것이 일반적인 성범죄 수준에서 벗어나 상대를 노예로 만들고 끊임없는 협박으로 상대의 영혼을 파괴했다는 점, 돈으로 인권을 사고팔면서 인간과 인간 사이의 관계가 얼마나 악마적일 수 있는가를 보여준 극단적인 예이기 때문에 특히 충격적이다. 타인과의 관계가 이런 방식으로 맺어지는 사회라면 그냥 로빈슨 크루소가 되어 수렵채집을 하며 혼자 사는 게 낫지 싶다.

인성 교육의 기본이 성교육이 되기는커녕, 우리 사회의 성교육은 많이 부족하다. 의미 있게 바뀌어가는 곳들도 있지만 아직 학교에서의 성교육은 대부분이 무슨 예비군훈련 같은 느낌이랄까. 꼭 하라니까 마지못해 시간 때우기를 하는 느낌. 성교육이 부족하면 성범죄 처벌이라도 강력해야 하는데, 제대로 교육을 못 시켜서 미안하다는 뜻인지 우리나라는 유달리 성범죄에 관대하다. 판결에서 마치 내 새끼가 자기가 먹기 싫은 콜리플라워를 엄마에게 퍼줄 때 보이는 선심이 느껴진다고나 할까. 성범죄 사건이 벌어질 때마다, 특히 아이들이 관련된 범죄가 터질 때마다 강하게 처벌한다고 하는데 대체 어디가 강한지 알고 싶다. 중학생인 친딸을 강간하고 그로 인해 태어난 아기마저 유기한 친부에 대해 1심에서 검찰이 구형한 형량은 고작 10년이었고, 법원에서는 거기에 5년을 더 얹어 15년을 선고했다. 성범죄에는 유난히 기소유예 처분이 많기도 하다. 범죄의 혐의는 인정하지만 재판에는 넘기지 않는다는 뜻으로, 네가 잘못한 건 맞는데 이번엔 봐준다는 말이다. 2019년 약 3만여 건의 성범죄가 있었는데 그중 3분의 1이 불기소 처분됐고 그중 기소유예가 32.5%였다고 한다. 폭력과 상해 등 폭력사범은 16.4%로, 성범죄는 다른 강력범죄보다 기소유예 비율이 높은 편이다. 그 많은 피해자는 대체 어떤 마음으로 살고 있을까.

개인적으로는 특히 아이들을 건드린 놈들에게 자비가 없었으면 싶지만, 애초에 이런 일이 생기지 않게 어릴 적부터 교육을 통해 제대로 된 건강한 자아들을 만들어내는 게 더 중요하리라고 생각한다. 소 잃고 외양간에 전기울타리 설치하지 말고, 애초에 책임감 있는 도덕적 인간으로 길러내자는 것이다. 그렇게 자신을 바라보고 타인을 바라보는 눈이 맑으려면, 인성 교육에는 성교육이 중요한 비중으로 들어 있어야 한다.

제대로 된 성교육이 시급합니다

:

　　한국에서 나고 자라 20대 중반까지 보냈던 나는 제대로 된 성교육을 받아본 적이 없다. 세상에는 여성과 남성, 딱 두 개의 성이 있으며 사랑의 작대기가 서로를 가리키지 않으면 종족 보존에 심각한 오류가 생겨 이 세상은 멸망하는 거라고 배웠다. 성 본능은 자연스러운 것이며 합의와 동의를 통해 해결하면 되는 일이라고 배웠으면 좋았을 텐데, 여자로 태어났으니 무조건 지키고 방어해야 하는 역할에 당첨되었다며 잔뜩 겁을 주기만 했다. 자아 교육이 아니라 순결 교육이었다. 생물학적으로 임신은 어떻게 이루어지는지, 생리대를 어떻게 안 보이게 휴대해야 하는지 같은 것 대신 일상에서 나에게 어떤 위협이 있을 수 있는지, 희롱하는 인간들에게 어떻게 대처해야 하는지에 대해 알았다면 나의 지난 세월은 덜 억울했을 것 같다. '남성들은 이 세상을 함께 살아가야 할 좋은 동료'라고 배우기 전에 '남자들은 모두 다 늑대'라고 배웠는데(슬픈 일이다), 정작 늑대의 공격에 어떻게 대비해야 하는지는 무슨 원조 떡볶이 맛집에서 양념장 비법 숨기듯 꼭꼭 숨기는 사회였다고 할까. 그저 알아서 피하고 잘 처신하라고만 했다.

　　n번방 가해자들을 옹호하고 싶은 마음은 추호도 없지만, 그들 역시 제대로 된 성교육을 받을 기회가 없었을 것이라는 점만은 인정한다. 인문학자인 김누리 중앙대 교수는 한국 사회를 "수퍼 에고

(superego, 사회의 규범이나 도덕 윤리)가 리비도(libido, 본능적 충동, 주로 성충동)를 악마화하는 사회, 그리하여 그 사이에 낀 에고(ego, 자아)가 고통받는 사회"라고 했다. 성이라는 것이 괜히 부정적인 것, 감추어야 할 것, 부끄러운 것으로 인식되다 보니 건강하고 자연스러운 성 본능이 어쩔 수 없이 억눌리고 왜곡되는 측면이 있는 것은 사실이다. 그런 억압이 눈알조차 꾹 눌렀는지, 여성을 함께 살아가야 할 동료가 아니라 정복의 대상이며 물질성을 띤 객체, 돈벌이 수단, 혹은 그저 애 낳는 도구로 인식하는 눈동자들이 많다. n번방의 6만이라는 숫자는 그렇게 한참 부족한 우리나라의 성교육과 부정적인 성 담론에 발을 담그고 자란, 슬프도록 어이없는 숫자다. 서로가 서로를 바라보는 시선이 건강하고 행복하지 못한 사회에서 여성들은 여성들대로 살려달라고 절규하고 남성들은 남성들대로 억울하다고 고함친다.

성 문제와 관련하여 가장 시급한 것은 교육과 문화를 바꾸는 일이다. 요즘의 한국 사회가 남녀로 나뉘어 서로를 공격하고 물어뜯는 걸 보면, 과연 우리가 연대 가능한 시민들의 공동체로 함께 미래를 살아갈 수 있을지 위기감이 들기도 한다. 앞서 밝혔듯 나는 독일에 살고 있는데, 비합리적이고 반인륜적이었던 나치의 광기가 휩쓸고 간 독일이 오늘날의 합리적이고 신뢰도 높은 이미지의 국가로 거듭날 수 있었던 것은 근본적으로 교육이 바뀌었기 때문이다. 성교육만으로도 더욱 관용적이고 열린 사회를 만들 수 있다고 생각하는 독일의 태도에서 나는 조그만 희망의 씨앗을 본다.

독일 아이들은 성이라는 주제에 대해 굉장히 솔직 담백한 교육을 받는데, 아주 어린 나이부터 생활 밀착형으로 그 나이에 꼭 필요한 부분을 단계적으로 배운다. 우선 미취학 아동들은 동생이나 사촌의 탄생을 자주 접하는 시기이기 때문에 이에 맞춰 아기의 탄생과 관련된 그림책으로 남녀의 차이와 인체의 모습, 생명의 가치 등을 배운다. 이 그림책들을 보면 정말 솔직 담백하게 누가, 무엇을, 왜, 어떻게에 관한 내용이 가감 없이 담겨 있다. 체모를 비롯한 성인의 벗은 몸이 적나라하게 표현되고, 수정 과정도 정자와 난자가 동글동글 세포 차원에서 만나는 수준이 아니라 사실적인 성관계의 모습을 직접 보여주는 솔직 담백함이 단연 눈에 띈다(솔직히 말해서 도서관에서 그림책 열어 보다 깜짝 놀라서 덮은 적이 있다). 예쁘고 귀여운 그림과 아이들의 언어로 모호하게 에둘러 표현하지 않고 있는 그대로 보여주는 느낌이다. 우리나라에서는 이런 솔직함이 아이들에게 트라우마를 준다고 생각하겠지만, 독일에서는 오히려 긍정적으로 작용할 것으로 기대하는 것 같다. 괜히 비밀로 꽁꽁 싸 둬 애먼 상상력만 불러일으키지 말라는 입장이다.

독일은 교육 당국이 성교육에 관해 일일이 간섭을 하지는 않지만 '만 6세인 1학년부터 10학년(우리나라로 치면 고교 1학년)까지 의무적으로 성교육을 받아야 한다'는 폭넓은 지침과, 이를 통해 '성은 인권이며, 성적 자기 결정권을 존중하게 하라'는 목표를 명확히 갖고 있다. 그래서 성교육은 주마다 도시마다 학교마다 굉장히 자율적으로 시행된다. 초등학교 저학년 때는 성에 관련한 기초 상식을 배우고 일상 속의 아동 성폭력에 대비하는 교육을 받는다. 친구와 이웃, 근친 간에 일어날 수 있는 상황의 구체적인 예시를 들어주고, 어떻게 대처해야 하는지 미리 생각해볼 수 있게 한다. 5학년쯤 되면 이론 차원에서 벗어나 좀 더 구체적이고 실질적인 교육을 받기 시작하는데, 서로의 몸을 그려보게 한다든지, 점점 생겨나는 궁금증을 해소할 공간을 만들어준다든지 하는 식으로 호기심이 폭발하는 아이들을 적절히 품어준다. 6~7학년(우리나라 초등학교 6학년~중학교 1학년)이 되면 성병과 피임법을 굉장히 구체적으로 다루는데 우리나라와는 달리 어떤 자료에도 청소년기의 성관계에 대한 부정적인 서술은 없다.

특히 좋다고 생각했던 것은 아이들이 혼자만의 방법으로 왜곡된 정보를 얻는 일이 없게끔 무엇이든 편안하게 물어볼 수 있게 한다는 점, 그리고 남녀 학생들을 적절히 통합하고 분리해가며, 또래의 이성 친구들에 대해 부정적이거나 뒤틀린 생각을 갖지 않게끔 해준다는 점이다. 찾아보니 12~18세 학생들을 대상으로 남녀 서로에게 궁금했던 것을 익명으로 질문하게 한 사례가 있었는데, 질문들이 아주 귀엽고 어이없다. 남자들은 왜 아침에 발기를 하는지, 여학생들도 자위를 하는지, 생리로 피를 많이 흘리면 의사를 불러야 하는 것 아닌지, 흑인과 백인은 정액 색깔에 차이가 있는지 등 정말 다양한 질문들이 나온다고 한다. 독일 아이들도 성이라는 주제를 부끄러워하지만, 잘못된 것도 두려울 것도 아니라는 식의 교육이 아이들의 마음을 편하게 만들어주는 것 같다. 그리하여 아이들은 성에 대한 수치심을 줄여가는 것은 물론, 각종 성희롱이나 성폭력에 대처하는 방법도 구체적으로 배워간다. 일방적인 딱딱한 지식 전달이 아니라 학생들의 궁금증 해결을 최우선으로 두고, 그 과정에서 자연스럽게 필요한 정보와 지식을 전달한다고 한다.

또 한 가지 눈여겨볼 점은 학교 선생님이 아닌 성교육 전문가들이 나선다는 점이다. 아이들이 안전함을 느끼고 자유롭게 질문할 공간을 만들어주기 위해서다. 아이들이 부모님 얼굴도 아는 학교 선생님에게 성과 관련한 고민을 자유롭게 풀어놓을 리가 없다. 담임 선생님이 "자, 너희들이 성에 관해 궁금한 게 있으면 무엇이든 물어보고, 고민 있으면 털어놔 봐"라고 말하는 순간 교실은 미칠 듯한 분홍빛 침묵에 휩싸일 것이 뻔하다. 학교 선생님에게 "제가 어쩌다 포르노를 봤는데요…"라고 말을 꺼낼 수 있는 학생이 있다면 나는 진심으로 그 학생을 존경할 예정이다. 쪽지에 적어서 익명으로 내라고 해도 선생님이 내 글씨를 알아볼 수 있다는 생각에 아이들은 움츠러들 것이다. 그래서 이 시기의 독일 성교육에서는 아이들이 마음 놓고 편하게 말을 꺼낼 수 있는 환경을 만드는 것을 가장 중요한 요소로 꼽는다고 한다. 혼자서 끙끙대다 왜곡된 정보를 얻지 않게 하는 것이 무엇보다 중요하다는 것이다. 선생님을 편안하게 생각하고 아무 질문이나 할 수 있도록, 강사의 나이를 중요하게 여기고 나이를 제한하는 성교육 단체도 있다고 한다. 3~4년 전까지만 해도 10대였던 강사라면 학생들은 형, 누나처럼 느끼고 고민을 털어놓게 되며 강사 역시 얼마 전까지 자기가 했던 고민과 똑같으니까 학생들의 고민을 금방 알 수 있다고 한다. 그런 이유로 지역의 의대생들을 중심으로 수업을 꾸리고 필요한 금액은 기부를 받아 충당하는 방식이 특히 인기가 높다고 한다.

독일에서도 가톨릭이나 무슬림처럼 순결을 중시하는 종교를 믿는 학생들과 부모들은 성교육에 대해 호의적이지 않다. 하지만 그렇기에 더더욱, 다양한 성 관념을 공유하고 차이를 존중하게 하려면 역시 성교육만큼 효율적인 것이 없다는 것이 독일의 입장이다. 특히 난민에 대한 성교육도 중요하게 진행한다. 난민 가정 아이들이 독일에 오면 1년 정도 독일어를 배우게 되는데 이 수업 과정에 성교육이 들어 있다. 자신의 문화권에서는 흔히 있을 수 있는 '캣 콜링(길거리에서 여성에게 추파를 던지는 것)'이 독일 사회에서는 왜 허용되지 않고 지탄받는지 등을 알려주는데, 이런 면에서 성교육은 함께 더불어 살아가는 법을 알려주는 문화교육이자 시민교육이 된다.

독일의 전문가들은 '성교육은 생명교육, 인권교육이자 문화교육'이라는 점을 되풀이해 언급한다. 좋은 성교육이라는 것은 어린 나이부터 우리의 삶이 다양하다는 것을 가르치는 것, 생명과 인권의 소중함을 깨우치게 하는 것이고, 그래서 결국 좋은 성교육은 차별과 혐오를 줄이고 인권 개선에 기여하기 때문에 성교육만으로도 더 관용적이고 열린 사회를 만들 수 있다는 것이다. 너무 구체적인 교육이 오히려 쓸데없는 호기심을 부추겨 역효과를 낳지는 않을까 걱정하는 사람들도 있을 것이다. 이에 대해 한 전문가는 "요즘 청소년들은 인터넷에서 어떤 정보든 찾을 수 있기 때문에, 구체적인 정보를 제한하기보다 올바른 정보를 전달하는 것이 더 중요하다"라고 말한다. 그리고 아이들을 에이즈나 성병, 원치 않는 임신 등으로부터 보호하는 일이 그 무엇보다도 중요하기 때문에 "모두가 포크나 나이프를 사용할 줄 알듯 우리 모두 콘돔을 사용할 줄 알아야 한다"라고 주장한다. 종합하자면 독일에서는 청소년기에 성관계를 금지하는 교육을 하는 게 아니라, 그 대신 성을 자연스러운 것으로 보고 책임감과 이성을 대하는 올바른 자세, 자신을 보호하는 법과 올바른 행동 요령을 알려주는 교육을 하고 있는 것이다.

최근 우리나라의 고등학교 1학년 기술·가정 수업시간에 임신과 출산 단원 설명을 위해 콘돔 끼우는 법을 알려주려던 교사가 학부모들의 항의에 의해 관련 수업을 취소했다는 기사를 읽었다. 자세하게 성교육을 시키는 것이 오히려 성폭행을 부추길 수 있다는 학부모들의 항의를 받았다고 한다. 아니 이 중요한 걸 대체 왜 못하게 하는 걸까. 아이들이 콘돔을 사기가 부끄러워 비닐을 끼고 시도하다 찢어지곤 한다는 게 현실이라고 한다. 아이들이 생리대를 사지 못해 신발 깔창을 이용한다는 말 이후로 아아악이 절로 나오는 이야기였다. 콘돔은 아이들이 사서는 안 될 불지옥의 고무풍선이라도 되는 걸까. 동떨어져도 한참 동떨어진 현실 인식, 그리고 너무 쓸데없이 낯 뜨거워하는 분위기가 우리 아이들을 위험한 곳으로 내몰고 있다고 생각한다.

유치원 선생님이 아이의 독일어 실력 향상에 도움이 되라고 추천해주신 《유치원생을 위한 단어 사전Das Kindergarten Wörterbuch》 첫 챕터에 〈새로운 인간Ein neuer Mensch〉이라는 파트가 있었다. 거기서는 동생이 생기는 일, 즉 아기의 출생에 관한 내용을 다루고 있었다. 그런데 유치원생을 위한 단어 리스트에 정액을 위시하여 우리가 흔히 발음하기 민망해하는 각종 인체 부위와 인간의 감정을 설명하는 단어들이 고루 들어 있었을 뿐더러 'Sex haben(성관계를 맺다)'이라는 동사가 위풍당당하게 들어 있었다. '음? 초등학생도 아니고 유치원생인데?' 처음에는 눈이 동그래졌지만 곧 고마운 마음이 들었다. 어느 사회든 이렇게 핵심을 담백하게 관통하는 성교육이 무척 필요하다는 생각이 든다. 제대로 된 언어가 편안하고 담백하게 사용되는 일이 중요한 이유는, 언어는 사고를 규정하기 때문이다. 민망하다고 생각하는 단어를 피하다 보면 그에 관계된 사유도 힘을 잃는다. 중립적이고 담백한 단어가 힘을 못 쓰면 음지에서 왜곡된 단어들이 생겨나기도 쉽다. 어릴 때부터 '뭔가 이상한 것'이 아니라 '자연스럽고 당당한 것'으로 받아들일 수 있는 분위기가 우리 모두를 좀 더 편안하고 안전하게 만들지 않을까.

독일의 성교육이 꼭 좋다는 것도, 우리도 반드시 이렇게 하자는 얘기도 아니다. 어느 사회든 그 사회 나름의 속도와 고려해야 할 감정들이 있기 때문이다. 독일에 성범죄가 없는 것도 결코 아니고 어느 사회에나 미친 인간들은 존재하기 마련이다. 그저 어떤 나라에서는 이런 식으로 접근하고 있다는 것을 전하고 싶었다. 그럼에도 불구하고 현재 우리나라 성교육이 한참 뒤처지고 있다는 것만은 부정할 수 없는 현실이라고 생각한다. 아직은 몰라도 돼, 공부나 해, 이런 자세로 두루뭉술하게 상상력만 키우게 하는 시스템이 아니라, 궁금해해도 괜찮다고, 솔직해도 된다고, 중요한 공부라고 일러주고, 스스로 책임지는 자세, 자신과 사랑하는 사람들을 보호할 수 있는 올바른 판단력을 키워주는 교육은 꼭 필요하다고 믿는다.

되풀이되는 성범죄를 향한 분노와 오랜 시간 누적되어온 상처들이 들끓고 있다. 부디 이 들끓는 분노가 효과적인 힘으로 모이고 새로운 교육 시스템으로 정비되어 아이들이 이미 받은 상처를 조금이나마 치료해주기를, 그리고 자라날 아이들의 몸과 마음을 건강하게 이끌 마중물이 되기를 간절히 바란다.

만물의 영장이 아닌
만물의 친구로 자랐으면

네가 살 세상이 여전히 푸른 곳이길

기상 상태가 기상천외하다

한국에 계신 선배님 한 분이 "요즘 기상 상태가 기상천외하다"라고 쓰신 걸 보고 웃었다. 펄펄 끓는 열돔 현상이 생겼고, 동남아 여행 때나 만나던 스콜이 한반도에 자주 나타난다고 한다. 지난여름 독일 서부지역에는 기록적인 폭우가 쏟아졌다. 독일 기상청 대변인은 CNN과의 인터뷰에서 100년 동안 이렇게 많은 강우량을 본 적이 없다고 말했다. 원인은 역시 지구온난화였다. 덴마크 기상 연구소 자료에 따르면 2021년 7월 27일 단 하루 동안 그린란드에서 85억 톤 규모의 빙하가 녹아내렸다. 대한민국이 쏙 들어가고도 7만 제곱킬로미터가 남는 면적을 5센티미터가량의 물로 뒤덮을 수 있는 양이라고 한다. 그로부터 이틀 전인 25일부터 녹아내린 얼음의 양은 자그마치 184억 톤에 달한다고. 비슷한 시기에 터키의 기온은 최고 50도에 육박했고, 볼리비아에서는 두 번째로 컸던 호수가 '사라진 호수'로 공식 선언되었다. 지구온난화로 거대한 호수가 사라지면서 이곳을 터전으로 삼았던 약 200종의 동물도 함께 사라졌다. 뉴스를 보고 있으면 이렇게 지구의 종말이 오는 건가 싶은 소식이 하루가 멀다 하고 등장한다. 나야 뭐 대충 살다 가면 그만인데 아직 살 날이 많은 저 말랑말랑한 아이들을 보면 미안하고 걱정스럽다. 내가 이런 세상에 괜히 아이들을 데려온 건가 싶다.

물론 위기를 느끼고 환경 문제에 주목하는 움직임이 많다. 2021년 1월, 세계 최대 규모의 자산운용사 블랙록의 CEO 래리 핑크의 연례서한에는 앞으로 투자 의사를 결정할 때 '기후 위기'와 '지속 가능성'을 가장 중요한 지표로 삼겠다는 내용이 담겨 있었다. JP모건의 CEO 제이미 다이먼 역시 'ESG'를 언급하며 이 기준에 맞는 투자 자산의 비중을 늘리겠다고 언급했다. ESG는 Environmental(환경보호), Social(사회 공헌), Governance(윤리적 경영)의 약자로, 투자자들은 이제 단순히 재정적 요소만 살피는 게 아니라 기업의 환경보호 의지와 사회적 책임, 지배구조의 적절성을 주시하고 있다. 지속 가능한 성장과 긍정적 가치에 관련된 요소들을 주의 깊게 살피는, 이른바 '착한 투자'를 하겠다는 얘기다. 그

동안 MSG(맛소금 아니고 글루탐산일나트륨)만 알고 살았던 우리는 이제 ESG라는 새로운 핵심 키워드를 알게 되었다. 환경이라는 것이 단지 구호의 차원에서 벗어나 진지하게 자본시장과 기업의 행보에 영향을 주는 중요한 요소로 작동하기 시작한 것일까. 그랬으면 좋겠다. 여전히 그런 '척'만 하는 기업들이 너무 많지만, 적어도 눈치라도 보게 되었으니 다행이다 싶다.

기상 상태를 기상천외하게 만든 주범은 우리 모두가 알고 있다.° 코로나19 바이러스 같은 새로운 전염병의 주범도 동일하다. 산업혁명 이후 우리가 폭발적으로 배출해온 온실가스가 지구의 온도를 높였고, 새로운 전염병의 등장도 주로 인간이 생태계에 과도한 개입을 한 결과다. 지구상에서 가장 죄가 깊은 생물은 박쥐도 바퀴벌레도 아니고 바로 인간이다. 인간들이 아직 뭣도 모르고 성실하게 지구를 망치고 있었던 19세기 말에, 니체는 기독교적 원죄의식을 가진 채 한없이 움츠러드는 인간들을 노예라고 비판했었다. 니체의 책들을 재미있게 읽었던 나는 원죄의식이라는 건 인간의 건강한 삶에 상당한 방해가 된다고 지금도 생각한다. 그런데 이

° UN 산하의 기후변화에 관한 정부 간 협의체인 IPCC Intergovernmental Panel on Climate Change에서 발간한 여섯 번째 보고서(2021년)는 인간이 지구를 덥게 만든 것이 "명백 unequivocal"하다는 표현을 쓰고 있다. 2007년의 네 번째 보고서에서 "가능성이 매우 높은very likely", 2013년의 다섯 번째 보고서에서 "가능성이 지극히 높은extremely likely"이라는 표현에 비하면 점점 더 확신에 찬 학자들의 어조를 느낄 수 있다. 이제 지구온난화는 논란의 여지 없이 인간 탓이다.

제는 건강한 삶을 살려면 죄의식을 가지고 좀 움츠러들어야 하지 않나 싶다. 원죄라고까지 할 수는 없지만, 끊임없이 소비하고 쓰레기를 만들어내는 인간의 삶 자체가 이제는 지구에 죄를 짓는 일이 되어버렸다. 우리는 끊임없이 뭔가를 캐내어 태우고, 썩지 않는 것들을 만들어내고, 쉽게 버린다.

부패하는 삶, 부패하는 경제

:

부패라는 단어가 가지는 부정적인 뉘앙스가 있다. 정치권력도 사회구조도 기업경영도 부패하지 않아야 한다. 우리는 쉽게 변형되지 않으며 오래가는 물건들을 선호하고, 못된 놈들에게는 '이런 썩을 것들'이라며 혀를 찬다. 그런데 환경문제에 있어서만큼은 잘 썩는 게 무엇보다 중요하다. 집 안을 둘러보면 우리가 썩지 않는 물건들을 이렇게 많이 만들어냈나, 얼마나 썩지 않는 것들에 기대 살고 있나 싶어서 마음이 조금 무겁다.

사실 썩어야 하는 것들이 썩지 않을 때는 무서운 느낌이 든다. 우리가 먹거리에 해놓은 일들이 특히 그렇다. 미국 유학 시절에 하루는 마트에서 '원더 브레드'라는 이름의 식빵을 샀다. 혼자 먹으려니 잘 줄지 않아서 처음엔 금방 썩어버리는 게 아닐까 걱정했는데, 곧 이 식빵 이름의 의미를 실감했다. 일주일, 이주일, 한 달이 지나도 썩지 않고 보송보송한 빵. 대체 이 빵은 영생을 얻은 것인가 불로초즙이 함유된 것인가. 그야말로 '원더'였다. 나는 다시는 그 빵을 사지 않았다.

썩는 것, 부패하는 것은 자연의 섭리다. 자연계에서는 모든 물질이 썩어 흙으로 돌아가고 이 돌고 도는 순환 속에서 모든 생명의 균형이 유지된다. 이 세상은 하나이며 결국 돌고 도는 건데, 썩지 않으려고 애쓰는 인간들이 각종 썩지 않는 제도며 물건들을 만들어내면서 세상을 헝클어뜨리고 있다는 생각이 든다. 돈이 그렇고, 플라스틱이 그렇고, 썩지 않는 빵이 그렇다.

함민복 시인의 동시 〈수목장〉에는 다음과 같은 내용이 있다.

책에서 보니까 인디언들은 살아서
제일 많이 따 먹은 과일나무 밑에 묻혀
그 나무의 거름이 된다고 하던데
할머니는 송편 찔 때 솔잎 많이 써
소나무 밑에 묻혔나

소나무 밑에 묻혀 소나무가 되고, 많이 따 먹은 과일나무 밑에 묻혀 그 나무가 되는 삶. 읽으면서 왠지 마음이 편안해졌다. 죽어서 나무가 된다고 생각하면 죽는 일이 딱히 두렵지 않게 느껴진다. 사실 인간이 늙는 건 당연한 일이고 죽어서 자연의 품으로 가는 것도 당연하다. 그런데 그 섭리를 거슬러 늙지 않으려고 발악하는 사람들이 있다. 2018년에 88세를 일기로 세상을 떠난 판타지 소설의 대가 어슐러 K. 르 귄은, 하나도 안 늙었다며 건네는 칭찬에다 대고 그건 마치 교황에게 가톨릭 신자가 아니라고 말하는 것과 같다고 일갈한 바 있다. 나이 들어서 늙는 건 자연스러운 나의 정체성이라는 것이다. 배우 김혜자 님도 인터뷰 후에 사진을 포토샵으로 예쁘게 만들어드리겠다는 말에 "왜요? 이게 난데?"라고 반문했다고 한다. 나이 들어 거울을 보는 건 어쩔 수 없이 조금은 슬픈 일이다. 하지만 그게 나다. 예쁘고 매력 있던 사람들이 마치 방부제 먹인 빵처럼 다소는 기괴하게까지 느껴지는 입꼬리와 부자연스러운 뺨을 가지고 나타날 때 나는 더 슬프다. 내가 뭘 잘못해서 나이를 먹는 게 아니듯 늙는 건 내 잘못이 아니다. 잘못도 아닌 일에 그리 손을 내저으며 거부할 필요는 없지 않을까.

한 발 더 나아가 세상에는 죽어서 흙으로 돌아가기를 거부하는 사람들도 있다. 미래에 소생할 것을 기대하며 시신을 냉동 보존하려는 사람들이 많아서 이 분야가 비즈니스화되고 있다는 소식. 2020년에는 대한민국에서도 처음으로 고객이 등장했다고 한다. 사랑하는 반려인을 미래에 다시 만나 사랑하고 싶다는 애틋함도, 의료 기술이 발전된 미래에 어머니를 다시 살리고 싶다는 절절함도 이해 못할 바는 아니지만, 100년 뒤 전혀 다른 세상에서 다시 눈을 뜬다면 나란 인간은 그 세상이 너무 낯설어 다시 심장

마비가 올 것 같다. 그래서 적당히 살다가 나중에 라일락 밑에 묻히고 싶다. 인디언들의 공식대로라면 맥주의 원료인 홉을 재배하는 밭으로 들어가야겠지만, 살아서는 술에 취하고 죽어서는 꽃향기에 취하면 좋지 않을까. 나는 부드럽게 나이 들며 잘 썩는 삶을 살고 싶다.

나에게 부패는 신선한 화두다. 잘 썩을 수 있는 삶의 방식을 고민하고, 집에서 꾸려가는 생활이 아이에게 좋은 환경교육이 되는 그런 삶을 살고 싶다. 무슨 일을 하며 어떻게 살아가는 것이 우리에게 살 공간을 내어준 이 땅에 폐가 덜 되는 일일까. 나는 ESG라는 기준이 기업의 투자뿐 아니라 개인의 삶에도 중요한 지표가 되면 좋겠다고 생각한다. 환경을 생각하고, 사회를 생각하고, 윤리적으로 사는 삶. 생명이 살 수 있는 환경을 조성하고 흙을 만들어내는 사람들이 적절한 값을 받고 생을 영위할 수 있는 사회, 그렇게 흙과 함께 숨 쉬고 썩으면서 돌아가는 경제. 그러려면 우리가 돈을 쓰는 방식이 바뀌어야 한다. 돈을 쓰는 방식이야말로 사회를 만든다는 말에 나는 깊이 공감한다. 내가 아이와 함께 고민하고 배우며 실천하고 싶은 부분이 바로 이 돈을 쓰는 방식이다. 돈을 쓰는 방식이 라이프스타일을 바꾸기 때문이다.

녹색에 진심인 나라의 라이프 스타일

2019년 9월, 독일 정부는 '기후 보호 프로그램 2030'에서 2030년까지 독일 온실가스 배출량을 1990년보다 55% 감소시킬 계획이며, 2038년까지 독일 내 석탄 화력발전을 끝내겠다는 탈석탄 계획을 밝혔다.° 2026년부터 기름 난방 및 기타 천연가스를 포함한 화석연료 난방시설의 신규 설비를 금지하고, 전기차 산업의 발전을 장려하는 정책들도 시행 중이다. 2021년《슈피겔》보도에 따르면 독일인의 77%가 기후 위기를 심각하게 인식하고 있으며 그중 60%는 기후 문제 때문에 정권이 바뀌어야 한다고 응답했다. '기후 총리'라는 별명을 가졌던 메르켈로도 많이 부족했다는 것이다. 기후 위기에 대응할 수 있는 가장 강력한 정당으로 떠오른 것이 녹색당이고, 2021년 9월의 연방 선거에서는 창당 40년 만에 녹색당 총리가 배출될 것인가에 이목이 집중되기도 했다. 선거 후반부에 터진 녹색당 후보의 개인적인 논란으로 총리 배출에는 실패했지만 녹색당은 이 선거에서 역사상 가장 많은 득표율로 선전했다. 30세 이하의 젊은 층에서는 녹색당이 지지율 1위를 기록했

° 독일 내에서는 2038년도 너무 늦다고 지적하는 사람들이 많다. "2030년까지 석탄 에너지 폐기, 2035년까지 재생 에너지 100% 실현, 2035년까지 탄소 중립"을 요구하는 '미래를 위한 금요일Fridays for Future, FFF' 시위에는 특히 많은 청소년이 참여하는 것으로 알려져 있다.

다는 점도 주목할 만하다.

자꾸 독일 얘기를 꺼내게 되는데, 사는 곳이 독일이다 보니 눈에 보이는 게 독일이다. 그리고 환경문제라면 이렇게 진심인 나라가 또 있을까 싶기도 하다. 미국에서 10년을 살다 독일로 건너갔을 때 삶의 방식의 차이, 돈을 쓰는 방식의 차이가 이렇게도 확연하게 다르구나 하는 생각이 들 만큼 두 나라의 모습은 크게 달랐다. 독일에서의 첫날, 나는 요소요소에서 그 차이를 실감했다. 가장 처음 느꼈던 차이는 공항에 비치된 휴지의 질감이었다. 촉감이 다르다는 느낌은 말 그대로 '피부로 와닿는 차이'였다. 지난 10년간 한 번도 느껴보지 못했던 거친 느낌. 폐지를 재활용한 거칠고 투박한 휴지는 그 자체로 많은 걸 말하고 있었다.

그러고 나서 곧바로 먹거리와 생활용품을 사러 마트에 들렀을 때, 나는 두 나라의 소비문화가 정말 다르다는 것을 느꼈다. 미국에 살 때는 대체 이 나라는 노래방의 나라인가 싶을 정도로 소위 노래방 사이즈의 대용량 물건이 많았다. 1+1도 많았고, 싸게 많이 줄 테니 돈을 쓰라고 유혹하는 묶음 상품도 즐비했다. 많이 사라고, 팍팍 쓰라고, 지갑을 열라고 친근하게 웃으며 소비자를 환영하는 마트에서 나는 많은 것들을 대용량으로 샀고, 유통기한이 다 되도록 쓰지 못해 종종 버리기도 했다.

그런데 독일 물건은 대체로 사이즈가 앙증맞았다. 미국에서 갓 들어온 나에게는 이건 소꿉놀이용인가 싶을 만큼 조금씩 포장된

가루며 달걀들. 너 진짜 이거 필요하냐고, 딱 필요한 만큼만 사라고 온 마트가 나에게 말을 걸고 있었다. 5년째 살고 있지만 나는 독일 마트에서 아직도 1+1을 본 적이 한 번도 없다. 묶음 상품은 그냥 묶어만 놨을 뿐, 묶음 상품이라고 단 1센트도 싸지는 법이 없는 너무나 정직한 셈법에 웃음이 난다. 미국에서 2달러짜리 물건을 세 개 묶어 판다는 건 대체로 5달러라는 얘긴데, 독일에서는 2유로짜리 물건이 셋 묶여 있어도 에누리 없이 6유로였다. 그러므로 꼭 세 개가 필요하지 않은 이상 많이 사서 쟁여둘 이유가 전혀 없다 (대체 왜 묶어놨는지 잘 모르겠다. 그냥 들고 가기 편하라고 묶어놓은 걸까).

포장의 단위도 그렇지만 포장재도 요란하지 않고 간소했다. 소박한 포장이 눈에 띄는 제품도 제법 많았는데, 아무 글씨도 그림도 없이 그냥 은회색 캔 안에 든 참치가 특히 눈길을 끌었다. 캔 자체에는 아무 라벨도 붙어 있지 않고 여섯 개들이로 묶은 비닐 포장에만 이게 어느 회사의 어느 제품인지가 인쇄되어 있던 그 참치캔은 심지어 예쁘게 느껴졌다. 요거트 제품 같은 건 분리수거가 쉽도록 겉면의 종이 인쇄물이 컵 홀더처럼 쏙 벗겨지게 만든 제품들이 상당히 많다. 고기도 플라스틱 용기에 담겨 있지 않고, 코팅이 쉽게 벗겨지는 종이 상자(심지어 납작하게 한 장으로 접힌다)나 아니면 그냥 얇은 비닐로만 포장되어 있기도 하다. 우리나라는 분리수거를 정말 열심히 하는 나라지만 기업에서 상품을 만들 때 분리수거가 어렵게 만들어서 소비자에게 그 책임을 떠넘긴다는 지적이 있다.

기업은 그저 예쁘고 멋있는 디자인을 골라 생산과 판매만 담당할 뿐, 넘쳐나는 포장지며 분리수거가 안 되는 제품을 버릴 때의 불편한 마음과 고된 재활용의 책임감은 소비자에게 떠넘긴다는 말이다. 우리에게는 대체로 용기에 붙은 스티커를 떼느라 한 마리의 고양이가 되어 손톱을 세우며 '하악'거리고, 혼합 재질을 일일이 분리하려다 물건을 집어던진 경험이 있다. 과자들은 그냥 두면 세기의 연인처럼 서로 들러붙거나 아니면 패싸움을 벌여 부스러기로 변하기라도 하는지 과하게 개별 포장을 한 제품들도 참 많다. 고급스러움도 좋고 때로는 필요하지만, 소비자의 마음을 가볍게 만들어주는 촌스러움이 더 많아져서 소비자들이 선택을 할 수 있게 만들면 좋지 않을까.

뭐니 뭐니 해도 미국과 독일 두 나라 마트의 가장 눈에 띄는 차이는 비닐봉투에 있었다. 처음 미국에서 장을 봤을 때 기함했던 부분은 소비자에게 미친 듯이 안겨주는 비닐봉투였다. 달걀 따로, 고기 따로, 채소 따로, 그것도 두 겹씩 담아주는 미국 마트에 너무 놀란 나머지 진짜로 머릿속에 교토 의정서°가 떠올랐고, 그래 맞아 나 정외과 나왔지 싶어 나도 웃겼다. 장범준에겐 흔들리는 꽃들 속에서 네 샴푸 향이 느껴진 거고, 나는 산더미 같은 봉투 속에서 내 전공이 떠오른 거다. 쇼핑을 두세 번 하면 정말 비닐하우스를 건설

° 온실가스 배출을 줄이기 위한 구체적인 계획과 의무들을 명기한 기후변화협약UNFCCC 의정서.

할 수 있을 법한 양의 비닐봉투가 나왔다. 그게 싫어서 일부러 봉투를 챙겨가거나 장바구니를 들고 갔다. 반면에 독일 마트에는 쇼핑용 비닐봉투라는 물건이 아예 존재하지 않는다. 장바구니를 가져가거나, 종이봉투를 사거나, 아니면 진열하고 남은 빈 박스에 물건을 담아서 가져가야 한다. 비닐을 만드는 재질도 허용 규정이 엄격하다. 같은 비닐이라도 분해에 어려움이 많은 비닐 종류는 이 나라에 발을 붙이기가 어렵다.

전입신고를 하러 갔을 때에도 나는 은근한 독일의 환경 사랑을 느꼈다. 담당자분이 이런저런 안내문을 챙겨주었는데 수많은 안내문 중에서 유일하게 영어로도 되어 있는 건 쓰레기 배출법뿐이었다. 학창 시절에 독일어를 배웠으나 실전에서는 거의 까막눈이었던 나는 유일하게 읽을 수 있었던 그 영어 안내문을 읽고 또 읽어, 쓰레기 배출에 있어서만큼은 모든 주의사항을 숙지한 훌륭하고 모범적인 외국인으로 거듭날 수 있었다.

독일로 이사 와서 가장 적응하기 힘들었던 것은 한껏 귀여워진 냉장고와 세탁기였다. 이 나라는 전기세가 비싸서 가전이 대체로 작다고 한다. 빨래는 나눠서 돌리면 되지만 냉장고는 영 힘들었다. 냉장실을 열 때마다 테트리스를 하고 냉동실에는 힘으로 먹이를 욱여넣으며 이걸로 어떻게 4인 가족이 먹고사나 걱정을 했다. 이렇게 꽉꽉 채우면 효율도 떨어질 텐데. 하지만 인간은 적응의 동물이라고, 살아보니 또 살아졌다. 해법은 간단했다. 조금씩 사서 바로 먹기. 우리가 종종 '냉장고 파먹기'라는 이름 아래 깨끗하게 비워지는 냉장고를 보며 쾌감을 느끼는 건, 평소에 우리가 다 사용하지 못할 만큼의 식재료를 냉장고 안에 쌓아두고 가끔은 상해서 버리는 일이 많다는 얘기다. 다행히 우리 집 바로 곁에 조그만 동네 슈퍼가 있어서, 그날 먹을 것을 그날 사서 소비하는 건강한 삶을 그야말로 어쩌다 보니 살고 있다. 맥주 식스팩을 한 번에 다 냉장고에 넣을 수가 없어 한 캔씩, 한 병씩 넣다 보니 의도치 않은 절제된 음주생활도 하게 된다. 여러모로 나를 건강하게 만드는 나라다. 작은 가전이 기본인 나라는 이렇게 은근한 방법으로, 환경친화적인 방향으로 사람들의 라이프스타일을 이끈다. 기술의 발달로 사이즈는 커지되 전기 소비는 적어지는 제품이 나온다고 하니 다음에 이사 갈 때는 조금만 더 넉넉한 냉장고를 만날 수 있기를 바라고는 있다. 착하게 살 테니 맥주만 좀 넉넉하게 넣을 수 있게 해주세요.

이렇게 당장은 눈에 띄지 않지만 살다 보면 피부로 느껴지는 것들이 '환경을 중시하는 독일'을 만든다고 생각한다. 독일인들은 적게 소비하고 부지런히 움직인다. 소비를 권장하는 반짝이는 미국 사회에서 살다 오니 더욱 크게 느껴지는 부분이 바로 이것이다. 환경문제를 접근함에 있어서는 문화 자체가 소박한 것이 정말 중요하겠다는 것. 바로 삶을 사는 방식의 차이다. 돈을 쓰는 방식의 차이이기도 하다. 탄소 배출량이 많은 라이프스타일을 가진 사람들은 소비를 장려하는 시스템 안에서 많은 쓰레기를 배출하며 산다. 미국에도 환경문제에 관심을 가지는 움직임이 분명 또렷했지만 전반적인 라이프스타일 자체가 그다지 친환경적으로 짜여 있지 않았다. 많이 사고, 빨리 바꾸고, 많이 버렸다. 크고 널찍한 것을 좋아했다. 대륙이 광활해서 그런지 쓰레기를 버림에 있어서도 아주 호연지기가 넘쳤다. 반면에 조금은 촌스럽지만 투박하고 엄격한 문화, 과시하지 않으며 천천히 가도 좋은 사회, 쉽게 바꾸지 않고 오래 쓰며 적은 것으로도 풍요롭게 사는 법을 배우는 교육, 이런 것들이 전방위적으로 모여 독일의 공기를 조금씩 푸르게 만드는 거라고 생각한다. 사실 개개인이 생활 속에서 아무리 애써봐야 정치하는 사람들이 굵직굵직한 정책을 바꾸는 효과에 미치지 못한다는 점을 나도 안다. 하지만 이런 라이프스타일이 삶에 밀착되어 문화를 이루면 결국 녹색 비전을 가진 정당, 환경을 중시하는 마인드를 가진 지도자를 뽑게 되리라는 점도 나는 안다.

이곳에 정착하려고 조그만 집을 짓고 있다. 독일에서는 새로 집을 지을 때 집의 에너지 효율이 좋으면 대출 이율을 상당히 깎아준다. 최대한 에너지를 아끼고 전력 소비를 줄일 방법을 모두가 전방위적으로 고민한다는 느낌을 받는다. 집을 짓는 과정을 보고 있으니 관청의 허가가 얼마나 오래 걸리고 꼼꼼한지, 스피드의 나라 한국에서 온 나는 아주 기다리다 죽을 맛이다. 그 와중에 한 가지 신기한 부분은 집터를 평평하게 깎는다는 개념이 거의 없다는 점이었다. 건물이 들어갈 곳은 땅을 반듯하게 깎아야 하니까 허용하지만 그 이외의 부분, 이를테면 정원 같은 곳은 경사가 있는 지형이면 그대로 두게 한다. 동네를 산책하다 보면 실제로 많은 집이 꽤 경사진 정원을 갖고 있다. 저렇게 기울어진 땅에서 꽃과 나무들이 용케 똑바로 자란다 싶은 심한 경사들도 제법 보인다. 현재의 지형에 인위적으로 손을 대는 건 질색하는 느낌이다. 한때 불도저 대통령을 뽑아 강의 물길을 틀고 강둑과 강바닥을 시멘트로 포장하는 일을 국가 중점사업으로 진행했던 나라에서 온 자로서, 땅에 삽질을 마음껏 하지 못한다는 것은 꽤 고마운 문화적 충격이다. 인간의 편의보다는 기존 지형을 절대적으로 존중하는 곳이구나 싶다.

    초등학생인 아이는 선배들로부터 교과서를 물려받아 쓴다. 직접 글씨를 써가며 문제를 푸는 워크북과, 비닐로 잘 싸서 손때 묻히지 않고 조심스럽게 사용하는 교과서가 따로 나뉘어 있다. 교과서 앞장에는 이 책이 누구누구를 거쳐 현재 나에게 와 있는지 알 수 있는 정다운 이름들이 적혀 있다. 유치원에서 같은 반에 있었던 친구의 이름이 적힌 것을 보고 나도 반가웠다.° 내가 이번에 이 교

° 독일 유치원은 유아반인 크리페(Krippe: 0-3세)와 유치반인 킨더가튼(Kindergarten: 3-6세)으로 나뉘는데 터울이 있는 아이들을 섞어서 함께 반을 구성한다. 아이들끼리 서로 자연스럽게 배려하는 법도 익히고, 도움을 청하는 법도 배우고, 자기보다 어린 동생들을 돌보기도 해서 좋다고 생각한다. 작고 귀여운 아이들이 더 작은 애들을 귀여워하는 모습을 보고 있으면 귀여움이 넘쳐 곤란할 지경이다. 학교에 가도 높은 학년에 아는 친구들이 있어서 좋다.

과서를 사용하면서 책을 조금 낡게 만들었으면 그만큼의 동전을 내야 한다. 아이는 1학년을 마치면서 50센트를 냈다. 그 동전들을 모아서, 너무 낡은 교과서를 교체하는 데 사용한다고 한다. 물려줄 수 있는 것은 곱게 써서 물려주는 거라는 관념을 이 조그맣고 보드라운 머리통 안에 심어주는 시스템. 책이 어떻게 만들어지는지, 왜 나무를 심고 가꿔야 하는지, 왜 종이는 아껴 써야 하는지 알려주는 아이들 환경교육의 첫 단추. 참 좋다고 생각한다.

둘째가 다니는 유치원에서도 학예회나 바자회 같은 행사를 할 때는 사람들이 집에서 식기와 포크, 컵을 각자 가져와서 쓰게 한다. 일회용품 자체를 되도록이면 안 쓰겠다는 얘기다. 가족들은 피크닉 바구니에 접시와 머그컵까지 야무지게 챙겨 와서 유치원 행사를 즐기고는 설거짓거리를 바구니에 다시 얌전히 담아서 집으로 돌아간다. 우리나라에서는 코로나 시국으로 혼밥과 배달이 늘어나면서 일회용 제품들이 엄청난 쓰레기로 불어났다는 뉴스가 자주 보인다. 혼자 사는 친구와 통화를 할 때마다 "쓰레기 버려야 되는데"가 입에 붙었길래 아니 혼자 사는데 무슨 쓰레기가 그렇게 많이 나오냐고 물으니 거의 배달 음식에서 나온 포장 용기라고 한다. 배달 용기 대부분은 오염도가 높아 재활용이 안 되고 소각해야 하는 것을 고려하면 정말 문제다. 감염병의 우려 때문에 예전 중국집에서처럼 그릇을 다시 수거해가는 것이 어렵다면, 정부 차원에서 실효성 있는 대책을 마련하거나 배달앱 회사에서 심각하게 사회적 책임을 지고 아이디어를 고민해야 한다. 제품 생산에 쓴 플라스틱을 재활용하는 대신 벌금으로 때워온 쿠팡은, 매출이 늘면서 벌금이 너무 커진 뒤에야 결국 재활용 이행 체계에 가입했다. 회사의 경영 편의나 이윤만 생각하지 말고 처음부터 기업의 사회적 책임을 고민했으면 좋았을 텐데. 우리 집에서 1분 거리에 동네에서 가장 맛있는 레스토랑이 있어서 종종 가는데, 음식을 포장해가려는 어떤 분이 집에 있는 모든 냄비를 다 들고 온 걸 보고 존경의 마음으로 웃은 적이 있다. 우리나라에도 '용기 내 캠페인'이 호응을 얻고 있고, 반찬 가게에도 집에서 쓰는 반찬통을 들고 가는 사람들이 많아지고 있다고 들었다. 조금은 촌스럽고 조금은 불편한 것이 다정하고 예쁘다. 쓰레기를 버릴 때 죄책감을 느끼는 사람들의 마음을 정부나 기업에서 먼저 살피고 모두가 같이 움직일 수 있으면 좋겠다.

이 글이 맹목적인 독일 예찬으로 읽히지 않기를 바란다. 독일에도 쓰레기는 많고 코로나 시국에 배달도 엄청나게 늘었다. 독일은 사실 아우토반의 나라이기도 하다. 숲에도 진심인 나라지만 차에도 진심인 나라다. 스피드를 즐기는 습성이 피에 흐르는지, 신호대기에서 파란불로 바뀌었는데 3초 이상 출발을 지체하다간 뒤차들이 당장 경적으로 조상님인 베토벤의 운명교향곡 도입부를 장엄하게 연주한다. 친환경 자동차고 나발이고, 이렇게 자동차 좋아하고 쾌속 질주를 좋아하는 사람들의 탄소 배출량이 적을 리 없다.

다만 좋은 점은 우리도 들여다보고 생각해보자는 얘기다. 좋은 점들이 눈에 많이 뜨이기에 하는 소리다.

만물의 영장이 아닌 만물의 친구
:

독일 역사에는 레벤스라움Lebensraum이라는 사악한 단어가 있었다. 영어로 바꾸면 삶을 뜻하는 'Life'와 공간을 뜻하는 'Room'의 합성어로, 원래는 서식지라는 뜻의 생물학 용어였다. 독일에서는 19세기 말부터 이 용어에 정책적 의미를 담아 사용하기 시작했는데, 이 용어가 널리 알려지게 된 것은 나치가 이 단어에 동유럽을 향한 공격적인 영토 확장 정책 및 인종주의를 결합시키면서다. 너무나 우수하고 훌륭한 아리아 인종이 불충분한 생활권을 가졌으니, 열등한 인종을 밀어내고 그 자리를 차지하겠다는 얘기였다. 새로운 영토를 점령하면, 새로 살 집을 청소하듯이 거기에 살던 사람들을 청소했다. 나란 인간은 평소에 청소라는 단어 앞에 당당하지 못하고 빗자루에 이는 바람에도 괴로워했지만 세상에 인종청소라니, 괴로움을 떠나 소름 끼치는 얘기다.

나치의 이 극악무도한 발상은 다행히 철퇴를 맞고 사라졌지만, 인류의 차원에서 레벤스라움과 비슷한 의미의 영토 싸움은 아직도 자행되고 있는 게 아닌가 싶다. 우리는 스스로를 만물의 영장이라 칭한다. 이 중요하고 훌륭한 인류가 지구를 독점적으로 차지해야겠으니, 우리보다 열등한 너희들은 동물이고 식물이고 간에 우리를 위해 좀 비켜보라고 말한다. 힘의 압도적 차이 때문에 이 땅에서 같이 살아가야 할 동식물이 밀려난다. 밀려나면 그냥 죽기도 하지만 그들도 살아남기 위해 애쓰느라 생태계에 혼란이 온다. 새로운 전염병 같은 것은 이런 생태계의 혼란 속에서 생겨나는 경우가 많다.

그래서 나는 만물의 영장이라는 말이 별로 마음에 들지 않는다. 우리가 제일 중요하니 너희는 좀 찌그러져 있으라는 오만한 생각. 힘이 약한 너희는 우리의 이익을 위해 복무하라는 무언의 강요와 협박. 그런 인간 중심적인 사고방식의 근간에는 인간이 만물의 영장이라는 자부심이 깔려 있다. 나치의 만행은 분명 소름 끼치는 것이었는데, 우리는 인류의 만행에 그만한 심각성을 느끼지 못하고 산다.

인류가 만물의 영장이 아니라 만물의 친구가 되었으면 좋겠다. 스스로가 부여한 자리, 시상대의 가장 높은 자리에서 내려오는 것만으로 꽤 많은 것이 달라지지 않을까. 우리는 광활한 우주의 먼지 같은 존재임을 깨닫고 겸허해졌으면 좋겠다. 주변의 인간들에게 친절한 만큼, 주변의 동물에게도 식물에게도 다정했으면 좋겠다. 나는 나무에 올라가기를 좋아하는 나의 아이들이 삼촌처럼 몸을 내어주는 나무들에게 고마워할 줄 알았으면 좋겠고, 열심히 뿔

뽈거리며 지나가고 있는 벌레를 아무 이유 없이 밟지 않았으면 좋겠다. 올라브 하우게Olav H. Hauge의 시 〈비 오는 날 늙은 참나무 아래 멈춰서다〉에서처럼, 나에게도 아이들에게도 오랜 우정을 쌓아가는 나무가 한 그루씩 있으면 좋겠다. 넓은 모자처럼 비를 가려주고, 비 오는 세상을 같이 바라보며 함께 나이 들어가는 나무. '친구 나무'의 존재라는 건 생각만 해도 참 따뜻하다. 나무뿐 아니라 우리를 둘러싼 이 모든 세상이 우리에게 따뜻하고 고마운 존재다. 우리에겐 더운 여름에 풍덩 몸을 담글 맑은 호수가 있어주어서 고맙고, 황홀한 윤슬이 아름다운 강이 흘러주어서 좋고, 모래사장에 앉아 있는 나에게 왔다 갔다 장난치며 말을 거는 파도가 있어 기쁘다. 부지런히 꽃을 피우고 열매를 맺어 우리의 마음도 배 속도 채워주는 식물들이 있어 다행이고, 함께 살아가면서 우리에게 웃음도 주고 때로는 살도 내어주는 동물들이 있어 미안하고 고맙다. 우리는 같이 살아야 한다.

다정한 초록색 삶

우리는 매일매일 세상을 조금씩 먹어치우며 살고 있다. 그러니 세상의 안녕에 대해 무심할 수는 없다. 이쯤 되면 어차피 글러 먹었으니 될 대로 되라고 생각해버린다면 이 세상은 정말 파국을 맞을 것이다. 어차피 세상 누군가는 전기를 팡팡 쓰고 있다고 변명하며 나도 느슨하게 생각하지 말고, 많이 불편하지 않으면 수고로움을 좀 참았으면 좋겠다. 자꾸 집 안에 들어앉아서 이런저런 물건을 배송시키며 포장재를 쌓지 말고, 가까운 거리면 걸어가서 물건을 골라오면 좋겠다. 불필요한 불은 제발 끄고, 온라인 메일함도 잘 비우고,° 전기 도둑이라는 전기밥솥의 보온 기능도 될 수 있으면 좀 꺼놓고 살면 좋겠다. 이렇게 작고 사소해 보이는 일들을 그냥 좀 했으면 좋겠다. 우리가 할 수 있는 일은 의외로 많다. 탄소 배출량이 많지 않은 삶의 방식에 대해 고민하는 것, 그런 작고 소박한 문화를 가꾸어가는 것, 우리 삶에서 덧셈이 아니라 뺄셈의 미학을 인지하는 것. 돈을 쓰는 방식에 대해 고민하는 것도 말할 수 없이 중요하다. 소비자로서의 파워는 유권자로서의 파워와 맞먹는 슈퍼파워임을 인식하면 좋겠다. 와타나베 이타루가 말하듯 몇 년에 한 번 있는 선거에서 내는 한 표보다 매일매일 내는 지폐와 동전이 실제로 우리 현실을 움직이는 강력한 힘이 될 수 있다. 우리 스스로 래리 핑크, 제이미 다이먼의 마인드로, ESG를 고려해 투자한다는

○ 스팸메일만 잘 지워도 지구를 살리는 데 도움이 된다고 한다. 24시간 가동되는 데이터 센터는 많은 열을 발산하므로 이 열을 식혀줄 냉각장치가 필요하기 때문이다. 전 세계 이메일 사용자 약 23억 명이 이메일 50개를 지우면 862만 5천 기가바이트의 공간이 절약되는데, 이는 2억 7600만 킬로와트시$_{kWh}$의 전기가 절약되는 효과라고 한다. 우리는 현실에서의 탄소 발자국뿐 아니라 디지털 탄소 발자국에도 신경 써야 한다. 안 읽는 뉴스레터는 해지하고, 정신 차리고 메일을 부지런히 지워야 한다. 사실 내가 제일 못하는 부분이기도 해서 새해 목표 중 하나로 정했다.

생각으로 매일매일 소비하면 참 좋지 않을까.

　작은 집을 지어 이사를 가면 나는 아이들과 마당에 이런저런 것들을 심어 가꾸고 싶다. 아이들이 작은 농부가 되는 모습을 생각하면 벌써부터 흐뭇해진다. 못나고 맛이 없더라도 딸기며 포도를 심어 보석 같은 열매가 달리는 모습을 아이들과 보고 싶고, 향이 좋은 허브를 키워 뜯어내 차를 마시고 좋은 밀가루를 더해 빵을 굽고 싶고, 작은 꽃밭도 가꿔 꽃이 피면 부끄러운 줄 모르고 예쁘다고 소리도 지르고 싶다. 가능하면 과일나무도 심어서 매년 열매 맺는 것을 보면서 함께 나이 들어가고 싶다. 삼겹살의 영혼의 단짝인 깻잎과 상추를 풍성히 가꾸고 싶지만, 한 달에 한두 번 정도는 세끼 모두를 채식으로만 먹는 날도 정하고 싶다. 그러면서 채식의 장단점과 육식의 장단점에 대해 이야기를 나누고, 먹이사슬의 정점에 있는 우리가 먹고사는 일에 대해 아이들의 눈높이에서 대화하고 싶다. 아이들이 조금 커서 위험한 일에 대한 경각심이 생기면 '촛불 켜는 저녁'도 만들고 싶다. 독일의 겨울은 유난히 밤이 긴데, 주말 밤에는 집의 모든 불을 끈 뒤에 거실에 촛불을 켜놓고 이야기도 하고 게임도 하고 싶다. 아이들은 자기 그림자를 보고 낄낄거릴 것이고, 서로 촛불을 꺼보고 싶어서 안달할 것이다. 아이들이 커가면서 불 끄는 밤의 전통이 시들해질 수도 있겠지만, 반려인과 둘이서라도 그 전통을 이어가고 싶다. 그러다 보면 아이들이 조금 커서 술병을 들고 그 촛불 아래로 다시 찾아오는 날도 있지 않을까.° 술

병뿐 아니라 그간 나누지 못한 이야깃거리도 함께 들고 와준다면 얼마나 기쁠까. 줌파 라히리의 소설집 《축복받은 집》 안에 실린 단편 〈일시적인 문제〉는 닷새 동안 오후 여덟 시부터 한 시간 동안 단전이 되는 집을 배경으로 삼고 있다. 이별을 앞둔 부부는 어둠 속에서 양초에 의지해 그간 털어놓지 못했던 말을 나누고, 그동안 잊었던 필사적인 기분으로 사랑을 나누기도 한다. 줌파 라히리가 말한다. "집이 어두울 때 뭔가 일이 일어난 것이다. 다시 서로에게 얘기할 수 있게 되었다." 《여름은 오래 그곳에 남아》를 쓴 마쓰이에 마사시도 건축가인 무라이 슌스케의 입을 빌려 말한다.

"램프에만 의지하는 밤도 좋지. 밝은 방보다 이야기하기 쉽고 말이야."

○ 독일에서는 열네 살이 되면 보호자의 감독 아래 합법적으로 맥주를 마실 수 있다. 7년 남았다.

아이들이 멋진
우리의 일원이 되기를

엄마, 고구마에 가시가 있어
이름의 세계 속에 서 있는 우리

엄마, 고구마에 가시가 있어
:

　큰아이는 생선을 잘 먹는다. 가시가 있으면 뱉어낼 줄도 안다. 한데 다른 음식을 먹다가도, 이물감이 느껴져서 뱉어내야 하는 것들을 모두 '가시'라고 통칭해 부르기 시작했다. 오렌지를 먹다 씨앗이 있어 뱉을 때도 "엄마, 가시." 군고구마를 먹다가 껍질이 깨끗하게 벗겨지지 않은 걸 우물거리다 뱉을 때도 "엄마, 고구마에 가시 있어." 나는 그 가시라는 말이 귀여워서 씨라든가 껍질 같은 이름을 가르쳐주기 싫었다.
　그 뒤로도 귀여움의 퍼레이드가 이어졌다. 육중한 현관문에 몸이 살짝 끼었을 때는 "엄마, 문이 꼭 깨물었어." 여름에 나무가 우거진 유치원 정원에서 놀다가 모기에 물려 눈탱이가 밤탱이가 되었을 때는 "엄마, 모기가 꼬집었어." 그리고 반바지를 입은 아빠 다리를 보고는 "우와, 아빠 다리에는 머리카락이 많아." (그래. 아빠가 다리 좀 감아야겠네.) 나는 꼬질꼬질 사탕 냄새 나던 어린 시절에 어떤 특별한 표현을 했는지 모르겠지만, 알파벳을 처음 보면서 더블유w는 암만 봐도 브이가 두 개 붙은 모양인데 왜 더블브이가 아니고 더블유인지 궁금했던 기억이 난다.°

문이 나를 꼭 깨물었다든가 모기가 꼬집었다든가, 이런 표현은 시적 허용이 가능한 예쁜 말들이다. 그런데 더블유를 더블브이라고 고집했다면, 그리고 그런 내가 귀엽다고 어른들이 그것을 고쳐주지 않았다면 훗날 철자를 알려줄 때 아무도 내 말을 못 알아들었을 것이다. 타인과의 원활한 의사소통을 위해서는 언젠가 이름을 제대로 알려주어야 한다. 가시라는 이 아이만의 귀여운 단어를 나는 언제 바로잡아주어야 할까.

"엄마, 이게 뭐야?" 아이들은 하루에도 몇 번씩 사물의 이름을 묻는다. 세상에 알고 싶은 이름도 많고, 그게 뭔지, 왜 그런 이름인지도 궁금하다. 그렇게 함께 살아갈 존재들의 이름을 마음에 담는다. 이 세상은 이름으로 가득 차 있다. 아이들이 사물의 이름을 물어볼 때. 그리고 어른들은 이름을 바르게 가르쳐주어야 할 때. 이

° 프랑스와 스페인에서는 W가 더블브이라는 뜻의 이름을 가진다고 한다.

글은 서로의 이름을 부르는 일과 논어의 정명正名에 관한 이야기다. 태어나면서부터 수많은 이름 속에 서 있는 우리가, 세상과 소통하기 위해 만나는 첫 관문이기도 하다.

아이가 나를 엄마라고 불렀을 때
아이는 나에게로 와서 내 아이가 되었다
:

시인은 내가 그의 이름을 불러주었을 때 그가 나에게로 와서 꽃이 되었다고 했다. 이름을 불러주기 전에 그는 다만 하나의 몸짓에 지나지 않았다고 했다. 이름이 가지는 힘이란 오묘하다. 서로를 이르는 힘. 이름을 부르면서 열리는 세계. 이름은 주로 나의 존재를 증명하기 위해 소환된다. 내 존재를 응축한 몇 음절이 내 이름이고, 그 이름은 내가 마음속에 지니고 있기보다는 주로 타인이 부르라고 있는 것이다. 또 다른 어느 시인은 "아직 당신이 사람임을 증명할 또 다른 사람이 필요하다"라고 했다.° 그래서 이름은 관계를 전제로 한다.

나에게는 태어나서 받은 첫 번째 이름이 있다. 참 진, 가을 하늘 민. 곱고 푸른 가을 하늘을 보면 나는 기분이 두 배로 좋아진다. 내

° 오은, 시집 《나는 이름이 있었다》 중 〈사람〉에서.

가 평생 가지고 갈 두 번째 이름은 7년 전에 생겼다. '엄마.' 배 속에 젤리빈만 한 첫아이를 가지고서 병원에 갔을 때, 피검사를 위해 내 팔에 고무줄을 감던 덩치 좋고 쾌활한 간호사가 "Let's do it, little mama!(해보자고요, 꼬마 엄마!)"하고, 처음으로 나를 엄마라고 불렀다. 으아, 내가 이제 엄마구나. 내가 엄마가 되는구나 하고 속으로 생각했을 때와 누군가 나를 엄마라고 불러줄 때의 느낌은 정말 판이했다.

이제는 엄마로 불리는 일에 익숙해졌지만(야 이놈들아, 엄마 좀 그만 불러!) 한동안 나는 엄마라는 이름을 내 것으로 인식하고 그 이름을 내 정체성으로 받아들일 시간이 필요했다. 어이쿠, 내가 엄마라고? 믿을 수 없었다. 그러나 저 아이가 내 아이인가 하는 데카르트적(혹은 양아치적) 회의를 시작할 수 있는 남성들과는 달리 애는 빼도 박도 못하게 내 배 속에 들어 있지 않은가. 그러다 아이가 태어났고, 침이 질질 흐르는 옹알이 기간을 지나 드디어 아이가 그 단어를 조그맣게 내뱉었다. 엄마. 그러자 마음속에 갑자기 꽃 한 송이가 활짝 피면서 그 엄마라는 이름이 온전히 내 것이라는 생각이 들었다. 그렇게 내 것인 듯 내 것 아닌 내 것 같던 이름은 나와 평화롭게 화해했다. 아이는 나에게로 와서 내 아이가 되었고, 나는 엄마라는 내 두 번째 이름을 사랑하게 됐다.

예전에 휴대폰이란 것이 생겨나 서서히 일상으로 자리 잡던 무렵, 꽤 유명했던 통신사 광고가 있었다. 말을 시작한 아기가 아빠에게 전화로 "아빠!"라는 첫말을 전하는 순간을 담은 광고였다. "아빠, 해봐. 아까 했잖아." 엎드려 아기 귀에 전화기를 대며 신이 난 엄마와, 아이가 아빠 목소리를 알아듣고 "아빠?" 하자 세상을 다 가진 듯 뭉클한 마음을 감추지 못하고 '빙구미' 넘치는 표정을 짓던 아빠. 그는 모르는 옆 사람을 보며 밑도 끝도 없이 한마디를 건넨다. "아빠래요." 아이가 처음으로 나를 아빠라고 부르는 순간의 그 표현할 수 없는 감정을 잡아냈던 광고는 아직 아기가 없던 시절의 내 마음에도 깊이 들어와 남았다. 그렇게 삐약거리는 예쁜 목소리로 엄마, 아빠라고 불러주는 순간 아이들은 나에게로 와서 내 아이들이 되는 느낌이다. 이름을 부르면 그렇게 나의 세계가 열리고 너의 세계와 만나게 된다.

이름을 안다는 것의 힘

아기는 곧 엄마, 아빠라는 중요한 이름 외에도 이 세상은 수많은 이름으로 가득 차 있다는 사실을 알게 된다. 세상 만물의 이름을 알게 된다는 건 '우리'의 일원이 되는 굉장히 중요한 과정이다. 말을 배우기 시작하는 아이를 보는 일은 놀랍고 즐겁다. 하이데거의 표현을 빌리자면 존재의 집이 쌓아 올려지는 과정. 그렇게 아이는 언어를 배움으로써 나만의 아이에서 벗어나 한 사회의 아이가 된다. 우리가 입 밖으로 말소리를 내는 건 혼잣말이나 마법 주문이 아닌 다음에야 타인과의 소통을 위한 것이다. 언어가 아무리 모든 것을 100퍼센트 표현할 수 없는 태생적 한계를 지닌 수단이라 해도, 언어를 거치지 않고 존재의 집을 제대로 짓고 거기에 타인을 초청하여 마을을 형성하긴 어렵다.

언어 이전의 사유가 어떠했을지 나는 잘 상상하기 어렵다. 오늘날과 같은 체계적인 언어가 성립되지 않았을 시절, 동굴에 벽화를 그리던 원시인들은 어떻게 사유하고 납득하고 미래를 꿈꾸고 사랑을 속삭였을까. 언어가 없었다면 아마 사랑도 힘들었을 것이다. 이것이 사랑인지 욕망인지 구별하기 어려웠을 것이고, 상대의 부재에 내가 느끼는 감정이 공허함인지 무료함인지 구별하기 어려웠을 것이다. 수줍음과 자괴감을 구별할 줄 몰라 애태웠을 것이고, 떠난 상대에 대해서는 원망과 분노 사이에서 혼란스러웠을 것이다(그런데 사랑은 언어가 있어도 여전히 힘들긴 하다. 흥).

존재와 관계를 고민하고 사유를 전공으로 삼는 철학자들은 언어에 깊은 관심을 가져왔다. 하이데거는 언어를 존재의 집이라고 했고, 비트겐슈타인은 내 언어의 한계는 내 세계의 한계라고 했다. 내 사고는 아무리 멀리 뻗어나간들 내 언어의 경계선에서 멈추는 법이다. 특히 어떤 개념을 정확히 알고 그것의 사회적 의미를 이해하는 사람과 그렇지 못한 사람은, 자신에게 일어난 일들을 이해하고 세상을 설명함에 있어 차원이 다른 경험을 하게 된다. 소설가

정세랑의《시선으로부터,》에는 시대를 앞서간 걸출한 여성 심시선 여사가 나온다. 모든 일에 명쾌하고 산뜻했던 시선은 유독 자기에게 일어난 일들을 이해하고 정리하는 일에 힘겨워했다.

"그 모든 걸 꿰뚫어보던 사람이 왜 자기한테 일어난 일을 소화하는 데는 그렇게 오래 걸렸지?"
"그야 그렇잖아. 우리가 알고 있는 이름들을 할머니는 몰랐을 거니까."
"이름들?"
"가스라이팅, 그루밍 뭐 그런 것들. 구구절절 설명이 따라붙지 않게 딱 정의된 개념들을 아는 것과 모르는 건 시작선이 다르잖아."

정확한 개념의 이름을 안다는 것의 힘이란 저런 것이다. 우리는 우리가 알고 있는 단어, 사용하는 언어의 질에 따라 전혀 다른 세계 속에서 살게 된다. 시대가 진보함에 따라 점차 명확해지는 개념이나 새로 태어나는 어휘들을 나의 말 창고 안에 받아 가진 사람들의 삶은 그 이전 시대의 삶과는 분명 달라진다. 표현할 수 있는 인간이 표현할 수 없는 인간보다 훨씬 자기의 삶을 명료하게 바라볼 수 있을 테니까.

시대의 간격을 떠나 동시대 차원에서도 마찬가지다.《어떻게 쓰지 않을 수 있겠어요》를 쓴 이윤주 작가는 한때 국어와 문학을 가르치는 교사였는데, 아이들에게 어떤 단어를 가진 삶과 가지지 못한 삶은 다르다고 가르쳤다고 한다.

> 나는 학생들이 단어에 갈증을 느끼길 바랐다. 하나의 대상을 명명하는 단어의 힘을 느끼고, 그 대상을 더 잘게 나누어 더 다양한 힘을 갖길 바랐다. (…) 불쾌한 감정을 전부 '짜증'으로 뭉뚱그려서 그들이 안갯속 같은 '짜증의 덩어리'에 살기를 원하지 않았다. 안갯속에 길을 잃었을 때 오직 안개만을 감각하는 사람은 제자리를 맴돌지만 이슬을 감각하는 사람은 풀과 바위를 발견할 수 있기 때문이다.

소설가 마크 트웨인 역시 "딱 맞는 말과 적당히 맞는 말의 차이는 번갯불과 반딧불의 차이"라고 했다. 문장 안에 어떤 상황이나 감정을 가리키는 적확한 단어가 사용되어 있을 때, 우리 머릿속에는 순간 작은 번갯불이 반짝하고 지나간다. 이렇게 단어 창고에서 세심하게 골라낸 단어는 쓰는 이에게는 쾌감을, 읽는 이에게는 감탄과 행복감을 선사한다. 우리 모두에게는 어떤 단어 하나가 생각나지 않아서 말을 뭉뚱그려본 경험이 있다. 그저 딱 맞는 단어 하나가 생각나지 않았을 뿐인데, 왠지 근처의 말들마저 힘을 잃게 만들어 문장이 모래처럼 바스러지고 만다. 같은 상황을 보고 같은 글을 읽어도 모두 제각각의 감상을 남기는 가운데 더할 수 없이 적절한 단어 몇 개로 깔끔하게 정리해내는 사람들을 본다. 어떤 단어를 가진 삶과 가지지 못한 삶도 다르지만, 가진 단어들을 딱 들어맞는 위치에 놓을 줄 아는 사람, 같은 단어라도 놀라운 곳에 놓을 줄 아는 사람도 분명 타인과 구별되는 반짝임이 있다. 바로 이름의 힘을 아는 사람들의 빛이다.

말의 창고가 크고 아름다우며 그 안에 단정한 질서가 있는 사람과 그렇지 못한 사람. 다시 말해서 한 사람의 말과 글 안에서 보이는 어휘의 풍요와 빈곤, 그리고 그 사람이 사용하는 언어의 명확함과 아름다움의 차이는 그 사람의 정신세계를 드러내고 그 사람의 삶을 짐작케 한다. 창고에 그득하게 쌓인 쌀로 우리가 배부른 삶을 살 수 있듯이, 우리의 말 창고에 말이 그득하게 쌓여 있다면 우리는 뇌가 부른 삶, 영혼이 토실토실한 삶을 살 수 있다. 굳이 하이데거나 비트겐슈타인을 들먹이지 않아도 일상의 구석구석에서 느낀다. 언어는 존재의 집이고 내 세계의 경계라는 것을. 빈약한 언어로는 가난한 집을 지어 영혼이 곤궁한 살림을 살게 된다. 내 안에 아무리 부푼 구름처럼 오색찬란한 사랑이 빛나고 있어도, 표현할 어휘가 빈곤하면 내뱉는 것은 그저 흙빛의 작은 모래알일 수 있다. 그러므로 어떤 언어를 어떻게 배워 어떻게 사용하는가 하는 것은 한 인간의 삶에 지대한 영향을 미치는 일이 아닐 수 없다. 내 언어가 풍요로워야 내 세계가 온갖 빛깔과 향으로 풍성해진다. 그래서 언어는 존재의 집인 것이다. 그래서 내 언어의 한계는 내 세계의 한계인 것이다.

아이들의 언어에는 부모의 언어가 비친다
:

그런데 한 인간의 말 창고와 언어 세계의 구축에 있어 근본적인 영향을 끼치는 사람이 있으니, 다들 짐작하시겠지만 바로 부모다. 나는 아이가 나로부터 단어를 배우고 그 의미를 전달받을 때마다 긴장하며 과연 잘하고 있는 걸까 걱정하곤 한다. 의미뿐 아니라 자주 쓰는 표현, 뉘앙스나 태도도 그대로 전해진다. 즉 아이들의 말에는 어른들의 말본새가 투영된다. 그도 그럴 것이 아이의 언어는 곁에 있는 사람들의 언어를 그대로 흉내 낸 것일 수밖에 없기 때문이다. 식탁에 모두 앉아 밥을 먹는 시간. 동생이 물을 쏟자 옆에 앉아 장조림을 입에 넣던 첫째가 시크하게 내뱉었다. "아우, 못 살아."°

부모가 되고 나면 두 손을 공손히 모으고 자신의 언어 습관을 돌아보게 된다. 아이의 말은 어른들의 언어 습관을 보여주는 거울이기 때문이다. 아이들 앞에서 말조심해야 한다는 것은 진리 중에 상진리다. 스펀지처럼 쭉쭉 빨아들이는 아이들은 그 빨아들이는 물이 맑은 물인지 구정물인지 잘 모르는 경우가 많다. 배우기는 또 얼마나 빨리 배우는지. 세간에 모 언론사 전무의 초등학생 자녀가 운전기사에게 한 폭언이 회자된 적이 있다. "아저씨는 장애인이야.

° 아이들이 사고칠 때마다 만트라처럼 되풀이하는 나의 시그니처 문장.

특히 입하고 귀가 없는 장애인이라고. 미친 사람이야." 뭘 잘 모르는 어린아이가 뱉은 말이 그대로 기사화된 것이 내심 마음에 걸리기는 했지만(그러면서 나도 쓰고 있다), 아이가 했다고 보기에는 의심스러울 만한 말이었기에 더욱 논란이 되었을 것이다. 주변 어른들이 피고용인을 어떻게 보아왔는지 알 법한, 인간성이 결여된 언어들. 특히 입과 귀가 없는 장애인이라고 특정했다는 것이 시사하는 바가 적지 않다. 듣지도 말고 감히 입에 담지도 말라는, 고용인으로서의 집안 어른들 의중이 슬그머니 드러난 문장. 게다가 장애인은 미친 사람이라고? 주변의 언어 환경을 잘못 만난 이 아이를 탓하고 싶지는 않지만, 와 이게 대체 무슨 미친 소리인가. 둘째가 다니는 유치원에 눈이 약간 불편한 선생님이 있다. 인지능력에도 살짝 불편이 있는 것 같다. 하지만 아이들과 술래잡기를 하며 온 유치원을 통틀어 가장 신나게 뛰놀아주는 선생님이고, 크리스마스 때는 아이들에게 직접 뜨개실로 귀여운 코끼리 인형을 만들어 하나하나 선물해준 선생님이다. 불편함을 가진 분들이 미친 사람이면 우리는 늙으면서 모두 미친놈들이 되는 셈이다.

살아온 시간이 얼굴에 새겨지는 나이, 마흔이 넘으면 자기 얼굴에 책임을 져야 한다고 했던가. 그 나이쯤 되면 이제 얼굴뿐 아니라 내 말의 모습에도 책임을 져야 하지 않나 싶다. 내 말이 어떤 모양의 냇물로 흐르고 있는지, 물이 맑기는 한지, 고여 있어 신선한 새 물을 받아들이지 못하고 있는 건 아닌지. 박준 시인은 〈숲〉

이라는 시에서 우리가 오래전 나눈 말들이 버려지지 않고 도착해서 모이는 가상 공간으로서의 숲을 그린다. 오랜 시간 여행해온 말들이 도착해 서로 머리를 털어주는 공간이라니, 그렇게 우리의 말들이 버려지지 않고 모여 있는 공간이라니, 그 숲을 생각하는 것만으로도 형언할 수 없는 감정이 들었다. 지금은 세상에 없는 친구와의 대화, 그리운 엄마 아빠와의 시덥지 않은 일상적 말들, 떨리던 그날의 고백 같은 것들이 모두 모여 있을 그곳. 모순적이기도 했던 나의 말들이 시간의 옷을 입고 서로 화해하는 곳. 그런데 그 말의 숲을 떠올려보니 조금 얼굴이 붉어지기도 한다. 내가 뱉은 말을 다 모아두면 그 공간은 어떤 느낌일까. 내 말의 숲은 어떤 모양이고 어떤 색깔, 어떤 냄새가 나는 곳일지 살짝 걱정이 되는 것이다. 남을 찌르는 가시덤불이 많은 건 아닐까. 진정성이 부족해 무성한 숲이 되지 못하고 가지만 앙상한 건 아닐까. 그런 말의 숲은 시 안에서만 존재하는 가상의 공간만은 아니다. 내 아이들이야말로 시인의 표현대로 내 말들이 허정허정 걸어 들어가 도착해 있는, 내 말의 작은 숲이기 때문이다. 그 작은 입에서 잎사귀처럼 나오는 말들을 보면서 나는 자꾸 내 말의 숲을 돌아보게 된다.

 그 숲에는 감탄사도, 형용사도, 부사도, 동사도 있지만 가장 중요하게는 명사가 들어간다. 이름이 특히 중요한 건 우리가 어떤 대상을 어떻게 부르는가 하는 것이 그 대상의 본질을 꿰뚫는 문제이기 때문이다. 예를 들어 아빠가 새로 부부의 연을 맺은 대상을 두고 아이가 '엄마'라고 부르는 것과 '아줌마'라고 부르는 것의 차이. 같은 섬 하나를 두고 한쪽은 '독도'라고 하고 다른 쪽은 '다케시마'라고 주장하는 것의 차이. 같은 역사적 사실을 가리켜 각각 '4.3 폭동', '4.3 사건', '4.3 항쟁'이라고 부르는 것의 차이. 《이름들의 인문학》을 쓴 박지욱 작가는 "세상은 그 존재들보다 훨씬 더 많은 이름으로 채워져 있다. 세월을 견디며 살아남은 이름도, 도태되어 사라지는 이름도 있고 하나의 본질을 두고 서로 경쟁하는 이름들도 있다"라고 말한다. 그래서 나는 이름으로 가득 찬 이 세상에서, 사물의 이름을 가르쳐주는 일의 중요성을 조금 진지하게 이야기해보고 싶다. 특히 본질을 두고 경쟁하는 이름들에 관해서. 부모의 언어가 아이들 언어에 미치는 가장 큰 영향도 바로 이 이름에 있지 않을까.

나는 너의 이름을 제대로 부르고 있는가
:

사과, 책상, 칫솔, 치킨. 이런 이름들은 우리를 내적 성찰에 이르게 하진 않는다. 단어의 이름을 정확히 알려주고, 열심히 뜻을 설명하면 된다. 하지만 편견에 얼룩진 단어들의 뜻을 가르쳐줘야 할 때의 난감함을 생각해본다. 편견이 들러붙기 쉬운 단어에 편견이 없도록 처음부터 올바른 정의를 가르쳐주는 것은 부모들이, 나아가서는 사회 전체가 해야 할 일이다. 그런 의미에서 정의definition를 바로잡는 일은 정의justice를 바로 세우는 디딤돌이 된다.

예를 들어 장애인이라는 단어를 어떻게 설명하며, 자폐라는 단어는 어떻게 설명할 것인가. 어떻게 해야 단어의 정의가 칼날이 되어 무고한 사람을 찌르지 않게 할 수 있을까. 우리의 몸 상태와 정신 상태를 감히 정상과 비정상으로 가르는 기준은 무엇이며, 대체 누가 그 기준을 만들었을까. 몸이 불편한 한 코미디언이 청중들 앞에서 코미디를 하는 와중에 던진, "모든 인간은 정도의 차이만 있을 뿐 모두 장애인이다"라는 말이 내 귀에 콕 들어와 박혔다. 생각해보니 정말 맞는 말이 아닌가.

어린 시절 학교에 가지고 다니던 크레파스에는 살색이 있었다. 외국에 나와서 다양한 피부색을 가진 사람들이 공존하는 사회에서 직접 생활하기 전까지, 나는 그 '살색'이라는 이름이 가진 문제를 전혀 인식하지 못했다. 어떤 선생님도 그 이름이 딱히 부적절하다는 말씀을 해주신 적이 없었고, 실제로 크레파스의 그 색은 나의 살색이자 내 친구들의 살색이었다. 수십 년이 지나 아이들 고모로부터 선물 받은 내 아이의 크레파스에는 같은 색의 이름이 '살구색'으로 변해 있었다. 다행이라고 생각했다. 흑인은 태어났을 때도, 겁에 질렸을 때도, 햇볕에 탔을 때도, 나이 들 때도, 항상 '검다black'고만 표현되지만 백인은 영어 표현상 분홍빛으로 태어나 노랗게 질리고 빨갛게 타며 회색빛으로 늙어간다. 세상의 색깔을 다양하게 선점한 것은 백인들인데 왜 세상은 흑인을 '유색colored 인종'이라고 표현하는 걸까.

사람을 함부로 깜둥이로, 원숭이로, 짜장면이나 짬뽕으로 부르지 않는 것. 더 나아가 병신으로, 빨갱이로, 김치녀로, 한남으로, 급식충으로 부르지 않는 것. 또는 단어에 오랜 시간 스며든 온갖 편견의 부스러기들을 인지하고 이를 바로잡는 것. 이것이 바로 논어에서 공자 할아버지가 화를 벌컥 내면서 강조하신 정명이다.

자로가 말하였다. 위나라 임금이 선생님께 정치를 맡긴다면, 무엇부터 먼저 하시렵니까?

선생님 말씀하시다. 반드시 이름을 바로잡을 테다必也正名乎!

자로가 말하였다. 이렇다니깐요, 선생님의 고지식함이! 어떻게 그게 바로잡힌단 말입니까?

선생님 말씀하시다. 함부로 말하는구나, 네 이놈! 군자란 잘 모르는 일엔 대개 입을 다무는 법이거늘.

이름이 바르지 않으면 말이 순조롭지 못하고, 말이 순조롭지 않으면 일이 이뤄지지 못하는 것. 일이 이뤄지지 않으면 예악이 일어나지 못하고, 예악이 일어나지 않으면 형벌이 맞아떨어지지 못하며, 형벌이 올바르지 않으면 백성들은 손발을 어디 놓을지 모르게 되는 것이다.

귀여우신(논어를 읽어보면 공자는 몹시 귀여운 캐릭터다) 공자님이 크게 화나셨다. 공자에게 정치는 기본적으로 언어가 밑바탕이 되어 신뢰가 구축되는 세계다. 즉, 올바른 말의 힘이 가장 근본인 세계인 것이다. 피바람이 몰아치던 춘추전국시대에 "정치는 이름을 바로잡는 일"이라는 스승을 두고 제자인 자로는 고지식하다고 핀잔을 준다. 그러고는 평소에 유순한 편인 스승님의 활활 타오르는 격노와 마주하게 된다. 자로의 생각이 짧았다. 전란의 시대에 저런 대답을 했다는 것은 거꾸로 우리가 말 한마디, 이름 하나로 피바람이 부는 것을 멈출 수 있다는 말이기도 하다.

정치의 일은 많은 부분 이름을 바로잡는 데 있다. 예를 들어 '광주 폭동'이 '5.18 민주화 운동'이라는 이름을 갖게 되는 것. 그 안에 얼마나 많은 눈물과 분노와 반성과 시선의 전환이 있었을 것인가. 수많은 병신, 앉은뱅이, 꼽추, 미친년들이 장애인이라는 다소 중의적 이름을 얻고 권리를 주장할 수 있기까지, 그들과 가족들은 얼마나 힘들고 아팠을 것인가. 부르는 이름이 달라지면 관계가 달라진다. 직업을 낮잡아 부르는 여러 말, 이를테면 파출부나 때밀이나 청소부 대신 가정관리사로, 목욕관리사로, 환경관리원으로 부르게 되면 우리의 마음속에서는 조심하고 존중하는 마음이 생겨난다. 그러므로 역할과 노고에 걸맞은 적절한 이름을 부르는 것을 시작으로 우리 사회의 관계는 한층 건강하고 아름다워진다. 정치가 이름들을 고민해야 하는 이유가 바로 여기에 있다. 또 정치의 과제는 잘못 생겨난 이름들을 적절히 관리하는 데 있다. 휴거, 전거지, 월거지, 일베충, 꼴페미 같은 단어 주위를 부지런히 돌아다니며 진지하게 경청하고 토론하여 정책을 만들고, 개쌍도와 전라디언이라는 단어를 아프게 받아들여야 한다. 그래서 공자는 정치를 하게 되면 정명, 즉 이름을 바로잡는 일부터 하겠다고 단언했던 것이다.

말에는 힘이 있다. 옛사람들은 그 힘을 믿었기에 이름을 신중하게 지었고, 문자도를 즐겨 그렸다. 언어는 사고를 규정하고, 사고의 변화는 현실의 변혁을 추동하는 힘을 갖기 때문이다. 한 예로, 환경에 관심이 많은 스웨덴 사람들은 온실가스 배출을 줄이기 위해 비행기를 타지 말자는 뜻의 새 단어들을 만들어 내놓았다. 플뤼그스캄Flygskam이라는 단어는 '비행기 여행의 부끄러움'이라는 뜻이고 탁쉬크리트Tagskryt는 '기차 여행의 자부심'을 뜻하는 단어라고 한다. 여전히 비행기로 여행하지만 이를 숨기는 스뮉플뤼가(Smygflyga, 비행기로 은밀히 여행하다)라는 단어도 있다. 그 사회에서 공감을 얻는 아이디어들이 이렇게 언어의 옷을 입고 단어 목록에 들어오는 것이다. 그리고 그 말들은 단어 자체로 사회운동이 되기도 한다. 플뤼그스캄 운동은 스웨덴 사람들에게 탄소 배출량을 줄이기 위해서 대안적인 운송 수단을 이용하자고 권한다. 내가 고국을 기차와 배로 방문하려면 이동하는 중간에 휴가가 끝나버릴 것 같아서 나는 플뤼그스캄을 계속 가져야 할 것이나, 이런 뜻깊은 단어들을 만들어내는 스웨덴 사람들은 꽤 멋지다고 생각한다. 단어를 입에 넣고 발음해보면서, 내가 할 수 있는 플뤼그스캄 운동을 하면 되지 않을까 하고 생각하게 만드는 말이다.

우리말에서 사람들이 크게 주목하지 않지만 내가 가장 주목하는 부분은 '다르다'와 '틀리다'의 구별이다. "네가 저번에 사고 싶다고 말한 옷 이거 맞아?" "아니, 색깔이 틀려." 꽤 자연스럽게 들리는 대화지만 사실 "아니, 색깔이 달라"라고 말해야 한다. 이렇게 다르다different와 틀리다wrong가 동의어가 되어버린 사회. 둘이 동의어가 되는 사회에서는 나와 다르면 너는 틀린 거다. 다른 것을 싫어할 수는 있지만, 다른 것에 다짜고짜 폭력을 가하는 사람은 없다. 그러나 틀리거나 잘못된 것에는 비난을 가하고 사람에 따라선 돌을 던질 수도 있는 명분이 슬그머니 생겨버린다. 소위 진보적이라고 자신을 칭하는 많은 사람 중에도 유독 성소수자와 외국인 노동자 문제에 날을 세우는 사람들이 많다. 다름이 곧 틀림이 되어버린 사회. 그리하여 우리 사회는 유독 나와 같지 않은different 소수를 틀리다wrong고 말하며 그저 다를 뿐이었던 그들을 폭력적으로 대하게 된 건 아닐까.

또 오래도록 내 마음을 구기고 있는 단어는 '스펙'이라는 단어다. 2004년에 국립국어원에서 펴낸 신어 자료집에 수록된 말이니까 2000년대에 들어서야 쓰이게 된 단어인데, 마치 늘 있어왔던 말처럼 위풍당당하게 젊은이들의 삶을 통째로 삼키고 있다. 삶이란 것은 그저 죽는 날까지 스펙 쌓기의 여정이라고 속삭이면서 아직 솜털이 보송보송한 어리디 어린 학생들을 고스펙을 향한 질주로 내몬다. 그런데 이 스펙이라는 말은 영어 단어 specification을 줄인 말로, 기계나 상품, 무기의 사양을 가리키는 말이다. 이 컴퓨터는 초당 얼마나 많은 정보를 처리할 수 있고, 이 총은 얼마나 빠르게 연사가 가능하고, 이 미사일은 사거리가 얼마고, 이런 걸 설명하는 말이라는 얘기다. 그러므로 스펙을 쌓는다는 건 스스로를 팔리기 위한 상품, 혹은 전쟁에 쓰일 무기로 규정하는 태도를 저변에 깔고 하는 얘기다. 사람을 사람으로 보는 게 아니라 상품이나 무기로 규정하는 말이기 때문이다.

정치가 무엇이냐고 묻는 말에 공자는 '임금이 임금답고 신하가 신하다우며, 아비가 아비답고 자식이 자식다운 것'이라고 대답했다. 아비가 아비답고 자식이 자식다우려면, 일단은 사람이 사람다워야 한다. 스펙이란 말이 사람에게 널리 통용되는 사회는 사람이 사람다울 수 없는 사회, 그러므로 근본적으로 올바른 정치가 이루어지기 힘든 사회란 말이 아닐까. 아버지는 무기, 자식은 상품인 사회. 인간을 성능에 따라 늘어놓고 줄 세우기 좋아하는 사회. 전 국민이 하나의 거대한 사다리에 모두 함께 매달려 층층이 올라가야 하고, 사다리 위의 그곳을 바라보지 않고 그 옆의 별을 바라보며 멍 때리거나 발아래 들꽃을 바라보며 행복해하면 왠지 한심한 낙오자로 평가받는 사회.

한 사회에서 널리 쓰이는 단어를 보면 그 사회를 움직이는 정신이 어떤 것인지 보일 때가 많다. 스펙이라는 단어가 사람에게 큰 거부감 없이, 때로는 긍정적이기까지 한 것으로 사용되는 사회라는 건 무슨 의미일지 생각해보자. 나는 스펙 쌓기라는 단어를 굳이 아이들에게, 젊은이들에게 널리 사용하지 않았으면 좋겠다. 스펙은 그야말로 상품을 설명하는 단어로만 뜻을 한정했으면 한다. 가장 촉촉하고 말랑말랑해야 할 나이에 아이들이 스펙이라는 비인간적인 단어로 스스로를 재단하는 것이 안타깝다. 우리 아이들이 스펙 말고 경험을, 능력을 차곡차곡 쌓아가며 빛나는 아이들이 되었으면 좋겠다.

언어는 사회를 반영하는 거울이다
:

새삼스런 말이지만 언어는 그 사회를 반영한다. 플뤼그스캄이란 단어에 스웨덴 사회가 반영되어 있고 빨갱이라는 단어에는 우리 사회의 아픈 단면이 들어 있듯이, 또 방금 스펙이라는 단어가 사람에 널리 쓰인다는 게 우리 사회의 어떤 성격을 보여주는지 살펴보았듯이. 언어 안에는 한 사회의 과거와 현재와 미래가 겹겹이 녹아 있다. 독일에 와서 새로운 언어를 접하면서, 언어란 오랜 시간에 걸쳐 한 사회의 구성원들이 함께 빚어낸 예술 작품 같은 거라는 사실을 새삼 깨닫는다. 우리가 무심히 부르는 이름 안에는 엄청난 이야기들이 방울방울 스며 있다는 사실을. 그래서 한 사회가 어떤 단어들을 가지고 있는지 살펴보면 그 단어 목록 위로 그 사회의 얼굴이 보인다는 진리를.

나는 '사촌이 땅을 사면 배가 아프다'라는 속담과 역으로 일맥상통하는 샤덴프로이데(Schadenfreude, 남의 불행에서 기쁨을 느끼는 심리)라는 독일어 단어를 보면서 국경을 넘나드는 솔직함에 웃지 않을 수 없었고, 아름다운 독일어 단어로 꼽히지만 번역하는 것이 꽤 어렵다는 합질리히카이튼(Habseligkeiten, 개인이 물질적으로 가진 것뿐 아니라 정신적인 부분까지를 모두 의미하는 단어로서의 '소유'), 게보어겐하이트(Geborgenheit, 든든함, 아늑함, 사랑, 친밀감, 열린 마음 같은 것들을 모두 포함하는 단어) 같은 단어의 의미를 파악하려고 애쓰면서 이런 단어를 만들어낸 사회와 그 안에 든 마음을 생각했다. 반대로 정情이나 한恨, 효孝 같은, 번역하려면 꽤나 어려울 우리 단어들과 그 정서를 굽이굽이 담아냈을 무수한 삶도 떠올려보았다.

우르두어에는 나스(Naz, 조건 없이 사랑받고 있다는 걸 알기에 느끼는 긍지와 자신감)라는 아름다운 단어가 있다고 하고, 페르시아어에는 티암(Tiam, 누군가를 처음 만난 순간 반짝이는 눈빛)이라는 매력적인 단어가 있다고 한다. 밀란 쿤데라는 리토스트(Litost, 불현듯 자신의 비참함을 깨닫게 된 사람이 느끼는 고통)라는 체코어에 대해 이렇게 말한 적이 있다. "이 단어를 번역하기 위해 많은 외국어를 살펴봤지만 찾을 수 없었다. 그런데 나는 사람들이 이 단어 없이 어떻게 인간의 영혼을 이해할 수 있는지 모르겠다."° 우리나라에만 있는 말, 외국어로 번역하기 어려운 말을 찾아보면 우리 사회가 어슴푸레 보일 거란 생각이 든다. 뭐가 있을까. 정情? 품사계의 올라운드 플레이어인 '거시기' 안에 든 유머와 페이소스를 나는 사랑한다. 개인적으로는 외국 친구들에게 '고소하다'는 표현을 이해시킬 때 좀 힘들었던 경험이 있다. 한恨, 눈칫밥, 내숭같이 부정적인 단어보다는 예쁘고 아름다운 말들이 많았으면 좋겠다. 뭐랄까, 씨받이 같은 단어는 남들 앞에서 부디 번역할 일이 없기를 바란다.

사실 독일어에서 가장 신기한 것은 모든 명사에 성별이 있다는 거였다. 우리 문화에서 태양은 남성성, 달은 여성성이 강하지만 독일에서는 그 반대다. 태양이 여성, 달이 남성이다. 모든 단어에 성별이 있고 그걸 외워야 한다는 사실은 깜찍하게도 내가 가지고 있던 성별에 대한 고정관념을 되돌아보는 기회가 되었다. 단어를 보면서 이건 무슨 성별일 것 같다는 느낌, 그게 바로 내 고정관념이었다. 치즈는 어쩌다 남성이 되었고 버터는 무슨 연유로 여성이 되었나. 치마와 비키니는 왜 도대체 무엇 때문에 남성인 것인가. 폭력은 여성이고 평화는 남성이라는 점을 알게 되었을 땐 어딘가에 항의하고 싶은 마음이 들기도 했다. 그렇게 나는 세상 곳곳에 붙은 성별이라는 코드에 대해 새로운 감정을 느끼며, 새로운 눈으로

○ 밀란 쿤데라여, 한국어에는 '현타'라는 신조어가 있다.

이 세상을 스캔하기 시작했다. 소년은 남성인데 소녀는 중성인 부분에서는 딱 누구라도 붙잡고 시비를 걸고 싶었는데 도대체 독일어 단어 성별에 대한 시비는 누구에게 걸어야 할지 몰라서 못 걸었다. 아니, 어린 여자아이에게 성별의 코드를 씌우는 것이 부적절한 일이라면 둘 다 중성으로 하든가. 이렇게 성별이 중요한 언어를 쓰는 나라에서 성 정체성에 혼란을 느끼며 자라나는 아이들이 있다면, 일상에서 자신을 지칭하는 무수한 단어들이 어떤 느낌으로 다가올지 염려되기도 했다. 언어는 자유롭게 나를 표현하는 수단인데, 혹시 정반대로 단어가 족쇄요, 언어 자체가 감옥 같지는 않을까. 우리말을 배우는 외국인들은 아마 높임말을 배우면서 비슷한 고민을 할 것이다. 대체 한국인들에게 나이는 어떤 의미이기에 이렇게 말이 세밀하게 분화되어 있는 것일까 하고. 나잇값이라는 건 대체 무엇이고 '민증을 까자'는 표현은 대체 무슨 뜻일까 하고.

이름이 놓이는 자리

정명은 이름을 바로잡는 것이라고 했다. 그런데 이름을 바로잡으려면 그 이름이 놓이는 자리를 더불어 살피지 않을 수 없다. 우리가 어떤 예문과 어떤 이야기로 이름들을 배우는가 하는 부분은 정명을 실천함에 있어 중요하게 고려해야 할 사항이기 때문이다. 다시 말해서 아이가 어떤 단어를 새로 말 창고에 넣으려는 순간에 어떤 예문으로 알려줄 것인가의 문제. 같은 단어를 어느 문장 안에 넣느냐에 따라 아이는 그 단어의 뜻을 전혀 다른 느낌으로 이해하게 될 것이다. 예를 들어 각종 동화에서 '마녀'와 동급 취급을 받아온 '계모'라는 단어를 두고 "개는 가엾게도 계모 밑에서 자랐어." 혹은 "계모는 콩쥐의 아버지가 없을 때 콩쥐에게 힘든 일을 시키며 심술을 부렸습니다"°라는 문장을 만나는 아이와 "계모는 이을 계繼와 어미 모母를 써서 만든 말로, 엄마와 끊긴 관계를 이어주는 또 다른 엄마라는 뜻이야." 혹은 "링컨의 계모인 사라는 책을 좋아하던 링컨을 따뜻하게 감싸주며 지원했고, 링컨은 훗날 '나의 모든 것은 천사 같은 어머니, 성자 같은 어머니 덕분'이라고 말하곤 했습니다"라는 문장을 만나는 아이의 차이 말이다.

이곳에서 독일어를 새로 배우다 보니 단어들이 놓이는 자리가 우리와는 조금 다르다는 느낌을 받는다. 다시 말하면 책 속에 든 예문이나 스토리에 눈길이 가는데, 독일의 역사나 사회 문제를 솔직하게 내보이는 부분이 나에게는 꽤 신선했다. 제2차대전 중 나치의 만행에 대해 세심히 지면을 할애하는 교재, 외국인이 주체로 등장하고 싱글맘과 그녀의 딸이 독일의 대표 가정으로 나오는 교

° 계모는 왠지 유구한 역사와 전통을 지닌 아동학대의 주범일 것 같지만 이는 편견이다. 2018년 보건복지부 자료에 따르면 발생한 학대의 절반에 해당하는 43.7%가 친부에 의한 것으로 나타났다.

재. 한국에서 외국인이 배우는 교재에 지역감정 같은 것을 솔직하게 담아줄 것인가, 나이로 인한 갈등이나 위계를 예문으로 넣어줄 것인가, 주인공 가정으로 한부모가정을 선택할 것인가를 생각해보자. 우리 사회는 솔직하기보다는 이상적인 모습을 제시하고, 약간은 포장하고 화장하는 문화다. 그리고 이야기 안에서 외국인은 타자로 등장하는 경우가 지배적이다. 그래서 이렇게 솔직한 주제, 다른 시선의 이야기와 예문들이 실린 교재를 만나는 일이 나에게는 상당히 새롭게 느껴졌다. 엄마, 아빠, 아들, 딸로 이루어지는 4인 가정을 당연스레 기본으로 삼는 수많은 교과서와 책들 속에서 책장으로 마음이 베이는 것 같았다던 한 싱글맘의 이야기는 '가족'이라는 단어의 뜻과 그 단어가 우리 교과서에서 놓이는 자리를 곱씹게 한다.

아이가 초등학교에 들어가서 독일어를 공부하는 모습을 보니 거기도 비슷했다. 우리는 친구끼리 다투는 걸 약간 부담스러워하면서 굳이 그런 상황을 예시로 만들려고 하지 않을 것 같은데, 아니 독일 애들은 맨날 싸움질만 하나 싶을 만큼 독일어 수업 예문에는 갈등이 차지하는 비중이 크다. 험한 말들도 그대로 담는다. 하지만 사람 사이의 갈등, 친구 사이의 실수와 잘못을 자연스럽고 솔직하게 담아야 그 뒤에 감정과 사과와 화해에 관한 단어들이 등장할 것이고, 아이들은 현실 속에서 그 단어들을 나열해 문제를 풀어갈 수 있을 것이기에 나는 이런 솔직함이 필요하다고 생각한다. 또 교과서에는 휠체어를 타고 있는 친구가 심심치 않게 등장하고, 가족의 형태를 굉장히 다양하게 그리고 있으며, 숙제 프린트물에 "이혼한 우리 엄마 아빠가 다시 만났으면 좋겠어" 같은 소원이 담백하게 예문으로 제시된다. 스스로 이혼에 별 편견이 없다고 믿고 있었는데, 저런 예문이 실리는 게 신기하다고 생각한다는 사실이 바로 내가 편견을 버리지 못했다는 증거인 것 같아 부끄러웠다. 내가 엄마로서 아이들에게 단어의 뜻을 설명해주고 문장을 말할 때는 삶의 다양한 모습들을 건강하게, 편견 없이 골고루 담아 보여줄 수 있어야겠다는 생각에 마음 자세를 똑바로 고쳐 잡게 된다.

《단단한 영어공부》를 쓴 김성우 님은 가정법을 공부하는 방법이 '삶과 문법을 연결하는 일'이 되었으면 좋겠다는 마음으로 우리 영어 교재 안에 든 예문들을 돌아본다. 한국에서 영어 공부를 했다면 누구나 익숙한 가정법 예문, "If I were a bird(내가 새라면)"나 "If I were a millionaire(내가 백만장자라면)"보다는 삶과 어휘와 문법을 함께 엮어내는 공부가 될 수 있도록 예문이 좀 더 풍성하고 생생했으면, 우리가 중요하게 껴안고 가야 할 문제들이며 그늘 같은 것을 담아냈으면, 하는 바람을 꺼내놓는다. 요원한 일처럼 보이지만 "내가 한국에서 병역 거부자로 산다면", "내가 한국에 사는 방글라데시 이주 노동자라면" 같은 예문으로 학생들이 영어를 배운다고 생각하면 교실 안에는 예문 자체로 크고 작은 생각의 씨앗들이 발화할 것이다. 영어를 배운다는 것이 문법이나 발음의 차원만은 아니라는 말이다. 예문으로 어떤 것을 사용하느냐에 따라 정명을 향한 가장 기본적인 무대가 세팅되는 것이다.

　우리가 배우는 언어의 예문들이 과연 우리 삶에 밀착되어 있는지, 즉 나의 고민과 우리 삶의 다양한 각도를 가감 없이 담아내고 있는지 한번 생각해보았으면 좋겠다. 학습과 정체성이 함께 가지 못하는 언어 공부는 그저 공부의 차원에 머무르지 않고 개개인의 삶에 은밀하게 기이한 균열을 낼 수 있기 때문이다. 그러므로 하나의 예문에도 다정함과 배려와 철학이 들어가야 한다. 언어를 배우는 일이 우리의 태도며 욕망이며 관점들을 어떻게 바꾸고 움직이는지, 우리는 좀 더 세심하게 들여다보아야 한다. 나는 나의 아이들이 나로부터 한국말을 배울 때, 학교에서 영어와 독일어를 배울 때, 이름들이 놓일 자리를 고민한 예문들로 생생한 삶의 문법을 함께 배웠으면 좋겠다고 생각한다.

우리들의 이름

:

　첫째는 글자가 있으면 행복한 아이다. 공룡을 유난히 좋아하거나 차를 유난히 좋아하는 아이가 있듯, 이 아이는 글자와 숫자를 유난히 좋아한다. 글자와 숫자들이 가득한 세상은 이 아이에게 얼마나 기쁜 곳인지. 표지판에 붙은 거리 이름을 읽고 집집마다 붙은 주소의 숫자를 큰 소리로 외치면서 세상 행복한 얼굴을 하고 팔랑팔랑 뛰어다니는 아이를 보면 내 마음에도 행복이 찰랑거린다. 하지만 이 글자들, 사회적으로 합의된 이 기호들이 엮여 만드는 힘을 아이는 어떻게 이해하게 될까. 내가 아무리 중립적이고 싶어도 우리 아이들은 처음으로 나라는 프리즘을 통해, 즉 내가 알려주는 이름과 설명해주는 뜻을 통해 어느 정도는 굴절된 세상을 만나게 될 것이다. 그래서 정명은 늘 나에게 긴장을 늦출 수 없는 어려운 과제다.

정명을 하려면 나부터 이름을 바르게 하고 그 이름에 걸맞은 삶을 사는 것이 중요할 텐데 나는 과연 나에게 붙여진 이름에 걸맞게 살고 있는지 모르겠다. 내가 가진 첫 번째 이름, 나는 과연 부모님이 주신 이름이 부끄럽지 않은 삶을 제대로 살고 있는 걸까. 하늘을 담은 이름을 가지고 있는 나는 더 자주 하늘을 올려다보고 맑고 겸손한 자세로 하루를 살아야겠다고 생각하는 편이다. 그게 내 첫 번째 이름이 나에게 주는 특별한 힘이기도 하다. 내 생애 두 번째 이름은 엄마다. 나는 과연 엄마라는 이름에 걸맞게 잘 살고 있는 걸까. 어떤 날은 자신이 넘치다가도 어떤 날은 나 같은 게 무슨, 이라는 생각이 드는 정말 자신 없는 부분이다. 엄마가 엄마다우려면 어때야 할지, 끊임없이 질문하고 답을 찾는 일은 아마 내 평생의 과제가 될 것이다. 부족하나마 이런 글을 쓰고 책으로 엮는 일 자체가 내가 두 번째 이름에 관해 고민하고 있다는 증거이기도 하다. 나에게 세 번째로 슬금슬금 붙고 있는 이름은 심지어 작가作家다. 나는 이 호칭이 영 어색하다. 몸에 맞지 않는 반짝이 드레스를 입은 느낌이랄까. 저자著者라면 몰라도 나 같은 인간이 작가라니, 책이 몇 권 나왔다고 감히 저런 칭호를 받아도 되는 걸까. 가家 자가 붙는 사람들은 그 분야에서 일가를 이룬 사람이라고 들었는데. 게다가 카뮈가 이런 말을 했다. "문명이 스스로를 망가뜨리지 못하도록 막는 게 작가의 임무다." 지구 수비대가 되라는데 나는 지금 내 사지육신 건사가 힘든 사람이다. 물론 카뮈의 말은 나같이 에세이를 쓰는 사람보다는 뭇사람들을 빨아들여 다른 세계로 초대하는 소설가들을 향한 것이었겠지만, 그래도 글을 쓰는 입장에서 저런 말 앞에 작아지는 건 어쩔 수 없는 일이다. 공자님 말씀에 따르면 아비가 아비답고, 자식이 자식답고, 작가가 작가다워야 할 텐데 나는 망했다.

하지만 역으로 '말에는 힘이 있다'는 문장을 다시 마음에 새겨도 좋을 것 같다. 말이 가진 힘, 그리고 말이 주는 힘. 두 힘은 제법 다르지만 한 인간 안에서는 복합적으로 작용한다. 말에는 말 자체가 가진 힘이 있고, 그것을 사용하는 사람에게도 힘을 준다. 예를 들어 당당함이라는 말은 그 자체로 당당하다. 그리고 "저는 당당하게 살고 싶어요"라고 입 밖으로 내뱉는 사람에게 실제로 당당함의 수치를 높여주기도 한다. 내가 처음 작가라는 이름으로 불렸을 때 얼마나 부끄럽고 창피했는지, 그러면서도 조금은 설렜는지, 그런

설렘이 얼마나 귀하고 아름다운지 생각해본다. 그런 이름으로 불렸을 때 듣는 사람의 마음속에는 예쁜 싹이 돋는다. 내가 쓰는 글 앞에 더 진지해지고, 즐거움과 적절한 긴장을 후라이드 반 양념 반 버무린 듯한 바람직한 글쓰기의 자세를 갖게 된다. 이름이 사람을 만들고, 사람이 다시 그 이름을 만든다. 그래서 나는 사람들이 작가라는 이름을 내게 주는 의미를 그렇게 이해하고 있다. 작가라는 이름을 쓰면서 늘 그렇게 부끄러워하라고. 그 이름을 제대로 만들어가라고. 정명을 실천하는 글쓰기를 하라고.

나는 현재 어떤 이름을 가지고 살고 있는지, 어떤 이름이 되고 싶은지, 나 스스로를 어떻게 부르고 싶은지 우리 모두 한번쯤 되짚어보면 좋을 것 같다. 나는 과연 내게 붙어 있는 이름들에 걸맞은 삶을 살고 있는, 그 이름다운 존재인지. 그래서 결국 나는 내 자신을 어떻게 정의하고 싶은지. 내 이름뿐 아니라 타인의 이름도 마찬가지다. 나는 다른 존재들을 어떻게 정의하고 있는지, 나의 주변에 있는 이름들은 내게 불리면서 과연 행복하고 평안할지. 우리가 서로의 이름을 부른다는 건 사회적 존재로서 가장 기본이 되는 근원적 행위이기 때문에.

예전에 호랑이 담배 피우던 시절에 (우리 호랑이들이 멸종 위기에 놓인 건 이것 때문인가) 사람을 볼 때는 신언서판身言書判을 보곤 했다고 한다. 인물 좋고, 말 잘하고, 글 잘 쓰고, 판단이 정확한 것. 우리 아이들이 신언서판 네 가지를 고루 갖춘 인재로 크라는 섣부른 기대는 없지만, 넷 중에 하나만 고를 수 있다면 말이 따뜻하고 맑은 사람이면 좋겠다. 독일어와 영어와 한국어 사이에서 방황하느라 존재의 집을 짓는 언어 블록이 몹시 혼란스럽겠지만, 최선을 다해 따끈한 온돌 집을 지어주기를.

언어의 힘. 그중에서 가장 고마운 것은 사람에 대한 이해가 늘어나고, 새로운 꿈을 꾸게 된다는 점이다. 나는 독일어를 공부하면서 그간 무뚝뚝해서 조금 무섭기도 했던 유치원 원장님이 실은 얼마나 장난을 잘 치는 분인지, 매주 화요일에 우리 건물에 청소하러 오시는 거트 아주머니가 얼마나 다정한 분인지 알게 되었다. 독일어가 조금 더 나아지면 할 수 있는 이런저런 일들을 손꼽아보는 재미도 생겼다. 언어를 배운다는 것은 한 세계를 열 수 있는 열쇠를 갖는 것이다. 새로운 언어 안에는 얼마나 두근거리는 새로운 세계가 들어 있는지. 나는 나의 아이들이 말을 배우면서 사람들을 더 많이 이해하고, 더 알록달록한 꿈을 꾸기를 바란다.

다만 말을 귀히 여기는 것과 동시에, 침묵도 귀하게 여기기를 바란다. 말이 너무 많아지면 생각은 뻗어나갈 공간을 갖지 못한다. 세상에는 진리를 가졌으나 말로 하지 않는 이들도 있음을 알았으면 좋겠다. 말이 가치를 가질 때와 침묵이 가치를 가질 때를 구분할 줄 아는 사람이 된다면, 입을 열 때와 입을 닫을 때를 판단할 줄 안다면 얼마나 좋을까. 비록 그 판단이라는 게 참 어려워서 가끔은 후회하게 되더라도, 적어도 고민은 하면 좋겠다. 그렇게 중요한 말을 하려고 할 때 잠시 한 호흡을 멈출 수 있기를.

그리고 말이 놓인 자리를 세심하게 볼 줄 알았으면 좋겠다. "고개를 치켜들고 세상을 똑바로 바라보라"는 헬렌 켈러의 말은 우리가 그녀의 사정을 알기에, 그가 보고 듣고 말하지 못했다는 사실을 알기에 더 큰 감동이 있다. 그러므로 어떤 사람의 말만 똑 떼어와서 그 사람을 재단하거나 그 말을 판단하려 하지 말고, 발화의 콘텍스트를 살필 줄 아는 사람이 되었으면 좋겠다.

무엇보다 이름에 관한 질문을 어린 시절에만 하지 말고 전 생애에 걸쳐 꾸준히 품기를 바란다. 세상의 이름들을 대충 알게 되는 나이가 되면 우리는 그때부터 대체로 이름을 수집하는 일에만 몰두한다. 그 뒤에 담긴 이야기를 궁금해하는 걸 멈추는 것이다. 하지만 이름에 관한 중요한 질문들은 어린 시절을 넘어 전 생애에 걸쳐 꾸준히 품어야 한다. 나는 내 아이들이 이 세상에 얼마나 많은 이름이 꽃처럼 다양한 모습으로 피어 있는지, 하나의 본질을 두고 경쟁하는 다양한 이름들이 있는지 느끼기를 바란다. 존재에 걸맞은 고운 이름들을 웃음으로 불러주길, 그래서 그 이름들을 통해 한 세계를 활짝 여는 기쁜 경험을 하길 바란다. 무엇보다 각자의 이름들을 소중히 여기고 그 안에 든 세계를 다정히 가꾸기를 바란다.

세 살 무렵부터 온갖 글자 읽기를 좋아해서 선생님들을 놀라게 했지만 아직 자기 표현은 많이 서툰 큰아이, 아직 바람이 새는 귀여운 아기 말을 구사하며 조잘조잘 이상한 인과관계로 쉴 새 없이 말을 건네는 작은아이. 이 말랑말랑 어여쁜 언어의 시기를 함께 할 수 있어서 재미있고 행복하다. 아이의 말을 통해 나의 말을 돌아보고 우리의 세계를 생각한다. 우리 부부는 첫째 아이가 많은 것을 즐겁게 짓는 create 사람이 되라고 지음이라는 이름을, 둘째는 따뜻하게 많은 것을 이어주는 connect 사람이 되라고 이음이라는 이름을 지었다. 외국에서 태어났고 아마도 오랜 시간 외국생활을 할 것 같아서, 뿌리를 잊지 말라고 일부러 한글 이름을 붙였다. 아이들이 이름의 뜻을 깊이 떠올려보는 날이 온다면, 그리고 자기 이름을 자랑스럽게 여기고 이름과 조화롭게 살 수 있다면 참 좋겠다. 지음이가 지음이답고 이음이가 이음이다우며 너희들의 엄마인 내가 나다울 수 있기를.

인간 존재는 복수형을 기본으로 한다
친구를 사귀는 너에게

친구가 뭐지?

아이가 친구라는 단어를 정의하는 방식이 조금 신기한 것 같다. 이음이는 내가 자기를 속상하게 하면 "엄마는 이제 이음이 프로인트Freund° 아니야!" 하고 토라지고, 엄마랑 꼭 안고 있을 때는 행복한 빵떡 같은 얼굴로 "Du bist mein Freund!(You are my friend!: 엄마는 내 친구야!)"라고 속삭인다. 친구라는 단어를 굉장히 중요하게 여기는 듯한데 자기를 행복하게 하는 사람이나 자기편인 사람을 친구라고 생각하는 것 같다. 학교에서 친구를 그리는 시

° Freund(프로인트)는 독일어로 친구라는 뜻의 남성형 명사다. 이놈들은 엄마가 여성인 걸 개의치 않고 자꾸 남성형을 쓴다. 엄마가 좀 사나이 같기 하다.

209

간에 지음이는 의외로 같은 학교의 4학년짜리 형을 그려왔다. 이 아이들은 친구가 뭐라고 생각하고 있을까.

지음이에게 친구가 뭐냐고 물으니 아주 좋은 것을 설명할 때의 표정으로 확 바뀐다. 그러고는 엄마를 사랑스럽게 안아주면서 "엄마가 지음이 프로인트야" 한다. "그럼 친구는 뭐 하는 사람이야?" 하고 물었더니 같이 놀자고 얘기해주는 사람이란다. 이음이에게 친구가 뭐냐고 물으니 "에릭!(독일어 발음으로는 에어릭에 가깝다)"이라며 자기가 가장 좋아하는 친구 이름을 댄다. 아이들에게 친구란 건 추상명사가 아닌 고유명사다. 마음속 누군가를 직접적으로 가리키는 단어. 요 녀석에게도 친구는 뭐 하는 사람이냐고 물었다. "잘 지내는 사람이야. 레온은 조금 장난쳐. 그래도 좋아"라고 대답한다. 아이들은 오륙 년 남짓을 살아오면서 꽤 근사한 정의들을 만들어내고 있다. 생각하면 표정이 환하게 바뀌는 사람, 같이 놀자고 말해주는 사람, 잘 지내는 사람, 조금 장난을 쳐도 좋은 사람. 조금 전에 이음이가 엄마 먹으라며 주고 간 조그만 초콜릿 포장지에는 작은 유니콘 그림과 함께 "우정이란 함께 유니콘을 키우는 것"이라는 문장이 무지갯빛으로 써 있다.

친구란 뭘까. 참 평범한 단어인데 은근히 정의하기가 어렵다. 내 친구들은 친구를 뭐라고 정의하는지 궁금해서 소셜 미디어에 공개적으로 질문을 던졌다. "친구란 뭘까요."

내가 좋아하는 것을 기억하고 함께 해주는 사람.

힘들 때 옆에 있어주는, 별별 모습 다 보여도 괜찮은 사람.

함께 뭔가 저질렀던 관계.

가장 말하기 쉽지만 가장 되기 어려운 것.

눈물을 보여줄 수 있는 놈.

아직 변하지 않은 적.

점심시간에 자고 있으면 매점 가자고 깨워주는 사람.

몇십 년을 봤는데 얼굴이 계속 똑같다고 느껴지는 사람.

불어로 copain, 빵을 나눠 먹는 사이.

좋은 일이 생겼을 때 내 일처럼 진심으로 기뻐해줄 수 있는 사람.

쓸데없는 소리를 한참 할 수 있는 사람.

갑작스레 받은 선물에 어떻게 복수할까 궁리하는 사이.

만나서 아무 말도 안 하고 가만히 있어도

그 시간이 견딜 수 있고 아무렇지도 않은 사람.

한없이 서로 들어주는 인간.

내가 얼마까지 빌려주면 돈 못 받아도

이 친구 얼굴 보는 데 지장이 없을까 생각하게 되는 관계.

함께 뭔가 저질렀던 관계라는 정의가 참 좋았고, 몇십 년을 봤는데 얼굴이 계속 똑같다고 느껴지는 사람이라는 말에는 작은 탄성이 나왔다. 점심시간에 자고 있으면 매점 가자고 깨워주는 사람

자체도 웃겼는데, 늘 먹을 것에 진심인 친구가 거기에 하트를 누른 게 웃겨서 또 웃었다. 같은 교실 안에서 일주일에 한두 통씩 마음속 고민과 이야기를 나누던 펜팔의 추억을 들려준 친구가 있었고, 어린 시절 갑자기 엄마가 보고 싶어서 엄마 직장까지 걸어가는 길에 흔쾌히 함께 길을 떠나주었던 친구 이야기를 들려준 분이 있었다. 추울 때 같이 귤 까먹고 놀아주는 존재라면서 반려 고양이들 사진을 올려준 분도, 가수 김민기의 노래 〈친구〉를 대신 올려준 분도, 친구에게서 최근에 선물 받았다는 티 타월을 사진 찍어 보내준 분도 계셨다. 그 타월에 쓰여 있는 문구를 보며 나도 방긋 웃었다. "나는 우리가 죽을 때까지 친구로 남았으면 좋겠어. 그리고 죽어서는 친구 귀신이 되어 함께 거침없이 벽을 넘어 다니면서 사람들을 놀래키고 다니면 좋겠어."

이렇게 모아놓고 보니 친구의 다양한 면이 가감 없이 보이는 것 같다. 편안하고 다정한 존재이기도, 힘들 때 곁을 내주는 존재이기도, 서로에 대한 관심을 잃지 않는 사이이기도, 또 지극한 평범과 무의미를 공유할 수 있는 사이이기도 한.

부정적인 쪽으로의 경계도 흥미로웠다. 조금은 서늘하게 느껴지는 이야기를 전해준 사람은 셋. 우선은 '좋은 일이 생겼을 때 내 일처럼 진심으로 기뻐할 수 있는 사람'이라는 말이 직관적으로 눈길을 끌었다. 이 댓글을 쓴 친구는 슬픈 일이야 누구나 위로해주고 공감해줄 수 있지만, 그 반대의 경우에 오히려 진짜 친구인지가 드러난다고 덧붙였다. 마음 한편이 살짝 베이는 것 같은 느낌을 받으며 공감할 수밖에 없었다.

두 번째로는 '아직 변하지 않은 적'. 그만큼 친구 만들기가 힘들다는 역설에서 그리 쓰셨다고 했다. 진실해야 가슴이 열리는 법이니, 마음을 열기 위해 더 최선을 다하고 예절도 지키게 되는 거라고. 아직 변하지 않은 적이라니, 처음에는 누가 나를 때리는 것 같은 정의였는데 볼수록 마음에 와닿는 부분이 있다. 사실 관계란 건 애초에 경계가 있어야 만들어지는 법이고, 오래 친구로 남기 위해서는 적절한 경계와 최소한의 긴장이 중요하다. 친한 친구를 떠올리고 거기다 '아직 변하지 않은 적'이라는 문구를 달아보니 이게 또 생각만큼 못 견딜 건 아니구나 싶다. 왠지 내가 더 찔리는 느낌이 드는 게 묘하다. 그런 사이로 변하지 않게 그만큼 조심하고 소중히 여겨야겠다는 마음, 스스로를 향해 "너나 잘하세요"라고 말하고 싶은 마음.

이 방면으로 여운을 가장 많이 남겼던 건 '빵을 나눠 먹는 사이'라는 정의였다. 문자 그대로 음식을 나누지 않는 사람과는 친구가 될 수 없다는 말이기도 하지만, 먹을 것에 독을 치지 않을 동료이자 동반자라는 의미로서 '삶을 나눌 수 있는 안전한 관계'라는 말이기도 하다. 넷플릭스 드라마 〈지옥〉을 보며 위험하지 않은 개인적, 사회적 관계에 대해 묵상하다 내 질문을 보고 떠올리셨다고 한다. 원래는 그냥 평범하게 빵을 나눠 먹는 사이라는 말인데, 그게 실은 독을 치지 않을 거라는 믿음이 전제된 신뢰가 아닐까 그런 생각이 들었다고. 세상에는 그냥 독을 내뱉고 다니는 사람들도 있고 은근슬쩍 독을 흘리는 사람도 있지만, 따뜻한 얼굴로 선의를 가장한 독을 치려는 사람들도 있다. '내가 삶을 나눌 수 있는 안전한 관계'라는 정의는 그 안에서 쓸쓸하게 예쁜 빛을 발한다.

며칠째 생각 중인데 맘이 이랬다가 저랬다가 도무지 정의를 내릴 수가 없더라는 답변도 있었다. 친구란 그렇게 정의 내리기가 제법 만만치 않다. 어른일수록 동기, 선후배, 지인, 동료, 소셜미디어상의 이웃 등등 친구인 것 같기도 하고 아닌 것 같기도 한 오묘한 관계들을 양팔에 다 안지도 못할 만큼 많이 안고 있기 때문에 더 그런 것 같다. 이에 반해 세상 만물과 친구일 것 같은 아이의 세상에서 친구는 의외로 극소수다. 유치원 같은 반 아이들을 나는 아이에게 모두 '친구'라고 지칭하는데, 이에 대한 아이의 답은 매정하기 그지없다. "걔는 내 친구 아닌데?" 처음 그 말을 들었을 때, 당황한 '위아더월드주의자'인 나는 "그게 무슨 소리야, 그러면 그 친구가 슬프겠어" 하고 말했지만 곧 깨달았다. 다소는 공허하고 때로는 위선적인 어른들의 관계에 대한 정직한 도전이기에 내가 당황했구나. 주변의 관계를 친구라는 이름으로 전부 껴안는 건 불가능한 이상이라는 걸 나도 잘 아는데, 그저 그게 좋을 거라는 막연한 생각으로 잘 정의도 못 내리는 우정을 강요해버렸다. 생각해보면 내 안에서도 친구의 모습이라든가 질감이 많이 바뀌어왔다. 삶을 살면서 우리가 만드는 친구의 정의도, 원하는 친구의 모습도, 우정을 키워가는 방식도 조금씩 달라진다.

나를 나이게 하는 사람
:

나누어준 다양한 정의들을 보면서 나도 생각했다. 나에게 있어서 친구란 뭘까. 내가 찾은 답은 그 앞에서 꾸미지 않고 나 자신으로 있을 수 있는 사람, 나를 그냥 나이게 하는 사람. 이를테면 옆에 드러누울 수 있는 사람이랄까(한 걸음 더 나가서 소위 '찐친'의 구분은 내가 상대를 베고 드러누울 수 있는가의 여부로 세분화된다).

무엇이 성공한 삶인지, 성공의 정의를 묻는 말에 영국 배우 틸다 스윈튼은 이렇게 대답한 적이 있다. "다른 사람으로 변신할 필요가 없을 때, 자기 자신에 대해 거짓말을 할 필요가 없을 때, 자신을 더 이상 문밖에 세워둘 필요가 없을 때." 즉, 내가 나다우며 나를 있는 그대로 사랑할 수 있을 때 우리는 진정 성공한 삶을 살고 있는 것이라는 말이다. 세상 모든 사람 앞에서 다른 사람으로 변신할 필요가 없는 사람이라면 좋겠지만, 나같이 작고 평범한 인간은 자신을 종종 문밖에 세워두고 만다. 그렇게 가끔씩 가면을 써야 오히려 마음이 편하다. 그러다 마음이 맞는 따뜻하고 편한 자리가 보이면 여기가 내 자리다 싶어 가면을 벗고 히죽 웃으며 그 옆에 드러

눕는 것이다. 그게 나에게는 친구다. 스윈튼의 말을 겹쳐 표현하자면 세상 여기저기에 점처럼 찍혀 있는 나의 성공의 조각들. 그래서 "좋은 친구들이 있는 인생이 성공한 인생"이라는 말은 나에게는 틸다 스윈튼의 말과 오묘히 얽힌다. 《그리스인 조르바》에도 이런 구절이 있다. "자기 자신 안에 행복의 근원을 갖지 않은 자에게 화 있을진저, 당신이 할 일은 당신 자신이 되는 일, 당신 자신답게 사는 일뿐." 나 자신으로 사는 일은 이토록 중요하기에 나에게는 친구가 중요하다.

엄마도, 누군가의 반려인도 아닌 그냥 나라는 인간으로 있을 수 있는 사람. 그러므로 가족도 산뜻하게 제외된다. 아무런 역할을 할 필요 없이 그 앞에서 그냥 나로 있을 수 있는 관계는 아무리 생각해도 친구뿐이다. 엄마도 분명 나의 중요한 정체성이지만 나 자신으로 그냥 넋 놓고 있을 수는 없다. 엄마로서의 자아는 어느 정도 그 역할을 연기해야 하는 측면이 있기 때문이다. 사실 '너 자신이 되어라'라는 말은 금빛으로 빛나는 이 시대의 모토 같은 것인데 엄마가 된다는 것은 대체로 그에 상반되는 성질을 가진다. 엄마 역할을 하면서 나 자신이 되기에는 당장 내 시간이 너무 없다.

그런 의미에서 나는 '친구 같은 엄마'라는 표현에도 살짝 반대다. 엄마에게는 너희 말고 그냥 엄마의 친구가 필요한데? 아이 앞에서 만취할 수도 없고 반려인의 흉을 볼 수도 없는데 (흠흠) 아이들이 내 친구가 될 수 있을 리가 없다. 아이들은 나를 자기의 중요한 친구로 생각하는 것 같고 그건 상당히 스위트한 일이지만, 미안하게도 나는 아이들의 친구가 될 생각이 별로 없다. 친구들은 내가 종종 들러서 그 속에 편히 들어앉아 있을 수 있는 대나무 숲 같은 존재라면, 아이들은 내가 매일 가꿔야 하는 꽃밭이기 때문에. 아이들과 때때로 친구처럼 놀아줄 수는 있겠지만 부모에게는 부모의 역할이 있고, 친구에게는 친구의 역할이 있는 법이다. 칼릴 지브란은 〈당신의 아이들은〉이라는 시에서 부모를 활에, 아이들은 화살에 비유한다. 부모들은 아이들이 앞으로 나갈 수 있게 해주는 활시위 같은 존재, 쏘고 난 활처럼 뒤에 머물러 있는 존재란 것이다. 나는 내 아이들이 활시위를 벗어난 화살처럼 홀가분하게 나를 떠나기를 바란다. 나는 그냥 뒤에 있는 활이면, 돌아와서 비빌 언덕이면 된다. 내 역할은 거기까지다. 친구 같은 부모라는 표현은 전 세대의 권위적인 부모상에 대한 반대 개념으로 이해했을 때 아름다운 거지, 정말로 아이와 부모가 친구가 되려고 해서는 좀 곤란하다고 생각한다.

앞에 인용하진 않았지만 "남편 욕을 맘 놓고 속 시원해질 때까지 할 수 있는 사람," "가족 빼고 눈곱이나 고춧가루 끼었다고 말해줄 수 있는 이," "함께 입으로 주酒님을 영접하는, 가깝고 오래된 존재" 같은 답변들이 있었다. 그 앞에서 꾸미지 않고 마음껏 편해질 수 있는 사람, 말이 번질 걱정 없이 가족 흉도 좀 볼 수 있는 사람, 편하게 술도 마시고 조금 망가져도 좋은 사람. 이런 사람들이 없다면 삶이 너무 빡빡할 것 같다. 일 순위의 안식처는 가족이겠지만, 가족이 늘 안식처가 되어주기는 어렵기에 우리는 친구라는 안식처가 필요하다. 신이 모두를 챙길 수 없어서 엄마라는 존재를 만들었다는데, 나는 모두에게 엄마가 없을 수도 있기 때문에 세상에 친구라는 존재가 있다고 생각한다. 엄마랑은 다르지만, 그래도 가서 좀 쉬라고.

인간 존재는 복수형을 기본으로 한다

인간은 사람 인人 자에 사이 간間 자를 쓴다. 그대로 붙이면 사람 사이, 그러므로 인간이라는 낱말 안에는 이미 다른 사람이 들어 있다. 즉 인간이란 단어 안에는 '관계'가 내포되어 있는 것이다. 아리스토텔레스도 감탄할 만큼 인간이 사회적 존재라는 걸 이토록 멋지게 담고 있는 낱말을 우리는 매일 사용한다. 사람 인 자 자체가 이미 두 사람이 비스듬히 기댄 모양을 본뜬 거라는 설도 있다. 그러므로 인간이라는 존재가 만들어지려면 적어도 두 명이 필요하다. 즉 인간 존재는 복수형을 기본으로 하는 것이다.

갓난아이는 혼자 살아남기 어렵다는 그런 얘기를 떠나서, 인간 존재가 잉태되려면 두 사람이 필요하다는 얘기도 떠나서, 우리는 사람들 사이에 놓임으로써 존재를 빚어간다. 철학자 김상봉이 쓴

《나르시스의 꿈》에도 "인간 존재는 격리보다는 만남에서 참되게 된다"는 문장이 있다. 고독의 시간도 절대적으로 필요하지만, 우리는 만나야 한다. 만남이 없다면 애초에 고독이 있을까. 인간뿐 아니라 사회도, 문명도, 타자라는 주체를 만나고, 서로 매혹되고, 그로 인한 무언가가 생겨나면서 각각의 고유성이 더 깊어지고 풍성해진다. 헨리 데이비드 소로는 월든 호수 근처 숲속에 홀로 틀어박혀 자연인으로 간소하게 살면서 스스로의 인식을 맑게 하는 정화의 시간을 가졌다. 하지만 흔히 오해하듯이 사회와의 관계를 모두 끊은 것은 아니었다. 그의 에세이《월든》에 '방문객들'이라는 챕터가 존재한다는 사실이 이를 증명한다. 침대와 식탁 하나가 겨우 들어가는 오두막 안에, 이 완고한 양반이 친구가 와서 앉을 의자 하나를 마련해두었다는 사실이 나는 참 좋았다.

인간이 태어나서 (달리 가슴 아픈 상황이 없다면) 처음 만나는 다른 인간은 가족이다. 혈연은 자연적으로 주어진 관계라서, 그 관계를 유지하기 위한 노력은 필요해도 그 관계를 맺기 위한 노력은 딱히 필요치 않다. 하지만 친구라는 이름으로 우리는 처음으로 가족이 아닌 소중한 인간관계를 맺는다. 친구는 우리가 애써 공들이며 맺는 첫 사회적 관계다. 그리고 그 '사람 사이'에서 생겨나는 것들이 새롭게 나를 채운다.

아이들은 그 '사이'가 좁혀지길 갈망한다. 친구와 같아지는 걸 좋아한다는 말이다. 똑같은 옷을 입고 나타나는 게 어른들에게는 당황스러운 일인 것 같은데 아이들에게는 얼굴이 환해지도록 기쁜 일이다. 며칠 전 유치원 복도에서 두꺼운 겨울 외투를 벗고 있는 이음이를 보고 같은 반 친구 막시밀리언이 뛰어왔다. "우리 둘이 똑같은 옷 입었어!" 완전히 똑같지는 않았지만 배트맨이 그려진 셔츠를 입은 꼬마들은 서로를 보며 눈이 없어지도록 웃었다. 한 해 전 아이의 고무장화를 살 때, 나는 어느 모로 보나 예쁘고 품질도 좋아 보이는, 귀엽고 환한 스타일의 노란 장화를 두고 평소라면 눈도 두지 않았을 탁한 풀색의 촌스러운 악어 모양 장화를 사야만 했다. "이게 에릭 거랑 똑같아!"라며, 무조건 같은 걸 고집하는 아이 때문에. 아이는 몹시 만족했다. 에릭도 기뻐했다. 비 오는 날 두 쌍의 다정한 악어들은 빗물이 고인 물웅덩이에서 첨벙첨벙 우애를 과시했다. 이렇게 같은 물건을 쓰고 싶어 하고, 친구가 먹는 걸 나도 똑같이 먹고 싶어 하고, 심지어 장래 희망도 합의를 본다. 소울 메이트라는, "두 사람의 몸에 깃든 하나의 영혼"이라는 표현은 연인보다는 이놈들에게 들어맞는 게 아닌가 싶다.°

하지만 나는 "두 사람 몸에 깃든 하나의 영혼"이라는 예쁜 표현 대신 그냥 "인간 존재는 복수형"이라는 담백한 말이 좋다. 너는 너이고 나는 나여야 하니까. 인간이 '사람 사이'라는 것은 둘 사이의

° 플라톤의 《심포지엄》에 나오는 신화에서 비롯된 말이다. 인간 존재는 원래 두 개의 얼굴과 네 개의 팔다리를 가지고 있었는데, 갈수록 오만에 빠져 제우스에 의해 두 쪽으로 갈라지는 벌을 받게 된다. 그래서 원래의 반쪽을 그리워하며 평생 찾아다닌다는 것.

그 여백이 중요하다는 말로 나는 이해한다. 다시 말해서 둘 사이를 통과하는 상쾌한 바람이 중요한 거라고. 에우리피데스는 "바싹 마른 대지는 비를 그리워하고, 장엄한 하늘에 가득 찬 비는 대지에 내리고 싶어 한다"고 말했고 헤라클레이토스는 "서로 다른 여러 음에서 가장 아름다운 곡조가 나온다"고 했다. 서로 다른 부분이 있어야 모자란 점도 채워주고, 잘못이 있으면 지적질도 해주고, 내가 잘 보지 못하는 것들을 보아주고, 온 세상의 쓸데없는 얘기도 다양하게 나누고, 그렇게 공존할 수 있으니까. 나를 잘 알아주는 건 좋지만 나와 같을 필요는 없다. 나와 주파수가 잘 맞는 건 중요하지만 늘 같은 노래를 들을 필요는 없다. 사랑하기 위해서, 아끼기 위해서 그 대상이 나와 닮을 필요는 없다. 나를 버리고 상대를 닮으려고 노력할 필요도 없고, 상대가 나와 비슷해지기를 요구해서도 안 된다. 나는 내 아이들이 친구를 사귈 때 말 그대로 서로가 복수형으로 편안히 존재할 수 있기를 바란다.

관계의 어려움

약간 무심한 편인 큰아이는 혼자 노는 걸 좋아하는 스타일인데 작은아이는 친구를 엄청 좋아한다. 거듭 밝히지만 에릭이라는, 세상에서 제일 좋아하는 친구가 있다. 지금은 에릭 말고도 친구라고 말하는 친구가 조금 더 생겼지만, 한동안 에릭 말고는 아무도 친구가 아니었다. 굉장히 배타적이고도 절절한 관계였달까. 재미있고 좋은 게 있으면 에릭에게 보여주고 싶고, 맛있는 게 있으면 에릭에게 갖다주고 싶고, 하루 종일 유치원에서 같이 있었어도 집에 데려와서 또 같이 놀고 싶어 했다. 에릭이 오기로 한 날은 전날에 엄마한테 요것조것 주문이 많았다. 에릭은 어떤 걸 좋아하니까 이런 장난감을 꺼내놨으면 좋겠고, 에릭은 초콜릿을 좋아하니까 엄마가 브라우니를 구웠으면 좋겠고. 아이가 친구를 소중하게 생각하는 마음을 보고 있으면 뭉클하기까지 하다. 이 좋아하는 마음이 상처받지 않고 오래 지속되기를 바라면서 나는 벌써부터 왠지 마음이 아프다.

왜 마음이 아프냐면, 관계란 건 어렵기 때문이다. 친구를 사귀고 좋은 관계를 유지하는 건 모두가 알고 있듯 그렇게 쉬운 일은 아니다. 관계는 누가 가르쳐줄 수 없기에 자기가 스스로 헤쳐 가야 하는 영역이다. 또 내 마음대로 되지도 않는 영역이다. 사람은 전부 다르고 처한 상황도 모두 다르기 때문이다. 같은 마음으로 서로를 바라보는 연인끼리도 그 마음을 전하는 방식이 다르고 마음이 채워지는 방식이 달라서 어려움을 겪는 판에, 아직 말도 배려도 서툰 아이들은 온몸으로 부딪혀가며 고군분투해야 한다.

예전에는 동네 아이들이 모두 다 뛰어나와 골목에서 놀았다. 항상 모이는 공간이 있었고 나가면 놀 친구들이 있었던 시대에도,

겉돌며 친구를 사귀기 어려워하는 아이들이 당연히 있었다. 그런데 이제는 자연스럽게 모여드는 공간이 딱히 없는 곳에 사는 아이들이 많아졌다. 놀면서 친구를 사귀어야 하는데, 놀이를 빼앗긴 아이들도 많아졌다. 유치원이나 학교 이외의 곳에서 만나려면 부모들이 약속을 해서 기회를 주어야 하는 시스템이 되다 보니 부모의 역할은 부담스럽게 커졌다. 친구를 사귀는 일을 부모에 의존하게 되는 부작용도 서서히 늘어가는 것 같다. 그나마 규칙적으로 친구들을 만날 공간이 되어 주던 유치원과 학교는 코로나19 바이러스의 직격탄을 맞았고, 우리는 아이들에게 친구들을 만나지 말라고 말해야 했다. 특히 외국에 있는 우리로서는 아이가 친구를 사귀려면 소통의 기본적인 수단인 말이 늘어야 하는데 집에만 있다 보니 애가 탔다.

다행히 독일에서는 학교와 유치원을 가장 먼저 정상화할 수 있도록 노력을 쏟았고, 1학년을 혼란스럽게 보낸 첫째 아이는 2학년이 되어 빠짐없이 학교를 다니면서 소통하는 아이들의 수가 늘었다. 길을 지나며 반갑게 인사하는 아이가 늘었고, 아이가 친구들 이야기를 들려주는 횟수도 늘었다. 여전히 친구가 많은 것 같지는 않고 가끔 보면 혼자서 놀고 있는 경우도 있지만, 아이의 방식으로 헤쳐 가고 있구나 싶어 고맙다. 왜 혼자 놀고 있냐고 묻거나 다른 아이들과 사이좋게 지내라고 강요하고 싶지는 않다. 그게 강요해서 될 일도 아니고, 아이는 혼자 놀고 싶지 않았을 수도 있고, 반대로 혼자 노는 게 너무 재미있었을 수도 있기 때문에.

부모가 아이에게 친구를 만들어줄 수는 없다. 그저 기회를 줄 수 있을 뿐이다. 놀이터에 데려가주는 일, 우리 집에 놀러 가도 되냐고 묻는 아이들을 만나면 웃으며 초대하는 일, 아이가 누구네 집에 놀러 가고 싶다고 할 때 그 부모에게 인사를 건네고 의향을 묻는 일, 생일파티를 해주는 일, 아이가 좋아하는 투어넨Turnen° 수업에 등록해주는 일, 내가 하는 건 딱 그 정도다. 어차피 친구를 사귀는 건 아이인데, 내가 봤을 때 마음에 드는 아이, 좋은 환경에서 자란 것 같은 아이를 만나도록 유도하는 것도 의미 없고 그러고 싶은 마음도 없다. 아이는 스스로 이런저런 친구들을 만나면서 자기와 맞는 친구를 찾아야 한다. 걱정된다고 해서 내가 나서면 그 효과도 의문이거니와 자기가 직접 깨달을 시간만 늦어지지 않을까. 그런 의미에서 '누구랑 놀았으면 좋겠어, 누구랑은 놀지 않았으면 좋겠어, 걔는 좀 이상한 것 같아' 이런 위험천만한 말을 뱉지 않으려고 노력한다. 어린 시절 누가 등 떠민다고 해서 친구가 된 적이 있는지 한 번 가슴에 손을 얹고 생각해보자(고백하건대 어른들이 저런 애랑 친구 해야 한다고 했던 아이들은 왠지 친구 하기 딱 싫은 경우가 많았다). 아이가 내성적이라 걱정된다고 활발한 아이들 사이에 억지로 끼

○ 우리말로는 체조 수업이라고 번역되는데, 체조 비슷한 것도 하지만 기본적으로 그냥 몸 쓰면서 친구들과 어울려 격렬히 노는 수업이다. 술래잡기도 하고 공놀이도 한다. 수업이 끝나면 아이들이 새벽 세 시쯤 감자탕 집에서 나온 어른들의 행색을 하고 벌건 얼굴로 뛰쳐나온다.

위놓는 경우도 있다는데, 아이가 받을 극심한 스트레스를 생각하면 괜히 멀쩡한 내 위에서조차 위산이 분비되는 기분이다.

내가 할 수 있는 일은 그저 나에게 있어서 친구가 얼마나 소중한 존재들인지, 친구가 있어서 얼마나 좋은지, 내가 친구를 아끼는 모습을 보여주고 그들로 인해 행복해하고 때로는 속상해하는 모습을 가감 없이 보여주는 일이라고 생각한다. 아이에게 "친구한테 인사해야지" 하고 말하기 전에 내가 먼저 만나는 사람들에게 밝게 인사하는 것(내향형인 인간에게는 엄청난 에너지가 드는 일이다). 다른 사람과 좋은 관계를 맺고 잘 지내는 모습을 보여주는 것. 그렇게 나나 잘 사는 것. 그래서 나는 아이들에게 내 친구들 사진을 종종 자랑삼아 보여준다. 이 아줌마는 엄마랑 뭘 하고 놀았고, 이 아저씨는 언제부터 엄마랑 친구였고.

사실 외국에서 지내다 보니 가장 힘든 건 보고 싶을 때 그리운 사람들을 재깍 볼 수 없다는 점이다. 미국에서의 유학 생활을 마치고 본격적으로 독일에 살기 시작하면서 나는 마음을 짧게 가지치기해두었다. 기쁜 일이 있어도, 슬픈 일이 있어도, 아니면 아무런 일이 없어도, 내가 좋아하는 사람들을 쉽게 만날 수 없는 상태에서 산다는 건 정말 만만치 않은 일이다. 친구들이 금요일 저녁이라고 하나둘 모여 있는 모습을 볼 때는 나 혼자 여기에 귀양 와 있는 것 같기도 하다. 사미인곡을 부르면서 나도 송강 정철처럼 술을 들이켜고 싶은 마음이랄까. 내 마음의 건강을 위해 가지치기를 하지만 그렇게 가지를 자를 때마다 아프지 않을 리가 없다. 더군다나 한국 시간을 일고여덟 시간 뒤에서 쫓아가는 유럽의 시간대는 마음이 허전해지기 딱 좋은 환경을 제공한다. 밤이 찾아올 무렵, 즉 하루의 일과를 마치고 한숨 돌리며 누구에겐가 이유 없이 말을 걸고 싶을 때, 고국의 소중한 이들은 모두 새근새근 깊이 잠들어 있기 때문이다.

아리스토텔레스는 "상호 간의 거리는 우정을 무조건 소멸시키는 것이 아니라 다만 그 활동을 소멸시킨다"고 했지만, 소셜미디어와 메신저와 화상통화 기술이 있는 오늘날에는 원거리에서도 활동이 소멸되지 않고 우정이 좀 더 끈끈하게 이어진다. 나는 과학기술이 인류의 다정함을 위해 진보한다고 믿는다. 우리 조상님들은 서신이 끊어지면 벗이 어찌 지내는지 알 길이 없었지만 나는 와이파이만 있으면 내 친구가 지금 어디서 볼이 미어지도록 뭘 먹고 있는지 알 수 있다. 하지만 그래도 역시, "함께 생활하는 것만큼 친구를 친구 되게 하는 두드러진 특징은 달리 없다"는《니코스마스 윤리학》속 문장이 나에게는 서늘하게 닿아온다. 그저 우리는 헤어져 있음으로 인해 마음이 더 분명해진다는 것을 믿으며 버틸 뿐이다. 산을 좋아하는 사람에게는 산속에 있을 때보다 산에서 내려와 거리를 확보할 때 산이 더 선명하게 보이듯이, 서로를 그리워하고 아끼는 마음은 곁에 있을 때보다 떨어져 있을 때 선명하게 도드라진다고.

마지막까지 남는 관계

:

2000년 전에 에피쿠로스가 그랬다. 우정이 행복의 가장 큰 원천 중 하나라고. 우정과 관련된 고통은 우정이 주는 행복으로 상쇄되고도 남는다고. 최근에는 글항아리 출판사의 이은혜 편집장이 쓴 '마지막까지 남는 관계'라는 글을 읽었다. 인생이 진창으로 떨어질 때 보통 마지막까지 자신을 신뢰해줄 사람 한두 명을 찾아가게 되는데, 저자와 편집자로 만난 사이인 K 선생이라는 분을 떠올리셨다고 한다.

인간관계는 시간의 압력을 버텨내지 못하기도 하지만, 시간의 흐름 속에서 부단히 인연이 쌓여 단단하고 깊어지기도 한다. 우리 개인의 삶에는 그런 관계가 하나둘씩 있을 것이다. 당신에게는 잠시나마 당신을 구해주고 뒷사람들에게 당신과의 기억을 전해줄 이가 있는가.

나는 나를 못 믿겠다. 세상에 자신에게 온전한 100퍼센트의 신뢰를 가진 사람은 없지 않을까. 대신 내가 믿을 수 있는 사람들은 있다. 그러니까 '나는 못 믿어도 너는 믿을 수 있어' 이런 사람들끼리 모여 서로를 믿어주면 되지 않을까. 그러라고 친구가 있는 게 아닐까. 또 요즘 들어 새삼 느끼는 건 친구가 마치 나의 외장하드 같은 존재라는 것이다. 외장하드처럼 내가 지나온 시간에 대한 정보를 가지고 있는 자. 나도 잊어버린, 내가 놓치고 있는 기억들을 하나씩 물어다가 당시의 내 모습을 퍼즐처럼 맞춰놓는 자. 얼마나 소중한 사람들인지 모른다.

마지막까지 남는 관계라고 했을 때 바로 떠오르는 얼굴이 있는 건 축복이다. 가족이 아니더라도 그렇게 마지막까지 함께하고 싶은 관계를 소중하게 만드는 게 인생의 과제가 아닐까. 매일매일 학교에서 받아온 숙제를 열심히 하는 아이들에게, 나는 이 중요한 인생의 숙제를 빨간 색연필로 마음에 꾹꾹 눌러 써주고 싶다. 내게도 친구는 늘 그 자리에 있는 줄 알고 안이한 마음을 갖고 있다가 놓쳐버린 관계들이 있다. 특히 사랑이 우정보다 중한 줄 알고 뒤로 미뤄버린 건 돌아보니 명백한 실수였다. 킴벌리 커버커의 〈지금 알고 있는 걸 그때도 알았더라면〉이라는 시 속에 재미있는 부분이 들어 있다. 영어 표현이 어렵지 않고 우리말 번역보다 깔끔해서 원문을 그대로 잘라 옮긴다.

> I would trust my girlfriends.
> I would be a trustworthy girlfriend.
> I wouldn't trust my boyfriend. (Just kidding.)

류시화 시인이 엮은 동명의 잠언시집에는 이 부분이 "내가 만나는 사람을 신뢰하고 나 역시 누군가에게 신뢰할 만한 사람이 되었으리라"라는 짧은 한 문장으로 번역되어 있다. 내가 지금 알고 있는 걸 그때도 알았더라면, 되돌아가서 연인보다는 친구들을 신뢰하고 그들에게 신뢰할 사람이 되었으리라고 시인은 말한다. 연인을 신뢰하진 않겠다고 써놓고는 귀엽게 농담이라고 덧붙여 놓는다(과연 농담일까). 사랑에 빠진 사람에게는 연인보다 중요한 사람이 없다. 아마도 그게 사랑의 본질이겠지만 돌아보니 우리가 '눈먼 사랑'이라고 표현하는 이유를 알겠기에, 나는 나의 아이들에게 이 부분을 강조해 들려주고 싶다. 모든 걸 쏟아붓는 사랑의 경험은 분명 소중하고도 소중하지만, 연인은 내 삶의 반경에서 얼마든지 나갈 수 있는 (그리고 대체로 다시는 돌아오지 않는) 사람인 반면에 친구들은 그렇지 않다고. 그러니 잃어버린 외장하드가 되어버릴 수 있는 존재 안에 너무 많은 추억을 배타적으로 담아두지 말라고. 손을 뻗으면 언제든 가까이에 잡히는 여러 외장하드 안에 너의 추억을 골고루 예쁘게 담아두라고.

관계의 스펙트럼을 넓게 가지라는 조언도 꼭 덧붙이고 싶다. 아이들은 이곳에서 자라면서 고맙게도 나이의 장벽을 넘는 우정을 만드는 듯하다. 그래서 친구를 그리라는 말에 아이가 자기를 따뜻하게 대해주는 4학년짜리 형을 그린 걸로 보인다. 지음이가 요즘 가장 친한 친구로 꼽는 아이는 한 학년 아래의 미겔이라는 친구다. 이에 반해 우리 사회는 나이 서열이 강해서 동갑만 친구가 될 수 있다는 불리한 조건을 갖고 있다. 내가 어릴 적에는 한 살 차이가 도저히 넘을 수 없는 벽처럼 느껴졌다. 그런데 나이가 조금 들어보니 그까짓 벽은 아무것도 아니었다. 아니 동갑 중에서 평생을 함께하고 싶을 만큼 마음에 드는 사람이 대체 얼마나 될까. 아무리 생각해도 동갑이랑만 친구를 맺을 수 있다는 건 너무 억울하다. 세상에는 서열과 상관 없이, 격의 없이 친구로 지내고 싶은 사람들이 참 많다.

나에게는 최근에 마치 중학교 동창 느낌으로 서로 이야기를 나누는 친구 그룹이 생겼다. 나보다 열 살 이상 어린 분도 있는데 그냥 모두가 동등한 말 높이를 가지고 모두 함께 '언니' 느낌으로 지낸다. 조언도 구하고 소소한 일상도 공유하고 비밀도 털어놓고 어깨도 두드려준다. 비슷한 시기에 개인적으로는 나이 차가 많이 나는 친구도 생겼다. 언니나 누나라고 부르며 높이는 순간 나는 왠지 넓은 품을 가진 지혜로운 사람이어야 할 것 같고 그 앞에서 주접을 떨거나 망나니짓을 하기 어려워지지만, 내 이름을 편히 부를 수 있는 사람 앞에서는 나도 왠지 가벼워져서 할 수 있는 말들이 늘어난다. 그렇게 나의 생각을 편안히 공유하고 상대의 생각을 같은 높이에서 청할 수 있는 사람, 그냥 아무 소리나 늘어놓을 수 있는 사람들을 많이 만드는 건 정말 신나는 일이다. 그렇게 넓혀놓은 스펙트럼 속에서, 마지막까지 갈 수 있는 관계들도 아주 조금 더 늘어날 수 있지 않을까.

내가 최근에 주목하는 것은 온라인으로 엮이는 관계다. 76년생인 내가 76학번과 친구가 될 수 있는 공간, 94학번인 내가 94년생과 친구가 될 수 있는 공간. 조금은 피상적인 관계인 것 같고 그중 다수는 심지어 만난 적도 없지만 이상하게도 꽤 가까운 느낌이 든다. 나는 이 관계를 통해 뒤에 오는 분들의 고민을 듣고 새로운 트렌드며 관심사를 엿볼 수 있는 소중한 기회를, 앞서 걷고 있던 분들이 툭툭 던져주는 지혜에 감탄하며 삶의 불안을 잠재울 수 있는 귀한 기회를 얻는다. 동갑만 친구가 될 수 있는 한국 사회에서는 오아시스 같은 공간이랄까. 온라인 시대의 친구 풀이 더욱 넓어지는 이유는 쉽게 닿을 수 있는 접근성 때문이기도 하다. 지독하게 흔한 이름이 아니라면, 그리고 그 사람이 온라인 세상에 발자국을 활발히 남기고 있다면, 소식이 끊긴 친구를 다시 찾는 것도 어렵지 않다. 내가 책을 쓰는 사람이 된 것이 감사한 이유 중 하나는 연락이 끊어졌던 사람들이 나의 좌표를 찾아올 수 있다는 점이다. 놓쳐버렸다고 생각했던 인연들이 하나둘 추억의 외장하드를 들고 나타나면 나는 부자가 되는 기분이다. 옛 친구뿐 아니라 새 친구도 늘어난다. 그간은 학연과 지연의 조그만 버블 속에 살았는데 책을 매개로 전혀 접점이 없었던 분들께 닿고 있다. 정말 감사한 일이다.

친구는 알아서 사귀는 것이라고 생각하지만 그럼에도 불구하고 우정에 관해 아이에게 전하고 싶은 딱 한 가지 조언을 골라보라면, 인간은 불완전한 존재임을 잊지 말자는 것이다. 인간이란 기본적으로 서로 폐를 끼치며 살아가는 존재다. 누구나 모자란 점을 갖고 있고, 그래서 서로의 도움이 필요하고, 그 과정에서 받은 고마움과 따뜻함으로 생을 엮으며 살아간다. 타인에게 될 수 있으면 폐를 끼치지 않겠다는 훌륭한 마음 자세는, 인간은 기본적으로 폐를 끼치며 사는 존재임을 전제로 했을 때에야 제대로 빛을 발한다. 그렇지 않은 경우에는 '내가 끼치는 폐'에 민감한 만큼 '상대가 끼치는 폐'에도 모진 사람이 될 수 있기 때문이다. 친구뿐 아니라 반려인을 고를 때도 마찬가지다. 완벽한 사람을 찾겠다는 허황된 꿈을 버려야 한다. 나에게 100이 되는 사람을 찾기 어렵듯이, 상대에게도 내가 100이 되어주기는 어렵다. 대충 크게 어긋나지 않는 사람으로 옆에 두고, 나머지는 알아서 친구로 채우는 거다. 동료로서의 우의와, 쇼핑 메이트로서의 안목과, 정신이 번쩍 들만큼의 호된 팩폭을 반려인 한 사람에게 기대하는 것처럼 현명하지 못한 일이 있을까. 가정의 평화를 위해서라도 센스와 비판은 반려인이 아닌 자에게서 구하는 편이 좋다. 인생을 살다 보면 또 가족에게 차마 하지 못할 이야기, 내보이기 싫은 구석도 생기는 법이니까. 그러므로 인생은 십시일반의 자세로. 친구도 하나가 100이 되어주기를 바라지 말고, 여기저기서 50이든 10이든 고맙게 받아서 채우면서 사는 거다. 나도 그들에게 20이든 60이든 되어주려고 노력하면서.

《논어》의 〈미자〉 편에는 오랜 벗을 큰 까닭 없이 내치지 말고, 한 사람에게서 모든 재능이 갖춰지기를 기대하지 말라는 말이 있다. 재능이 있어서 좋은 친구가 되는 게 아니라, 시간을 오래 나눴기에 좋은 친구가 되는 것이다. 마지막까지 남는 관계는 재능에 기반하는 게 아니라 시간에 기반하는 관계다. 꼭 마지막까지 가지 않는 관계라고 해도 '사람 사이'라는 뜻의 '인간'으로 태어난 이상, 관계를 맺는다는 것은 인생에서 의미 있는 일이라고 나는 믿는다. 아이를 낳아 키우는 일이 단순히 득실로 가를 수만은 없는 의미 있는 경험이듯, 친구를 만나고 사귀고 틀어지고 하는 그 모든 관계가 곁에 남고 안 남고의 문제로 가를 수만은 없는 소중한 경험이 될 테니. 다시 말해 관계를 맺는다는 것은 그게 잘되든 못되든 인생에서 굉장히 의미 있는 일이다. 또 관계라는 것은 한두 해 정성을 들인다고 만들어지는 게 아니기도 하고, 긴 시간의 끈 위에서 당겨졌다 묶였다 풀렸다 하는 거니까, 느긋하게 정성을 담으면 된다고 생각한다. 끝이라고 생각했던 관계가 희한한 모습으로 다시 시작될 수도 있다. 세상은 넓지만 또 의외로 좁은 곳이라서, 헤어진 사람들은 어디선가 예상치 못한 곳에서 만나기도 한다. 그러므로 모든 인연에 최선을 다할 필요까진 없지만 어떤 인연에든 늘 당당할 수 있어야 한다고 생각한다.

　최근에 재미있는 연구 결과를 보게 됐다. 미국 브리검 영 대학 연구진은 친구가 많을수록 덜 아프고 더 오래 산다는 연구 결과를, 카네기 멜런 대학 연구진은 친구 수와 면역반응이 비례한다는 연구 결과를 내놓았다. 이게 정말 얼마나 직접적인 인과관계가 있는 건지는 모르겠지만 (예를 들어 무던하고 스트레스를 적게 받는 사람이라면 친구도 많고 수명도 길겠지) 친구가 '끝까지 남는 관계'에서 한 발 나아가 '서로의 끝을 건강히 늘여주는 관계'라고 생각하는 것이 딱히 해가 될 것 같진 않다. 오히려 기분이 좋아지는 마법 주문 같은 느낌이랄까. 그렇게 친구들의 손을 잡고 가면서 내가 잡은 손을 아이들에게 보여주고 싶다. 아이들도 울고 웃으며 친구들과 함께 가는 모습을 내게 가만히 보여준다면 참 좋겠다. 수줍은 얼굴로, 행복한 얼굴로, 때로는 상처받은 얼굴로. 마지막까지 함께하고 싶은 관계를 소중하게 만들어가는 인생의 과제를, 그렇게 서로 응원하면서 해나갈 수 있으면 좋겠다. 엄마와 아이라는 관계로 태어난 우리에겐, 서로가 마지막까지 남는 아주 기본적인 관계가 되어줄 거라는 낙관적인 믿음이 있으니까.

I의 사회, We의 사회
'나와 우리' 속 좌표에 놓인 너

나와 우리

:

늘 말장난을 즐기는 친구 J가 재미있는 말을 했다. illness(병)와 wellness(웰빙)의 차이는 i와 we의 차이라고. 꼭 i가 illness, we가 wellness와 짝을 이루는 게 아니라면 우리 사회에 시사하는 바가 정말 큰 말이라고 생각한다. 나와 우리가 어떤 관계를 그리느냐에 따라 우리의 사회적 자아는 아플 수도, 건강할 수도 있기 때문이다.

나에게는 다양한 정체성이 있다. 여성, 중년, 엄마, 동생/누나, 딸/며느리 (및 이모, 고모, 외숙모…), 동기/선후배, 독일 바이에른 지역 주민, 동양인, 한국인, 전주 이씨 해안군파 18대손, 글 쓰는 사람, 냉면성애자, 떡볶이주의자, 애주가(금주법이 있던 시대에 태어났으면 분명 수감생활 중일 거다), 이렇게 무한히 늘릴 수 있는 나의 정체성. 나는 개인으로서 존재하지만 동시에 사회의 다양한 층위에 좌표를 찍으면서 입체적으로 존재한다. 우리 꼬맹이들에게도 벌써 다양한 정체성이 있다. 우리는 그 다양한 정체성 사이에서 끊임없이 줄타기를 하며 산다. 우리가 공동체의 일원으로 행복하고 평안하게 존재하려면 이 다양한 정체성 사이의 관계가 건강하고 평화롭게 설정되어야 한다. 태어나자마자 공동체 안에 던져지는 인간의 특성상 나는 우리가 아닐 수 없다. 나는 나이기도 하고 우리이기도 하다.

기자인 M이 코로나 시국에 우리나라에만 유독 사재기가 없었던 이유를 어떻게 보냐고 묻기에, 우리의 독특한 'We의 문화'가 투명성과 자율성을 기조로 했던 정책과 만나 좋은 시너지를 낸 것 같다고 답했다. 개인적으로는 자유와의 상관관계가 비밀의 열쇠가 아닐까 생각하고 있다. 개인의 자유를 최대한 보장하는 서구 사회가 오히려 위기 시 빠른 대응에는 취약한 면이 있기 때문이다. 반대로 We의 문화가 있는 한국은 위기 시에 개인을 뒤로 물리는 경향이 있다.

하지만 대답에도 밝혔듯 We의 문화도 민주적인 시스템을 만나야 긍정적 힘을 발휘한다. 개인들이 스스로의 판단에 따라 자신을 뒤로 미뤄둬야 하는 것이다. 한국 정부는 처음부터 바이러스와의 싸움에서 정도를 걷겠다고 선언했고, 시민들은 스스로 자제하고 권장된 지침을 잘 따르는 방향으로 힘을 보탰다. 많은 전문가들이 2021년의 일본을 의심의 눈초리로 보았던 이유는 올림픽이라는 국가의 영광 앞에 개인들을 조용히 희생시켰던 것은 아닌가 하는 의문 때문이다. 우리처럼 개인들 스스로 어느 정도의 어려움을 감수하며 함께 뜻을 모으는 방향이 아니라, 보이지 않는 힘이 침묵 속에서 개인들을 말없이 뒤로 물린 것은 아닌가 하는 의심이 든다는 것이다.

사재기가 없었던 이유로 We의 문화나 자유와의 상관관계 같은, 한 껍질 아래 있는 비가시적인 것들을 들먹였지만 사실 나에게도 가장 먼저 떠오른 건 오랜 시간에 걸쳐 분단국가로서 내면화된 위기 대응력이었고, 표면적으로는 우리나라의 엄청난 배송 시스템이 1등 공신이라고 생각한다(그러나 사람 잡는 이 총알 배송 시스템은 꼭 바뀌어야 한다고 생각한다). 그리고 냉동실에 한 달 이상 섭취 가능한 마법의 검은 봉지들을 쟁여두는 어머님들이 계셔서 사재기가 불필요했다는 생활밀착형 분석에도 고개를 끄덕이는 바다. 역시 엄마 말을 잘 들으면 냉동실에서도 떡이 나온다.

그런데 We의 문화를 이렇게 신문에다 공개적으로 들먹이고 나서 새삼스레 곰곰이 생각해보고 있는 질문이 있다. 우리는 과연 We의 사회인가, 아니면 I의 사회인가.

우리 엄마와 우리 남편, 알고 보면 이상하다

:

내가 우리 안에 깊이 뿌리박은 We의 문화를 새삼 낯설게 바라볼 수 있었던 두 가지 에피소드가 있다. 둘 다 미국에 있던 때의 얘기다. 아무래도 한 집에 오래 살면 그 집의 희한한 구조가 집주인에게는 눈에 띄지 않게 마련이다. 한국이라는 고향집에 꽤 오래 살았던 나에게는, 그렇게 캐리어를 싸들고 태평양을 건너서야 우리 집의 신기한 부분이 크게 와닿았다.

첫 번째는 미국 지도교수님과의 대화.

"그럼 한국 사람들은 외동이어도 '우리 엄마'고 형제가 많아도 '우리 엄마'야?"

"네."

"어, 그러고 보니 우리는 형제가 많아도 꼭 'my mom(나의 엄마)'이라고 하는데. 이 부분 참 재미있네."

교수님께서 신기해하셨던 부분은 한국인들이 습관적으로 '우리'라는 관형어를 붙인다는 점이었다. 공公과 사私에 관한 글을 쓰다가 우리 안에 깊이 뿌리박은 We 문화에 대한 예시로 잠시 언급한 적이 있었다. 우리 엄마, 우리 집, 우리 동네, 우리나라. 그랬더니 교수님께서 그걸 받아서 한국에서는 외동이어도 '우리 엄마'라고 하지만, 미국에서는 다섯 형제 중 하나여도 '나의 엄마'라고 한다는 점을 명확하게 콕 찍어주신 것이다. 사실 별생각 없이 쓴 부분이었는데, 교수님이 너무 신기해하셔서 생각해보니 새삼 신기했다. 나와 우리. 우리는 왜 나보다 우리를 강조하는 표현 안에 우리를 넣어두고 살아온 걸까. 생각해보면 연애편지에 "사랑하는 우리 ○○"이라고 첫머리를 쓰는 건 카사노바나 고개를 끄덕이며 흐뭇한 미소를 지을 표현이고, 나아가 "우리 남편은요~"라는 말 습관에 이르면 아이코 이건 일부일처제를 부정하는, 고해성사 받는 신부님 뒷덜미 잡으실 표현이 아닌가.° 하지만 평소에 이런 표현들은 우리에게 너무나 자연스럽다. 그만큼 '우리'의 문화는 우리 안에 깊숙하게 스며 있다.

다음으로 '나와 우리'에 관련된 인식이 정말 다르다고 느꼈던 것은 내가 유학생활을 시작한 지 1년이 채 되지 않았던 2007년, 버지니아 공대 총기 난사 사건이 벌어진 직후였다. 학교에서 무차별적으로 인명을 살상하고 자살로 생을 마감했던 이 참혹한 사건의 범인은 조승희라는 인물로, 한국 국적에 미국 영주권을 가지고 있었다. 온 미국 사회가 큰 충격을 받았고 연일 그의 사진이 뉴스를 도배했으며, 총기 소지에 대한 찬반 논쟁이 다시 들끓었다. 사건 직후 한인 사회에서는 보복성 폭력이나 증오범죄에 연관될 수 있

° '우리'라는 말을 낯설게 보다 보니, 불륜을 소재로 하는 어떤 드라마에서 "너, 우리 남편 아는 것처럼 말한다?"라는 대사가 왠지 웃기게 들렸다. 아니 우리 남편이라며.

으니 한인들은 바깥출입을 자제해야 한다며 두려워했다. 무엇보다도 미국 사회에 큰 충격을 안긴 사람이 한국인임을 크게 한탄하며 부끄럽게 여기는 분위기였다. 나라 망신이 아니냐는 말도 심심치 않게 들렸다. 나는 그 정도까지는 아니었지만 범인이 한국인이었다는 것을 크게 받아들이긴 했다. 뉴스를 볼 때마다 슬픔이나 충격과는 별개로 기분이 개운치 않았다. 나와 같은 해에 같은 학교에서 유학생활을 시작한 언니는 심지어 이름도 조승희였다. 아우, 우리 언니 어쩌지.

하지만 함께 뉴스를 보던 외국 친구들의 반응은 전혀 딴판이었다. 도대체 걔랑 너랑 무슨 상관이냐는 거였다. 그냥 위로차 하는 말이 아니라, 진심으로 이해를 못하겠다는 표정이었다.

"한국 사람이라는 이유로 저 범죄자가 너랑 무슨 연관이라도 있다고 생각하는 거야? 쟤는 그냥 이상한 사람일 뿐이야."
"네가 왜 우울해? 한국 사람들이 외국에서 무슨 사건을 일으킬 때마다 그럴 거야? 으하하. 그러면 넌 평생 우울해하다가 죽을걸!"

그들의 태도는 심플하고도 깔끔했다. 걔는 걔, 너는 너. 그들은 나의 처진 어깨를 툭툭 쳐주며 그런 개떡 같은 생각은 처음 본다는 눈동자로 내게 술을 따라주었다. 리버럴한 미국 동부, 그 안에서도 정치학과 대학원생들이라는 버블 속에 있어서 그랬을지도 모르겠지만 그런 시원시원하고 홀가분한 구분이 굉장히 신선하게 느껴졌다. 하긴 그러네. 나는 왜 조승희라는 범인과 나를 그렇게 무의식적으로 잇고 있었던 거지?

우리는 아직도 우리를 강하게 연결하며 산다. 한국인이 어느 외국인에게 부당한 일을 겪으면 우리나라에서 방송 활동을 하는 같은 국적 외국인의 소셜 미디어에 우르르 몰려가서 사과하라고 아우성을 친다. 이럴 때마다 내가 다 당혹스럽다. 아니 왜 멀쩡히 잘 살고 있는 사람에게 떼거지로 몰려가서 사과를 하라는 거지. 당사자 입장에서는 정말 어이없을 일이다. 내가 우리나라에서 가장 꼴불견이라고 생각하는 사람, 혹은 (그런 사람이 있다면) 진짜 미워하는 사람을 한번 떠올려보자. 나는 암만 생각해봐도 그런 게 없는 천사 같은 사람이라고 주장하실 거라면, 그냥 나와 아무런 관계도 없는, 전혀 알지 못하는 인물을 가정해보자. 그 사람이 포르투갈 같은 곳에 가서 미친 짓을 했다고도 해보자. 그런데 포르투갈 사람들이 내 소셜 미디어 계정에 마구 몰려와서 나에게 같은 나라 사람이니 사과하라고 아우성을 친다면 나는 어이가 있을 예정인가 없을 예정인가.

우리는 한국인이라는 사실에 지나치게 민감하다. 유명 외국인의 사돈의 팔촌이 한국인이면 그게 이슈가 되는 나라다. 해외에서 활약하는 한국인에 유달리 흐뭇해하기도 한다. 박항서 감독님 덕분에 한때 베트남이라는 나라 자체가 친구처럼 가깝게 느껴졌고,

봉준호 감독님과 배우 윤여정 님의 아카데미 수상 소식에는 온 나라가 함께 기뻐했다. "유노싸이You know PSY?", "유노BTS?"(유노윤호는 이걸 염두에 두고 이름을 그렇게 지은 건가.) 상대 외국인이 안다고 예스를 외쳐주면, 자기가 싸이고 BTS인 것 같은 느낌에 어깨가 으쓱해지기도 한다. 같은 한국인을 진심으로 자랑스러워하는 이 마음은 사랑스럽다. 나도 그들이 이루어낸 성취 앞에 언제라도 한 마리 토실토실한 물개가 되어 아낌없는 박수를 칠 준비가 되어 있다. 하지만 한 개인을 지나치게 자기 동일시하는 측면도 있는 것 같아서, 나는 저 "유노BTS?"라는 질문이 귀엽고 사랑스러우면서도 한편으로는 살짝 걱정스럽기도 하다. 그들은 그들이고, 나는 나다. 조승희와 내가 동일인이 아니듯, 나는 BTS도 윤여정도 아니다. 우리는 그저 모두 다른 개인일 뿐이다.

아이와 부모 사이에 놓인 I와 We의 좌표

인간이 경험하는 최초의 'We'는 아마도 태아 시절일 것이다. 우리 모두에게는 엄마 배 속에서 엄마와 한 몸처럼 지냈던 순간이 있다. 그것이 무의식적 'We'의 경험이라면, 엄마로서 아이를 가진다는 것은 '부부는 일심동체' 같은 말을 한 차원 뛰어넘는 강렬하고도 실체적인 'We'의 경험이다.

아이를 가지고서 열 달 동안 나는 말 그대로 '우리'로 존재했다. 내 안에 다른 생명이 있다는 것을 알게 된 순간부터 내게는 말로 표현할 수 없는, 설레는 긴장감 같은 게 있었다. 내 안에 또 다른 심장이 콩콩 뛰고 있었고, 외부의 소리에 반응하며 나의 뱃가죽을 호쾌하게 늘여대는 아주 작은 인간이 들어 있었다. 내 안에 든 얘는 과연 나인가 남인가. 칼로 두부 자르듯 그렇게 '나'와 '타인'으로만 딱 잘라 규정지을 수 없는 오묘하고 신비로운 관계였다. 나 개인으로서는 감기약도 술도 꿀꺽꿀꺽 먹고 싶었지만 우리로서는 그럴 수 없어 침(…과 콧물…)만 꼴깍꼴깍 삼켰다. 나에게 너무나 슬픈 일이 있어도 그 감정을 전해 받을 아이 때문에 마냥 주저앉아 울 수도 없었다. 아이를 온전한 나로도, 온전한 타인으로 여겨서도 안 되었다. "아이는 타자가 된 나, 즉 나지만 나는 아닌 존재(me, but not myself)"라고 했던 철학자 에마뉘엘 레비나스의 말을 떠올리며 그렇게 나는 열 달 내내 희한하고 뭉클한 긴장감 속에서 살았다. 엄마들은 아이를 가지는 순간 이렇게 I와 We의 오묘한 좌표 속에서 이리저리 방황하는 경험을 온몸으로 하게 된다.

아이가 태어나고 우리를 연결하는 탯줄이 끊긴 후로도 나는 한참을 나 개인으로 살 수 없었다. 머리 뚜껑이 퐁 열릴 것 같은 매운 낙지볶음이 먹고 싶고, 몸이 아플 때는 이런저런 약들도 털어넣고 싶고, 무엇보다 저기서 향기를 폴폴 풍겨대는 와인과 어서 한몸이 되고 싶었다. 하지만 나와 한몸처럼 찰싹 붙어서 오물거리며 나를 받아먹고 사는 조그만 존재 때문에 나의 욕망과 자유는 잠시 유예할 수밖에 없었다. 우리로 산다는 건 그만큼 나의 일부분을 접어야 하는 일이었지만, 우리가 우리로 엮여 있다는 것은 꽤 달콤하기도 했다. 아기란 존재는 참 힘들기도 하지만 곁에 있으면 그렇게 예쁘고 귀여울 수가 없었다. 아직 근육이 발달되지 않아 몰랑몰랑한 팔다리, 보드라운 살결, 조그맣고 동그란 머리통을 만져보고 쓰다듬어줄 때의 그 행복감은 나 개인으로 오롯이 살 때의 행복과는 또 다른 차원의 행복, 타인과 사슬로 엮인 자로서의 행복을 내게 알려주었다.

나는 엄마가 되고 나서 아이의 모든 것이 귀여웠다. 눈도 작고 코도 작고 입도 작고 손발도 작은 인간. 그 작은 손에서 자른 손톱은 정말 무지막지하게 귀여웠다. 이 귀여움을 세상에 널리 알리는 것은 인류의 사명이 아닐까 싶은 생각이 들었고, 그래서 오랜 친구에게 아이의 손톱 사진을 전송했다. 돌아온 친구의 대답은 "야, 징그러워"였고 그때 깨달았다. 아, 내 새끼는 내 눈에나 예쁘구나. 내 눈에 콩깍지가 단단히 씌었구나. 사실 말이야 바른 말이지, 깎아낸 인간의 손톱이란 게 그렇게 남에게 사진으로 전송할 만큼 유쾌하고 아름다운 물건이던가. 그렇게 콩깍지가 눈에서 벗겨지지 못한 부모들이 극단으로 가면 음식점에서 다른 손님들이 식사하는 옆에서 기저귀를 갈게 되는 거지 싶다. 이렇게 예쁜 내 새끼 몸에서 나온 건 안 더러우니까. 소셜 미디어에다 남들이 보기에는 다 똑같아 보이는 사진을 스무 장씩 올리는 건, 엄마 눈에는 그 사진들이 다 아주 조금씩 너무 예쁘게 달라서 대체 뭘 빼야 할지 모르겠기 때문이다. 남들은 그 사진들을 보면서 고난도의 다른 그림 찾기 시간을 갖지만. 아이가 조금 커서 말을 하기 시작하면 내 아이는 혹시 천재가 아닐까 하는 의문이 드는 순간이 모든 부모에게 온다. 나에게도 그렇게 내 아이의 사생팬이던 시절이 있었다.

부모로서 내 아이의 귀여움에 정신을 잃는 건 불가항력일 수 있다. 하지만 팬은 좋아도 사생팬은 지탄받는 이유는, 알다시피 해당 연예인의 자유와 인권을 심각하게 침해하기 때문이다. 내 연예인의 행복을 위해서는 팬으로서 적절한 거리두기가 필요하듯이 내 아이의 행복을 위해서도 부모의 적절한 거리두기는 필수다. 아이와의 동일시가 너무 지나쳐 아이의 학업 성적을 나의 사회적 지위처럼 여기고 민감해하는 부모들이 있다. 자신의 못다 이룬 꿈을 자녀들에게 강하게 투사해, 아이의 진로도 결혼도 나의 로망을 실현하는 기회로 생각하는 부모들도 있다. 그렇게 영혼의 탯줄을 끊지 못하는 건 서로에게 비극이다. 나도 내 맘대로 안 되는데 아이가 내 맘대로 될 리가 있나. 그렇게 서울대 입학이 소원이라면 사실 본인이 직접 도전하시는 게 맞지 않겠나.

〈빅뱅이론〉이라는 미국 시트콤을 본 적 있는 분이라면 거기 등장했던 레너드 엄마를 기억하실지 모르겠다. 신경과학자이자 심리학자인 이 엄마는 아들과 지나치게 거리를 두는 놀라운 설정으로 우리에게 웃음을 안긴다. "자녀들의 놀라운 성취가 정말 자랑스럽 겠네요" 하자 그게 대체 무슨 소리냐는 표정으로 "그건 걔가 한 건데 대체 왜 제가 자랑스럽죠?" 하고 대답하는 엄마. 같은 시트콤의 주연 4인방 중 하나인 하워드의 경우에는 반대쪽 극단에 서 있다. 다 큰 성인 아들을 아이 대하듯 하며 어린이용 간식들을 챙기는 엄마(주로 목소리만 등장한다). 여기서 눈여겨볼 지점은 하워드를 독립시키지 않고 한 집에서 끼고 사는 걸로 일단 기본적인 웃음 포인트를 적립하는 시스템이라는 점이다. 성인인 자녀의 독립은 너무나 당연한 일이므로. 종합하자면 레너드의 집안은 지나치게 I로 구성되어 있고, 하워드네 모자는 유아기적 We의 상태를 벗어나지 못하고 있다. 이쪽은 슬프게 웃기고 저쪽은 징그럽게 웃기다.

우리 사회에는 하워드네 집안이 많이 보이는 편이다. 성인이면 독립을 한다는 개념도 아직 희박하고, 좋게 말하면 끈끈하지만 나쁘게 말하면 징글징글하다. "나지만 나는 아닌 존재"를 너무 나처럼, 한 몸처럼 생각하고 잘 놓지 못하는 부모들이 많다는 건 조금 생각해볼 문제다. 외국에 살다 보니 생경하게 느껴지는 것 중 하나가 바로 놀이터에서의 풍경이다. 정 많고 곰살맞은 우리나라 엄마들은 아이가 넘어질까 봐, 신발에 모래라도 들어갈까 봐, 다른 놈들이 시비를 걸까 봐, 졸졸 쫓아다니며 시중을 드는 경우가 많다. 내가 미국 놀이터에서 가장 놀랐던 건 잘 걷지도 못하는 아이를 흙바닥에 구르도록 놓아두고 부모들끼리 화기애애하게 수다를 떠는 모습이었다. 외국에도 지근에서 정성스럽게 살피는 부모들이 있지만 대체로는 저기에서 흙을 주워 먹고 있는 저 아이의 부모는 누구인가 궁금할 정도로 음지에서 활약하는 부모들이 많다. 애가 흙탕물에 머리를 감으며 뒹굴고 있어도 고고하게 독서를 즐기고, 애들이 싸워도 일단 내버려두고 이것들이 주먹질을 시작할 즈음에야 경찰처럼 등장한다. 유치원에서 아이가 당일 활동에 필요한 준비물을 챙기지 못했을 때, 내 일인 것처럼 얼굴을 붉히는 부모도 그리 많지 않다. "너 왜 안 챙겼어? 이따 준비물 없어서 속상하겠다." 매정하게 들릴지는 모르겠지만 아이들은 놀이터에서 다쳐도 보고 싸워도 보면서 혼자 세상을 만나는 연습을 해야 하고, 준비물은 엄마 아빠가 아니라 내가 잘 챙겨야 한다는 사실을 어릴 적부터 머릿속에 단단히 넣어야 한다. 이 매정해 보이는 부모들은 어떤 면에서는 다른 방법으로 아이들에게 따뜻한 사랑을 행하는 중인 것이다. 나와 아이를 잇고 있던 탯줄을 일찍 자름으로써.

사실 아이를 살뜰히 보살피는 데 지극한 행복을 느끼는 부모들도 있을 것이다. 아이와의 거리두기에는 사실 정답이 없다. 아이의 환경과 성향에 따라, 부모의 성향과 상황에 따라 개개인이 적절한 거리를 설정하면 되는 일이다. 사실 그렇게 살뜰한 보살핌을 받은 아이들이 남을 살뜰히 배려해줄 수 있는 아이로 자랄 수도 있을 테니까. 내가 좋은 대접을 받으면 남도 그렇게 대해야 한다는 사실을 몸으로 체득할 수도 있을 테니까. 부모 자식 간에 너무 거리두기를 못하는 건 조금 우려스러운 일이지만, 시기가 되어 영혼의 탯줄을 적절히 끊어주면 되는 일이다. 그보다 더 큰 문제는 내가 내 아이에게 좋다고 생각되는 것을 행하면서 남들도 전부 나처럼 행동해야 한다고 믿는 것이다. 우리는 모두가 다른 개인들인데, '부모'라는 존재들은 다 이렇게 행동해야 한다고 굳게 믿는 그런 태도. 조심스런 조언이 아니라 섣부른 비난을 가하는 태도. 나와 다른 생각을 가지고 다르게 행동하면 이상하게 여기고 수군거리는 그 태도 때문에 우리는 단체로 상당히 피곤하게 산다. 부모라는 집단을 쓸데없이 균질화, 동질화하는 탓이다. 나는 나와 내 아이를 연결하는 끈도 조금 헐겁게 풀었으면 좋겠고, 부모들을 연결하는 끈도 조금 느슨하게 생각했으면 좋겠다. 그래야 서로가 알록달록하게 자기 자신으로 살 수 있을 테니까.

고슴도치의 딜레마

육아에 있어서 '거리'라는 주제는 참 오묘하다. 우리는 내 아이를 객관화하는 데 서툴고 아이들과 건강한 거리를 두지 못하는 경우가 많은데, 또 남의 아이들과의 사이에서는 유독 '거리의 파토스'°를 강하게 유지하고 싶어 하기도 한다. 그 거리의 다이내믹이 많은 한국인의 일상을, 또 인생을 좌우하는 것 같다. 평생 이

거리와의 줄다리기가 지속된다.

거리두기와 객관화가 안 되는 관계의 가장 큰 문제는 비판이 불가능하다는 점이다. 따라서 개선도 어렵다. 대학 시절의 나는 동아리에 대한 애착이 깊었다. 가족보다 더 많은 시간을 동아리 사람들과 함께 보냈다. 누가 동아리에 대해 안 좋은 소리를 하거나, 혹여 동아리 사람들에게 비판적인 얘기를 하는 게 들리면 그게 그렇게 힘들었다. 시간이 지나고 나서 객관적 거리두기가 가능해지니, 그건 충분히 가능한 말들이었고 오히려 귀담아 들었어야 할 의견들이었다. 하지만 동아리가 곧 나와 동일시되었던 새내기 시절의 나에게는 그런 말들에 귀도 마음도 닫혀 있었던 것이다. 그렇게 어딘가에 푹 빠진 채 미쳐 있는 시간은 오로지 그때에만 가능한 소중한 경험이었다고 생각하지만, 나는 그 안에서 꽤 오랜 기간을 온전히 나 개인으로 살지는 못했던 것 같다.

마찬가지로 부모 자식 간에 거리두기와 객관화가 안 되면 잘못이 안 보이고 비판이 안 들린다. 남이 하면 학교 폭력이지만 내 자식이 하면 그냥 애들 싸움이 되는 것처럼. '고슴도치도 제 새끼는 함함하다 한다'는 말이 있다. 고슴도치도 제 새끼의 털은 부드럽고 반지르르하다고 감싸며 옹호한다는 뜻이다. 자기 자식의 단점을

○ 거리의 파토스Pathos der Distanz는 니체가 《도덕의 계보》에서 주인 도덕과 노예 도덕을 설명하면서 사용하는 표현으로, 주인들이 노예들을 상대로 가지는 정신적인 거리를 말한다. 쉽고 나쁘게 말해서 "쟤랑 놀기 싫어" 같은 거라고 생각하면 되겠다.

제대로 인식하지 못하고 도리어 자랑으로 삼는다는 말이기도 하다. 누가 자식의 결점을 지적하면 아마 고슴도치 부부는 가시를 잔뜩 세우고 덤빌 것이다.

이왕 고슴도치 얘기가 나온 김에 '고슴도치의 딜레마'라는 말을 곱씹어보면 좋겠다. 쇼펜하우어가 쓴 우화에서 만들어진 용어인데, 고슴도치들이 서로 너무 떨어지면 추위를 타고 그렇다고 너무 붙으면 가시에 찔려서 상처를 입는 딜레마를 말한다. 상대와의 일체감, 그리고 개인으로서의 독립이라는 두 욕망 사이의 딜레마를 일컫는 말이기도 하다. 모였다 헤어졌다를 반복한 고슴도치들은 결국 다른 고슴도치와 서로 찔리지 않을 만큼의 최소한의 간격을 두는 게 가장 좋다는 사실을 발견한다.°

고슴도치도 제 새끼는 함함하다 하는데, 그렇게 함함한 자식을 예쁘다고 꼭 껴안아주면 고슴도치 새끼는 찔려서 상처를 입을 것이고, 그렇다고 멀찍이 떨어뜨려 내버려두면 따뜻한 엄마 품을 그리워할 것이다. 우화에서 고슴도치들은 수많은 시행착오를 거쳐 적절한 거리를 찾아냈다. 아이들과 나 사이에 서로 찔리지 않을 만큼, 그러나 온기를 느낄 만큼의 적절한 거리를 찾는 일은 어떻게 가능할까. 인간들은 가시가 없는 매끄러운 등을 가졌지만 찔러서 피를 내기에 충분한 가시 돋친 말들을 내뱉는다. 그렇게 상처를 입

° 실제 고슴도치들은 가시가 없는 머리를 맞대고 체온을 유지한다고 한다.

고 피를 철철 흘리면서, 차라리 추위에 오들오들 떨어도 그게 낫다며 연을 끊는 가족들이 생겨난다. 이렇듯 나와 우리의 관계 설정은 평생 우리를 고민하게 하는 어려운 숙제다. 가족 관계는 정말 어려운 관계다. 마음에 안 맞는다고 산뜻하게 헤어질 수 없기 때문이다. 정답은 없어 보인다. 우화 속 고슴도치들처럼, 계속 모였다 흩어졌다를 반복하면서 무수한 시행착오 속에서 각자 알맞은 거리를 확보하는 것만이 유일한 방법이 아닐까. 찔러서 피를 내면, 마음을 다해 사과하면서.

정답은 없겠지만 정답처럼 마음에 품고 가고 싶은 말은 있다. "신호등 같은 어른이 아니라 가로등 같은 어른." 아이들을 위한 공간을 함께 고민하는 모임에서, 어른이 해야 할 역할을 이렇게 표현하신 분이 계셨다. 이렇게 다정하지만 함부로 끼어들지 않는 부모가 되면 어떨까. 물론 어린 자녀를 둔 부모는 종종 신호등의 역할을 해야 할 테지만 아이가 점점 커갈수록 가로등으로 변할 수 있으면 어떨까 싶다. 딜레마를 극복하기는 어려워도, 우리 아이들이 늘 은은한 빛 속에 서 있을 수 있도록.

I와 We의 희한한 동거

:

딜레마는 고슴도치들에게만, 부모 자식 간에만 있는 게

아니다. 우리 사회 자체가 나에게는 커다란 의문이자 모순으로 느껴질 때가 많다. 내가 글의 서두에 우리는 과연 We의 사회인가, 아니면 I의 사회인가, 하는 질문을 두고 고민 중이라고 밝혔던 것은 우리 사회가 굉장히 'We'라는 덩어리로 뭉쳐 있는 것 같으면서도 동시에 굉장히 파편화되어 있기 때문이다.

김누리 교수는 자신의 책 《우리의 불행은 당연하지 않습니다》 서문에서 이탈리아 철학자 프랑코 베라르디가 본 한국 사회의 특징을 "끝없는 경쟁, 극단적 개인주의, 일상의 사막화, 생활 리듬의 초가속화"로 요약해서 제시하는데, 이것이 꼭 지옥의 구성목록처럼 느껴져 섬뜩하다고 덧붙인다. 이 부분이 '한국 사회의 특징 네 가지'라는 말로 우리 사회에 널리 회자되었는데, 이 가운데 극단적 개인주의라는 진단이 특별히 내 관심을 끌었다. 그동안 우리 사회는 결코 개인을 중심에 두는 사회는 아니었다고 보기 때문이다. 사실 개인주의individualism는 독립적인 개인의 도덕적 판단에 가치를 두는 입장을 말한다. 무슨 말이냐 하면 도덕적 판단의 기준이나 주체가, 사회나 인종이나 계급이나 성별이 아니라 각 개인이라는 얘기다. 이게 특별히 나쁠 리가 없다. 내 판단이 늘 나의 성별이나, 인종이나, 계급이나, 내가 속한 사회의 기준을 따라야 한다면 이거야말로 미치고 팔짝 뛸 노릇이다. 그래서 베라르디가 정말로 '개인주의'라는 표현을 썼는지 궁금했다. 찾아보니 원문의 표현은 "극단적 개인주의"가 아니라 "생애의 극단적 개인화"였다. 개인화와 개인주의는 뜻 차이가 크다. 김누리 교수의 인용이 잘못되었다는 것을 문제 삼으려는 것이 아니다. 나는 이 '극단적 개인주의'라는 진단이 우리에게는 지옥의 구성목록처럼 느껴질 만큼 아무 이질감 없이 부정적인 것으로 받아들여진다는 점에 더 주목할 필요가 있다고 본다.

우리나라에서 개인주의는 이기주의와 거의 비슷한 맥락으로 사용된다. 개인을 앞세우는 행동을 그만큼 이기적인 것, 부정적인 것으로 본다는 말이다. 이것은 그릇된 We의 문화가 강하게 작용한 탓이다. 영어 사전에서 individualist, individualism을 찾아보면 독립성, 개성, 자유로움 등이 부각되는 단어로, 대체로 긍정적이다. 가장 부정적으로 볼 수 있는 유의어는 odd(별난)나 strange(이상한), 즉 남과 잘 어울리지 않고 좀 별난 정도에서 그친다. 옥스퍼드 동의어 사전을 아무리 뒤져봐도 selfish(이기적인)라는 동의어는 없고, 심지어 빈번히 연결되어 쓰이는 단어들 목록에서도 selfish는커녕 egoistic(자기중심적인)의 코빼기도 안 보인다. 그래서 원뜻으로는 아무리 극단적인 개인주의라 해도 이게 본질적으로 이기적인 방향은 아니다. 그저 남들과 동떨어지게 너무 마이 웨이거나, 독단적인 모습일 뿐이다.

odd나 strange, 즉 마이 웨이거나 독단적인 것은 한 인간의 성격의 문제다. 하지만 selfish, 즉 이기적인 것은 한 인간의 도덕의 문제다. 성격 차원의 문제가 도덕 차원으로 바뀌어 비난의 소지를 주고 있는 것, 나는 이것이 우리 사회의 거대한 We가 '개인'이라는 단어에 불어넣은 입김이라고 생각한다. 그래서 이 개인주의라는 단어에 잘못 덧씌워진 오명을 푸는 것이 우리 한국 사회에서 I와 We가 건강히 공존할 수 있는 열쇠라고 생각한다.

개인이라는 것을 부정적으로 보아온 시간이 길어서일까, 우리 사회의 개인들은 많이들 힘겨워 보인다. 남의 눈치를 보느라, 타인의 기대에 부응하느라 제대로 기를 펴지 못하는 경우가 많다. 우리 사회의 개인들은 굉장히 파편화된 특성도 가지고 있는데, We의 문화를 가진 사람들이 굉장히 갈라져 있기도 하다는 것은 일견 모순적으로 보이기도 한다. 사실 We의 문화가 있다고 해서 사람들이 모두 동일하게 행동해야 한다면 그거야말로 무서운 일이다. 그렇지만 서로 돕고 베푸는 We의 문화를 자랑스럽게 내세우는 사람들이 어째서 동시에 이렇게 극단적으로 파편화된 것일까.

나는 건강하지 못한 개인I이 강한 우리We를 이루면 이런 문제가 발생한다고 본다. 거칠게 말하면, 그동안 공동체를 앞에 두고 개인을 너무 뒤로 물렸기 때문에 이런 결과가 온 것이라는 말이다. 나보다 공동체가 우선시되는 것이 도덕적으로 권장되는 사회에서는, 개인이 행복하고 즐겁게 단단해질 기회가 상대적으로 적다. 공동체에서 좋다고 생각하는 것, 우리가 모두 함께 이렇게 나아가야 한다고 생각하는 것들과 적성-취미-능력-관심사가 맞지 않으면 그 개인은 능력 없는 놈이 되거나 나쁜 놈이 되기 쉽다. 일례로 모두가 공동체의 '인적 자원'이 되어야 하는 사회, 학벌이라는 가치를 중시하는 사회에서 공부를 못하는 아이들은 그 이유 하나로 자신이 못났다고 생각하기 쉽고, 사람들은 '꼴찌는 곧 문제아'라는 참으로 문제가 많은 도식을 만들어낸다. 다수가 특정한 가치를 바라보더라도 개인의 특성은 존중되어야 하는데, 삐죽 불거진 싹들을 반듯하게 잘라내려는 사회에서는 개인이 병들고 불행해지는 것이다.

이렇게 개인이 불행한 사회에서는 개인들이 거대한 We의 압력에 밀려 서로 다투게 된다. 사회가 이게 성공이라고 내놓는 가치를 모두 함께 쫓느라 힘이 든다. 그 안에서 개인들은 파편화되고 이기적으로 행동하기 쉽다. 나만 잘 살면 되기에 끊임없이 밟고 올라서려 하고, 나만 아니면 되니까 눈치 보며 침묵하는 경우도 많다. 이익이 맞는 사람들끼리 모여 작은 We를 만들기도 하지만 이것은 건강한 개인이 모여 이루는 연대가 아니다. 그저 파편화된 개인들의 밥그릇 토너먼트에서 복식조로 출전한 것뿐이다. We와 I가 희한한 방식으로 연결되어 작동하는 이 메커니즘 앞에서 특수학교 설립을 위해 무릎 꿇는 엄마들이 생기고, 단지 내 놀이터를 이용하지 못해 울음을 터뜨리는 아이들이 생긴다.

거대한 위기 앞에서는 모든 개인들의 이익과 가치가 한 방향으로 수렴하기 쉽다. 바이러스의 위기 앞에서는 사람들이 건강의 가치와 생명의 존엄 앞으로 모이게 된다. 그 안에서 We의 문화는 아름답고 가슴 벅차게 작용한다. We의 문화는 이렇게 위기 상황에는 빛을 발하지만, 평상시에는 독으로 작용할 소지도 다분하다. 건강하고 즐거운 마이 웨이 my way의 개인들이 충분히 기를 펴고 행복할 수 있어야 유어 웨이 your way의 행복도 존중하게 된다. 내 방식도, 네 방식도, 다 괜찮다. 사람이 사는 방식은 모두 다를 수 있으니까. 끈끈하게 이어진 We의 사회가 동시에 극단적으로 파편화될 수 있는 것은 모순이 아니다. 모순은 아니지만 불행인 것이다.

개인화된 시간 속의 아직 개인화되지 못한 우리

우리는 한때 엄청난 We의 시대를 살았다. 대통령이 작사 작곡했다는 새마을 노래가 아침저녁으로 울려 퍼지며 새벽종이 울렸으니 이제 일어나 일하시라 권했고, 동네 꼬맹이들은 2루타가 될 건지 3루타가 될 건지의 위급한 상황에서도 저녁 6시가 되어 애국가가 울려 퍼지면 국기가 하강하고 있을 것으로 추정되는 곳을 향해 부동자세로 서 있어야 했다. 그 사이에 공은 속절없이 굴러갔다. 움직이면 행여 공산당이라고 놀림받을까 봐 꼬맹이들은 차렷 자세로 서서 공이 굴러가는 쪽으로 눈알만 굴렸다. 우리는 태극기 앞에서, 뭔진 모르겠지만 아무튼 몸과 마음을 바쳐 충성을 다할 것을 맹세하곤 했다. 당시의 경찰들은 아버님들의 머리 길이와 어머님들의 치마 길이를 재기 위해 어깨와 무릎에 자를 들이댔고, 꼬마들은 나라에서 장려하는 혼분식 검사를 통과하기 위해 짝꿍이 싸온 보리밥에서 보리를 몇 알 덜어다 내 쌀밥을 건강식으로 데코하며 푸드 스타일리스트 꿈나무로 자랐다. 지나간 시간은 늘 그립고 따스하게 느껴지지만, 그리고 그 안에서 우리는 분명 무지개처럼 다양한 인간들로 살아왔지만, 돌아보면 참 폭력적인 시간이었다. 밥 먹는 것까지 애국적으로 먹어야 하다니.

시간은 흘러 우리는 점점 개인화된 시간 속에서 살고 있다. 팟캐스트라는 것이 처음 생겨나기 시작할 무렵, 소설가 김영하는 자신의 팟캐스트 〈김영하의 책 읽는 시간〉을 이 새로운 매체에 대한 굉장히 인상적인 통찰로 시작했다. 그 핵심은, 팟캐스트가 사람들이 각자 개인화된 시간에 받아들이는 새로운 방식의 매체라는 것. '땡전뉴스'[o]라는 슬픈 용어를 우리가 기억하듯, 소설가는 "지난 시대의 시간이라는 것은 모여서 하는 매스게임처럼 집단화된 시간이었다"고 말했다. 이제는 어떤 이야기가 집단적으로, 동시에, 다른 사람의 시간을 폭력적으로 잡아먹으면서 전달되는 것이 아니라 개인이 개인에게 유연하게, 선택적으로, 때론 은밀히 가 닿을 수 있는 시대라는 것이다. 세상이 바뀌고 기술이 진보하면서 우리는 다양한 개인들이 자기만의 목소리, 자신의 다양한 모습을 전파

○ 9시가 땡 치면 "전두환 대통령은 오늘"로 시작하는 지극히 획일적인 뉴스가 전해졌기 때문이다.

에 실어 나르는 시간을 살고 있다. 옆집 삼식이가 라면에 뭘 넣어 끓여 먹는지, 앞집 삼순이가 오늘 무슨 옷을 입었는지 직접 보지 않고도 알 수 있는 시대다.

하지만 시간은 개인화되었으되 그 안의 사람들은 아직 충분히 개인화되지 못했다. 앞에서도 밝혔듯이 우리 사회는 개인주의, 즉 독립적인 개인의 도덕적 판단에 가치를 두는 이 멀쩡한 입장에 부정적 뉘앙스를 강하게 버무려놓았다. '나만 중요하고 남들을 고려하지 않는 이기주의적인 놈'이라고 말하고 싶지만 차마 그럴 수 없을 때, 우리는 점잖은 표정을 하고 '그 사람은 개인주의적 성향이 있다'고 말한다. 개인이 중요하다는 말보다는 공동체가 중요하다는 말이 왠지 더 정답 같고, 멋있어 보인다.

거대한 병영 사회를 만들었던 막사의 장막을 우리 손으로 걷어내기는 했지만, 우리 사회에는 아직 그 파편들이 깊숙이 남아 있다. 짬밥, 군번, 고문관, 각개전투, 관등성명 등 우리 일상에 깊이 스며든 군대 용어들이 여전히 많을 뿐 아니라 (나는 이 단어의 대부분을 대학 새내기 시절에 듣고 체험했다는 것이 더욱 슬프다) 아직도 많은 직장에서 까라면 까야 하는 군대 문화를 털어내지 못하고 있다고 들었다(뭘로 뭘 까라고요?). 학교 선배들이 얼토당토않게 소위 군기라는 걸 잡다가 진짜로 사람을 잡는 가슴 아픈 일들도 늘 있어왔다. 학교에도 회사에도 사회에도, 오래된 군대 문화의 그늘은 여전히 그놈의 밤송이처럼 따갑게 드리워져 있다.

한국 사회는 아직까지 많은 부분 정답 사회다. 어려서부터 그리 사지선다 오지선다 정답 맞히는 걸 시키더니, 어른이 되어서도 볼품없는 선택지를 주고 그 안에서 정답을 따라가라고 성화다. 생애주기별로 클리어해야 할 미션이 주어지고, 심지어 널리 통용되는 이상적인 신체 사이즈가 있을 정도로 꽤 획일적인 기준을 가진 사회다. 미국 역시 미美에 대한 사회적 압력이 강한 사회긴 하지만, 내가 그곳에 가서 가장 자유로움을 느꼈던 것 중 하나는 어이없게도 속옷 사이즈가 다양하다는 것이었다. 지금은 제법 여러 사이즈가 갖춰져 있지만, 한동안 우리나라 대다수의 속옷 매장에서 팔던 사이즈는 딱 세 가지뿐이었다. 그 안에 대충 나의 몸을 끼워 맞춰야 했다. 잘 모아서 구겨 넣든지, 뭔가 가슴 깊은 곳에서 그 어떤 여백의 미를 느끼든지. 다양한 인종과 다양한 사이즈를 고려해 만든 속옷들이 갖춰진 빅토리아 시크릿 매장 안 작은 칸에서, 나는 몸에 딱 맞는 속옷을 처음 입어보고 너무 좋아서 춤을 출 뻔했다. 주어진 몇 안 되는 선택지 안에서 나를 조이던 물건이 아닌, 다양한 선택지 안에서 나에게 찰떡같이 들러붙는 물건을 찾았을 때의 그 기분이라니. 다양성이란 좋은 것, 이렇게 소박한 방식으로도 인류를 자유케 한다.

물론 상품이라는 것이 수요와 공급과 가격 등 많은 것들을 고려해서 내놓는 것이기에, 사이즈의 선택지가 빈곤하다는 것 그 자체가 바로 한 공동체의 경직성을 의미한다고 보기는 어렵다. 하지만 꼭 사이즈가 아니더라도 우리의 취향은 꽤나 획일적이다. 어느 시대 어느 사회든 유행이란 것이 있기 마련이지만, 우리 사회 안의 유행은 좀 극단적인 면이 있다. 모두가 입으면 나도 입어야 하고, 그렇지 못하면 수군거림이나 눈총을 받을 수도 있는 그런 유행. 아이들의 마음을 아프게 하고 부모님들의 허리를 아프게 하는 그런 유행. 컨트리 뮤직의 대부 조니 캐시는 초록은 40가지 색이라고 말하는데°, 우리는 초록은 동색이라고 말한다. 사실 초록이 동색이다 보니 그 초록들이 자꾸 사회에서 물의를 일으키곤 한다.

개인주의자 없는 개인주의 사회, 민주주의자 없는 민주주의 사회

우리는 과연 I의 사회인지 아니면 We의 사회인지 답을 내기가 어렵다고 했던 것은 우리 사회가 '개인주의자 없는 개인주의 사회, 민주주의자 없는 민주주의 사회'라는 생각이 들기 때문이다. 이기주의는 충분한데 충분히 개인주의적이지는 못하다. 민주주의인 것 같은데 민주적이지 못하다. 뭔가 이상하고 오묘하다. 정답을 맞히기에 급급해서 내용을 이해하지 못하고 일단 답만 써놓

° 조니 캐시가 아일랜드 여행 중 작곡한 것으로 알려진 〈Forty Shades of Green〉이라는 노래가 있다.

은 학생 같다. 전 세계적으로 인정받는 것, 정답이라고 생각하는 것을 일단 가져다놓긴 했는데 포장과 알맹이가 서로 삐걱거리는 느낌이랄까. 김누리 교수는 "4.19, 5.18, 6.10으로 이어지는 위대한 민주혁명의 역사에도 불구하고 우리는 왜 또다시 박근혜와 최순실의 시대를 겪어야 했는가, 한국의 민주주의는 왜 이리도 허약한가" 하는 질문에 "그것은 무엇보다도 한국 민주주의가 '민주주의자 없는 민주주의'이기 때문"이라고 답한다. 스스로를 돌아보라는 것이다. "광장에서 민주주의를 외치지만, 가정, 학교, 일터에서 우리는 얼마나 민주주의자로 사는가."

우선 개인주의부터 살펴보자. 우리는 개인의 자유가 중요하고 개인의 개성이 존중받아야 한다는 것을 머리로는 이해하지만 몸은 다소 그렇지 못하다. 뉴스를 보면 많은 사람이 자유와 방종을 헷갈리거나, 개인의 이익을 개인의 자유와 쉽게 동일시한다. 개성이 중요하다고 하면서 소위 '개인주의적 성향'은 지탄받고(솔직히 개성이란 게 올바른 의미에서 개인주의적 성향의 줄임말 아닌가요), 개인이 예쁘게 꽃필 만한 교육이 잘 이루어지지 못하고 있다. 카뮈는 "세상에는 그저 정상적이고 평범해 보이기 위해 미칠 듯한 에너지를 쏟아부어야 하는 사람들이 존재하는데, 세상 사람들은 그걸 잘 모른다"고 했다. 우리 사회의 보이지 않는 곳에서 그 미칠 듯한 에너지를 쏟아붓고 있는 사람들이 과연 카뮈가 살았던 1900년대 초중반의 프랑스보다 적다고 단언할 수 있을까.

우울증 진단을 받았던 한 지인은 특히 교회에서, 우울증이라는 마음의 병이 신앙의 잣대로 재단되는 풍토 때문에 몹시 힘들었다고 한다. 우울해 보이지 않으려고 웃음으로 자신을 포장하느라 애를 쓰다 보면 모든 에너지가 고갈되었다고 했다. 집에 오면 너무 피곤해서 아무것도 할 수 없었고 그래서 잠만 자느라 더 우울해졌다고. 개인뿐 아니라 사회적 단위의 층위에서도 마찬가지 일들이 빈번히 일어난다. 이제는 이혼율도 적지 않고 TV에는 소위 '돌싱'들을 모아서 만든 예능 프로그램들도 트렌드처럼 생겨나고 있지만, 여전히 세상에는 소위 '정상 가족'이라는 신화적 관념을 둘러싼 보수적인 시선이 굳건히 남아 있다. 결혼식에서 평범하고 화목한 가정이라는 이미지를 연출하기 위해서, 이혼 결심을 하고서도 장성한 자녀들의 출가 이후로 법적 절차를 미루는 부모님들이 많다. 혼주 자리가 하나 빌 수도 있고 사정상 없을 수도 있는 건데, 상대 쪽 손님들에게 어떻게 보일지 스트레스를 받느라고 행복해야 할 결혼식을 준비하는 내내 에너지를 소모하며 애쓰는 신랑 신부의 이야기도 심심치 않게 접할 수 있다. 나에게는 '한부모 가정' 이전에 '결손 가정'이라는 말이 널리 사용되었던 기억이 강렬하게 남아 있다. 각자의 사정으로 생긴 빈자리를 '결함'이라고 아무렇지 않게 말하는 다수, 폭력적인 아빠든 아이를 학대하는 엄마든 어찌되었든 아빠 엄마가 그렇게 굴비처럼 엮여 있는 가정이 '완전'한 것이라고 믿는 We가 2020년대에도 여전히 카뮈의 문장을 유효하게 만든다. 한부모 가정이라는 말이 생겨났어도 은근히 '결손' 가정 취급을 받는 문화는, 개인의 자유와 개성을 존중해야 한다고 머리로는 생각하면서도 편안한 개인주의 사회를 만들어내지 못하는 우리의 모습을 보여주는 단면이다.

민주주의 역시 마찬가지다. 피땀 흘려 민주주의적 제도를 쟁취해냈지만 우리는 정작 그 민주주의 투사 중 상당수가 일상에서는 반민주적이었다는 것을 알고 있다. 안타깝게도 많은 정치인이 그러했다. 밖에서 자유와 평등을 부르짖고 집에 돌아와서는 소파에 누워 밥 차려내라는 꼴이랄까. 학생운동의 중요성과 그들이 이루어낸 귀중한 성과를 폄하할 생각은 전혀 없지만, 내가 경험한 90년대까지도 그 조직은 꽤나 배타적이고 의외로 반민주적이었다. 민주적 가치를 위해 반민주적 전략을 버리지 못하는 모습이 의아하고도 안타까웠다. 민주주의를 내가 싸워서 쟁취해야 할 어떤 제도나 이상으로만 바라보고, 기본적인 삶의 태도로 이해하지 못했던 탓인 것 같다.

We의 그늘에는 여러 가지가 있다. 동질성-획일성-경직성으로의 점층법, 선을 긋고 싶어 하는 배타성, 책임 소재가 흐려지고 비판이 어려워진다는 점 등 각각으로도 충분히 글 한 편씩이 나올 만한 특성이다. 하지만 '민주주의자 없는 민주주의' 측면에서 가장 경계해야 할 것은 우리나라 We 문화의 가족적인 특성이다. 가족이 어때서? 바로 그렇기 때문에 무서운 것이다. 가족은 따뜻하고 포근하고 좋은 것, 경계하지 않아도 될 것 같은 단어다. 우리는 온 국민이 한 가족이다. 온 세상이 언니, 오빠, 이모, 삼촌, 어머니, 아버지들로 가득하다. 정 많고 따뜻한 사회다. 한데 이 따뜻하고 포근한 감정 뒤에는 서늘한 그늘이 도사리고 있다.

앞서 말한 폭력적인 We의 시대에서, 박정희 대통령은 국민에게 '아버지 대통령 각하'였다. 그렇게 미워하던 '어버이 수령'을 닮았다. 그의 딸 박근혜 대통령 역시 모성을 내세웠다. 모성 정치, 모성적 리더십이라는 말은 섬세하게 약자들을 품겠다는 포근한 말로 들리지만, 아버지 대통령이든 어머니 대통령이든 국민은 그 앞에서 어린 자식이 되어야 한다는 함정이 있다. 그런 분들께는 내가 학원을 땡땡이치고 어딜 다녀왔는지 내 동선을 낱낱이 파악할 권위가 있고, "다 너 잘되라고 하는" 얘기를 하시면 말대답을 하기보다는 고분고분하게 "네" 하고 들어야 하는 것이 문제다. 2012년 12월, 당시 대선 주자였던 박근혜 새누리당 대표의 마지막 TV토론을 보면서 내가 뜨악했던 것은 "4대강 사업은 현 정부 최대의 핵심 사업이라 개인이 그것에 대해서 하지 말라고 하는 것은 범위를 넘어선 것이다"라고 말하는 부분이었다. 최대한 좋게 해석하면 "나라의 핵심 사업인데 국민이 반대하는 것보다는 성원을 보내며 지켜봐주면 좋지 않겠느냐"이겠지만, 내게 저 말은 "나라의 핵심 사업으로 대통령이 미는 일이면 국민 개개인은 그저 입 다물고 조용히 따라오는 것이 옳다"는 말로 들렸다. 개인적으로는 모성 정치라는 단어의 그늘이 서늘하게 느껴지던 순간이었다. 이 세상 인간관계 중에서 가족 관계가 가장 어려운 까닭은 그것이 '개인 대 개인'의 개인주의적 관계가 되기 어렵고, 동등하고 평등한 민주주의적 관계가 되기 어렵기 때문이다. 그래서 누가 아버지 같은 정치, 어머니 같은 정치를 하겠다고 하면 우리는 그걸 조금은 불편하게 받아들이고 경계해야 한다.

어른에 대한 예절은 우리 사회의 윤활유가 되기도 하지만 자기검열의 기제가 되기도 한다. 우리는 교수님 앞에서, 선배들 앞에서, 어른들 앞에서, 내 의견을 밝히는 것을 스스로 두려워하곤 한다. 나는 미국 유학 시절 교수님들만 보면 자리에서 벌떡벌떡 일어나는 몸에 밴 벌떡이 사라지지 않아서 많은 교수님을 웃음 짓게 했다. 우리나라에는 오랫동안 신체를 규율하는 문화와 제도가 있어왔다. 나는 내 아이들이 선생님을 만났을 때, 몸보다는 마음이 공손하게 일어서는 아이들이 되었으면 좋겠다. 긴장하며 벌떡 일어서기보다는 이완된 신체로 마음껏 춤추며 자라기를 바란다. 그러려면 개인주의와 민주주의가 이름 그대로 튼튼히 자리잡아야 한다고 믿는다.

I와 We의 좌표 속에서

사회적 거리두기가 길어지면서 다들 힘들어한다. 무엇보다 친구를 만날 수 없기 때문이다. 우리는 I로만 살아갈 수는 없다. 삶에 We는 꼭 필요하다. 하지만 타인을 그리워하면서도 자가격리하는 사람들, 특히 외국인들에게 세금을 쓴다며 험한 말들을 쏟아내는 사람들을 본다. 우리는 We의 문화를 가지고 있지만, 그 We는 연대의 We가 아니라 획일적이어야 한다는 강박이 섞인 We 같다. 내가 이렇게 옳은 말을 하는데 너는 왜 동참하지 않냐며 비난하고, 문제가 되면 We라는 단어 뒤에 쏙 숨을 수 있는, 그런 비겁한 We를 보는 것이 나는 불편하다.

그럼에도 불구하고 나는 여전히 비관적 낙관주의를 유지하고 있다. 자가격리를 하는 외국인들에게 세금을 쓴다며 정책입안자들 정신 상태가 이상한 거 아니냐고 앞다투어 성토하는 맘카페들도 있었지만, 공적 마스크를 더 필요한 분들께 양보하거나, 택배 기사님들께 간식과 마스크를 선물하는 유행을 만든 맘카페들도 있던 것이다. 괴물 같은 작은 We들이 활개 치고 다니기도 하지만, 연대의 마음으로 모인 아름다운 We들도 그에 못지않게 많다. 나는 선한 사람들이 집단으로 모여드는 모습을 볼 때 바닥에 떨어진 인류애를 회복하곤 한다. 일그러진 개인들의 집합체인 괴물 같은 We가 아닌, 무지개색으로 빛나는 개인들이 조화롭게 모인 점묘화 같은 We. 생각만 해도 따뜻하다.

우리는 개인화된 시간 속에 살고 있지만 아직 충분히 개인화되지 못했고, 민주주의 사회에서 살고 있지만 아직 민주주의자가 되지 못했다. 개인주의는 만연해야 하며, 민주주의는 가치가 아니라 일상이어야 한다. 내 철학을 가지고 내 행복을 좇으면서 내 이름으로 버티며 살아낸 삶은 충분히 아름답다. 그것이 반드시 강하거나 모범적일 이유는 없다. 약하고 비틀거렸기에 더 울림이 크고 아름다울 수 있다. 나는 내 아이들이 I로, 또 We로 건강히 자랄 수 있기를 바란다. 나와 아이들과의 관계도 부디 그 복잡한 I와 We의 좌표 속에서 길을 잃지 않고 평화를 찾을 수 있기를. 그러기 위해서는 희생적인 지음이 엄마, 헌신적인 이음이 엄마가 되기보다는 우선 그냥 건강하고 유쾌하고 엉뚱한, 한 개인으로서의 이진민 씨가 되어야 하리라고 믿는다. 그런 의미에서 육아하는 엄마가 무슨 술이냐는 고슴도치 가시 같은 말을 피해서 오늘도 건배.

4장

힘든 세상에서
우리를 일으켜줄 세 가지

밥
음식은 때로 언어를 대신한다

따뜻한 밥 한 끼의 위로

저녁을 차려놓고 손 씻고 와서 밥 먹자고 말하면 아이들은 가끔 반론을 제기한다. "엄마, 이거 밥 아니고 파스타인데?" 아이들에게는 아직 밥이란 것이 쌀알이 폭신하게 익어 소복하게 담긴 것만을 말하지, 입으로 들어와 우리를 지탱시키는 것들의 총체로 인식되지는 않는 모양이다. 힘든 세상에서 우리를 일으켜줄 것들에 대해 쓰고 싶어 여러 가지를 꼽아보았다. 희망, 친절, 격려, 믿음, 시와 노래, 심지어 낭만까지. 그런데 가장 먼저 밥을 꼽지 않을 수 없었다. 가장 원초적이지만 가장 직관적인 답. 우리는 어쨌든 몸을 가진 존재, 창자를 꼬르륵거리면서 사는 존재들이기 때문이다. 힘들어하는 친구에게 우리는 묻는다. "밥은 먹었어? 일단 좀 먹어야 기운을 차리지." 웰빙이 다이어트와 동일시되는 다소 희한한 세상에서, 주변의 모든 사람이 입을 모아 더 먹으라고 어깨를 툭툭 쳐주는 사람이 있다면 임신부 아니면 힘든 일을 겪고 있는 사람이다. 그렇게 우리는 힘들 때 먹는다.

우리는 삶의 많은 순간 음식에 기대어 한 발 내딛곤 한다. 이것만 끝내고 퇴근해서 아껴둔 맥주 꺼내 마셔야지 하는 마음, 기운의 알갱이가 한 톨도 남지 않은 순간에 냉장고 안에 넣어둔 조각 케이크를 떠올리고 씩 웃는 마음, 추위에 오들오들 떠는 귀갓길에 어제 끓인 김치찌개가 반려인의 습격을 받고도 가스레인지 위에 아직 살아남아 있기를 바라는 마음, 한 베스트셀러의 제목처럼 '죽고 싶지만 떡볶이는 먹고 싶은' 그런 마음. 맛있는 음식, 좋아하는 음식은 떠올리는 것만으로 우리의 마음을 미소 짓게 한다. 나는 여러 종류의 책에 둘러싸여 살고 있는 편이지만 가장 좋아하는 책이라면 역시 메뉴판이다. 단 한 번도 나를 설레게 하지 않은 적이 없다.

세상에는 사람을 일으켜 세우는 음식들이 있다. 실화에 바탕을 두었다는 소설 《우동 한 그릇》이 일본 사람들 마음을 뜨끈한 국물의 온기로 채웠다면, 우리나라에는 오천 원을 들고 눈치를 보던 형제에게 무료로 따뜻한 치킨을 만들어주시고 소위 '돈쭐'이 난 치킨집 사장님이 우리들 마음을 바삭하게 만들었다. 연거푸 떨어지는 시험에 꿈을 포기하고 어머니를 뵈러 갔던 한 청년의 이야기를 읽은 적이 있다. 너무 지친 나머지 꿈과 함께 삶도 포기해야 하나, 그렇게 서글픈 마음으로 마지막으로 어머니를 뵈러 갔다고 했다. 아무것도 묻지 않고 말없이 내주시던 밥 한 끼를 먹는데 그 밥이 너무 따뜻해서, 너무 맛있어서, 다시 열심히 살아봐야겠다는 마음이 들었단다. 어머니의 따뜻한 밥 한 끼가 그렇게 자기를 살렸다고 했다. 천명관 작가의 동명 소설을 영화화한 〈고령화 가족〉에서도 자살을 생각하던 아들이 닭죽 먹으러 오라는 엄마의 전화에 생을 이어간다. 엄마 집에 빈대 붙어사는 백수 큰아들, 데뷔작이었던 영화가 흥행에 참패하고 생활고에 자살을 시도하려던 둘째 아들, 이혼을 거듭하는 딸을 데려다놓고 엄마는 열심히 밥을 해먹인다. 밥이라도 든든히 먹고 어깨 좀 펴라고 그렇게 따뜻한 밥을 하는 것이다. 자식들이 밥 먹는 모습을 보는 영화 속 엄마의 표정이 그 순간만큼은 그렇게 따뜻할 수가 없다.

최근에 오랜 투병생활을 하시던 엄마를 잃고, 나는 이제 내 인생에서 엄마의 집밥은 없다고 생각했었다. 그런데 바로 그때, 어머님과 시누이가 집밥을 해주고 싶다고 부르셔서 받았던 따뜻하고 뭉클했던 밥상이 있었다. 각종 나물이 소복하게 담기고 물에 시원하게 띄운 오이지와 멸치볶음, 오징어채, 따뜻하고 동글동글한 전이 푸짐하게 올려진 밥상. 요란하거나 특별하지 않아서 더할 나위 없이 좋았던 밥상. 밥을 떠 넣으면서 생각했다. '나에게 엄마가 없는 게 아니구나. 엄마 집밥이 없는 것도 아니구나.' 외국 사는 딸에게 엄마가 마지막 가시는 길의 단 한 장면도 허락하지 않았던 코로나19 때문에 슬픔마저도 혼란스럽던 그때, 한편으론 오랜 친구가 마치 친정엄마 같은 포스로 차려준 밥상이 있었다. 명절처럼 거대한 팬이 등장했고, 우리 엄마를 자기 엄마처럼 알고 지낸 어릴 적 친구들과의 수다가 달고 따뜻했다. 거기서도 나는 그렇게 우리 엄마가 나에게 전해준 집밥을 먹었다. 엄마 1주기를 맞아 다시 한국을 찾았을 때는 다정한 후배가 우리 엄마와 나의 추억의 음식인 병어조림을 기억했다가 만들어주었다. 나는 그걸 먹다 촌스럽게 눈물이 나서 더 전투적으로 밥을 그득그득 퍼먹었다. 나이와 성별을 떠나 엄마 같은 마음으로 건네주는, 위로가 되는 음식들. 그런 따뜻한 음식들로 나는 배와 마음을 가득 채워 일어날 수 있었다.

요리하는 마음

:

우리는 기쁠 때도 슬플 때도 먹어야 한다. 그러므로 우리는 늘 요리를 한다. 좋은 일이 있을 때는 특별한 음식을 나누며 축하하려고, 슬픈 일이 있을 때는 그래도 먹고 힘내서 살아보려고. 내가 엄마로서 뭔가 해주고 싶을 때, 이 조그만 인간들에게 엄마의 사랑을 전하고 싶을 때 가장 먼저 생각나는 건 맛있는 음식이다. 그래서 바쁜 일정에 조금이라도 여유가 생기면 무슨 특별한 걸 만들어줄까 요리 노트부터 뒤적거린다. 그렇게 예나 지금이나 사랑의 마음은 음식으로 전해진다. "느 집엔 이거 없지?" 하고 점순이가 내밀던 봄 감자가 그랬고, 사랑방 손님상에 넉넉히 오르던 삶은 달걀이 그랬다. 소설 《파친코》에서는 쌀이 귀하던 일제 강점기에 가난한 엄마가 결혼하는 딸에게 쌀밥을 해주고 싶어서 귀한 쌀을 어렵게 마련해 밥을 짓는 이야기가 나온다. 비록 감자는 뭣도 모르는 머스마에게 거부당해 사달을 일으키지만 삶은 달걀은 사랑방 손님 마음에 알알이 들어가 박혔을 것이고, 혼인날 먹었던 따뜻한 쌀밥은 딸의 영혼에 각인되는 어머니의 사랑으로 남았을 것이다. 자타가 공인하는 이 분야의 일인자, 즉 음식으로 전하는 한없는 사랑의 최고봉은 역시 할머니가 아닐까. 자애로운 표정으로 먹이고 또 먹이시는, 푸드사관학교의 교관 같으신 분. 할머니가 "아유 우리 손주 살쪘네" 하시면 진짜 심각하게 살쪘다는 소리다.

부모라면 아기 입에 들어갈 고형식을 정성스레 만드는 순간이 있다. 좋은 재료를 다지고 익히면서 아기가 잘 받아먹기를, 탈 없이 소화시켜서 조금 더 자라기를 바라는 마음으로. 자식 놈 입에 음식 들어가는 것만 봐도 배부르다는 말은 뻥인 것 같지만 (나는 배고프다) 그래도 아이들이 뭔가 맛있게 잘 먹는 모습을 보면 참 흐뭇하다. 아이의 몸이 아프거나 마음이 아플 때, 그래서 부모로서 무엇을 해줄 수 있을지 잘 몰라 우왕좌왕 당황할 때, 현실적으로 엄마 아빠가 아이에게 마음을 담아 전할 수 있는 건 정성스러운 밥

한 그릇이 아닐까 생각한다. 아픈 아이가 그래도 입맛을 잃지 않고 잘 먹으면 엄마들은 곧 낫겠구나 싶어 안도한다. 마음을 닫아버린 아이가 그래도 식탁 위에 차려둔 밥상에서 밥과 반찬을 비운 게 확인되면, 그래도 조금은 마음이 놓이고 내 마음을 조금 받아준 것 같은 느낌마저 든다. 특히나 닫아버린 마음에 닿을 수 있는 건 말보다는 밥이 아닐까. 음식은 때로는 언어를 대신한다. 내가 좋아하는 것이 슬쩍 놓인 따뜻한 밥상의 의미를 우리는 모두 알고 있다. 그렇게 우리 모두는 누군가의 마음을 받아먹고 컸다.

전쟁을 겪고 자란 부모님은 죽을 즐기지 않으셨다. 별미로 먹던 수제비 같은 것도 아빠는 어릴 때 신물 나게 드셨다며 별로 좋아하지 않으셨다. 죽이며 수제비 같은 것을 모나지 않은 마음으로 좋아할 수 있다는 건 참 감사한 취향이구나 하는 걸 나는 부모님을 통해 깨달았다. 그래도 엄마가 죽을 끓일 때가 있었으니 우리가 아픈 날이었다. 감기에 걸려 열이 날 때나 배앓이를 할 때면 입안이 까슬하고 소화도 잘 되지 않았다. 그런 날에는 작은 냄비에 보글보글, 흰죽이 끓었다. 흰죽만 먹으면 맛이 없으니 엄마는 양념을 한 새우젓을 곁들여 주셨다. 새우젓을 한 숟가락 크게 듬뿍 떠내고 쪽파를 조금 뜯어다가 둘을 도마 위에 놓고 다진 다음 그걸 작은 그릇에 담아 참기름을 듬뿍 두르고 깨를 넉넉히 올리면, 고소하고 짭짤한 게 부드러운 죽과 어울려 얼마나 입맛을 당기던지. 그렇게 죽이 그득하게 들어간 내 작고 보드라운 배 위에는 까칠한 엄마의 손이 올려졌다. 엄마 손은 약손, 엄마 손은 약손. 배 속도 마음도 든든하고 따뜻했다.

세월이 흘러 나도 엄마가 되었다. 엄마 아빠와는 달리 나는 평소에도 죽을 좋아한다. 그래서 누가 아프면 우리 집에서는 작은 냄비가 아닌, 큰 냄비에 보글보글 죽이 끓는다. 나도 이 죽을 같이 먹고 힘낼 거니까. 힘내서 너를 보살피고 문질러주고 안아줄 거니까. 아프지 말라고, 어서 털고 일어나라고 온갖 좋은 재료를 다져 넣고 끓인 죽에 아이들이 별 흥미를 보이지 않으면 나도 엄마의 양념 새우젓을 제조한다. 그렇게 만든 새우젓을 죽 위에 조금씩 얹어가며 한 입씩 떠먹이면, 아이들은 아기새처럼 받아먹다가 종내 자기가 숟가락을 쥔다. 아픈 아이가 잘 먹고 무리 없이 소화시키는 모습을 볼 때 엄마 마음에는 반짝, 불빛이 켜진다. 그렇게 엄마들은 보드라운 마음으로 죽을 끓이고 조금은 짠 마음으로 양념장을 만든다.

내가 아플 때도 나는 요리를 한다. 주로 몸보다 마음이 아플 때. 머리가 어지러울 때 요리는 꽤 좋은 선택이 된다. 잡생각을 없애주고, 마지막에는 입에 넣을 수 있는 뭔가가 생기기 때문이다. 왠지 가족들 눈치가 보여 마음껏 울기 어려울 때, 나는 일부러 양파를 잔뜩 쌓아놓고 수프를 만든다. 강력한 매운 냄새로 가족들의 접근을 원천 봉쇄하는 건 김치 종류지만, 김치는 늘 재료가 집에 있는 것도 아니고 많이 수고로우니까 양파 수프 정도가 딱 좋다. 부엌에 터덜터덜 들어가서 바로 만들 수 있어야 한다. 눈물이란 건 정중하게 방문을 예고하고 찾아오는 게 아니니까.

아주 천천히 양파를 까서 일부러 날이 약간 무뎌진 칼로 썰면서 눈물 콧물 다 쏟는 게 포인트다. 그렇게 엉엉 울고 조금은 후련해졌으면, 그놈들을 기분이 좋아지는 노란 주물 냄비에 넣고 버터를 크게 한 술 넣어 들들 볶는다. 얼마 안 있어 나를 토닥거리는 것 같은 소리와 함께 달큼한 냄새가 나기 시작한다. 이때 불을 좀 줄이고 빨개진 코를 대고 훈훈한 김을 쐬며 아로마테라피를 즐기면 좋다. 양파가 흐늘흐늘 투명해지면 설탕을 한 술갈 넣고 갈색빛이 날 때까지 아주 천천히 볶는다. 한 20분간 두고 이따금 휘저으면서 이 생각 저 생각해본다. 20분이면 멍 때리며 내 안을 휘저었다가 가라앉히기 적절한 시간이다. 수북하던 양파가 허무해질 만큼 부피가 줄어드는 모습을 보면서 내 안에 수북하던 슬픔이나 불안도 좀 줄이고, 양파가 타지 않게 주의하면서 내 맘도 타지 않게 돌본다. 마음도 양파도 잘 졸았으면 이제 마늘을 몇 쪽 다져 넣고, 밀가루를 뿌려 볶는다. 거기에 먼저 화이트 와인을 조금 붓고 치이익 볶다가, 이어서 물이나 육수를 더해 뭉근히 끓여내면 된다.

이대로 먹어도 좋지만 조금 더 특별한 위로가 필요하다면 찬장과 냉장고를 뒤져 빵 조각과 치즈를 꺼낸다. 수프 전용 그릇에 담아 빵 한 조각을 바삭하게 토스트해 올리고, 그 위에 그뤼에르나 틸지터처럼 녹으면 입안에서 몽글몽글 기분 좋게 돌아다니는 치즈를 얹어 오븐에 살짝 돌리면, 이제 소소하게 행복해질 준비가 다

됐다. 노글노글하게 녹은 틸지터 치즈를 입에 넣으면 말랑하니 뽀득거리는 게 아가 볼따구니를 입에 넣은 기분이다. 슬플 때는 역시 수프다. 밥을 꾸역꾸역 밀어 넣다가 목이 다시 메는 것보다는 여러모로 좋은 선택이다. 그릇 하나만 부여잡고 퍼먹으면 되니 이것저것 힘들여 차리지 않아도 좋다. 후후 불어서 호로록 배 속에 넣으면 안에서부터 든든한 힘이 차오른다. 소화에까지 힘들이지 말라며 잘 넘어가는 다정한 음식. 눈물을 쏟고 나서 먹는 수프는 더 맛있다.

그렇게 눈물을 쏙 빼게 만든 양파가 달달한 맛을 내면서 나를 기분 좋게 만드는 걸 보면, 눈물과 미소는 맞닿아 있는 거라는 삶의 진리를 새삼 깨닫게 된다. 칼릴 지브란은 〈기쁨과 슬픔에 대하여〉라는 시에서 "기쁠 때 가슴속을 들여다보면 슬픔을 주었던 바로 그것이 지금 기쁨을 주고 있다는 것을 알게 될 것이고, 슬픔에 잠겨 있을 때에도 가슴을 들여다보면 기쁨이었던 바로 그것 때문에 눈물 흘리고 있음을 보게 될 것"이라고 말했다. 좀 전에 나를 울게 만든 양파가 나를 따뜻하게 위로한다. 나를 눈물짓게 만드는 이 슬픔이 언젠가는 기쁨이 되어 돌아올 거라고 믿으며 떠먹기에도, 양파 수프는 여전히 탁월한 선택이다.

요리하는 마음에는 여러 색깔이 있겠지만 엄마가 되어 요리하는 마음은 대체로 밥심이라는 단어를 향한다. 이 밥을 먹고 네가 힘을 내기를, 엄마인 나도 스스로를 돌보며 힘을 내기를. 아침에 가방을 메고 집을 나설 아이를 위해 간식 통을 채우고 아침을 차릴 때 특히 그런 마음이 든다. 잘 먹고 힘내서 세상을 많이 배워오기를. 엄마도 배를 채우고 힘내서 오늘 하루를 잘 채우고 있을게. 그렇게 서로의 자리에서 머리와 가슴을 채우고 이따 만나서 또 같이 배를 채우자꾸나.

식구食口, 밥을 나눠 먹는 사이

가족을 밥 식食 자와 입 구口 자를 쓴 식구食口라고, 함께 밥 먹는 입을 강조해 표현하는 것의 의미를 우리는 안다. 같은 집에 살면서 끼니를 함께하는 사람. 한솥밥을 먹는 사람. 어른들은 그 안에 사랑과 정성을 담아내고, 아이들은 그 안에 든 삶과 수고를 배우고 몸과 마음을 살찌운다. 안 그래도 닮은 사람들이 같이 밥을 먹으면서 조금 더 동그랗게 닮아간다.

음식을 나누지 않는 사람을 가족이라 말할 수 있을까. 삶의 무수한 끼니를 함께한다는 그 자체만으로도 우리는 서로에게 너무나 특별한 존재다. 그렇게 서로 좋아하는 음식과 싫어하는 음식을 알게 되고, 특정한 음식에 특정한 의미를 담아 교환할 수 있는 사이. 한 마디로 표현하자면 음식이라는 언어로 대화할 수 있는 사이. 돼지고기가 듬뿍 든 김치찌개로 '사랑해'라고, 좋아하는 가게의 아직 따뜻한 에그타르트로 '미안해'라고, 딱 취향대로 끓인 라면으로 '밤늦게 수고했지'고, 특별히 좋아하는 과일로 '어서 기운차려'라고 말할 수 있는 사이. 돌아가신 후에도 생전에 좋아하셨던 음식으로 눈물이 나고 목이 메는 사이. 그렇게 식구는 입에서 입으로 연결되는, 세상 가장 특별한 사이가 된다.

영국의 유명 제빵사이자 요리 칼럼니스트인 루비 탄도는 "가장 절망적인 순간, 우리에게 필요한 것은 가정의 맛이다"라고 했다. 하지만 이 따뜻한 문장이, 그리고 내가 지금까지 밥에 대해 구구절절 써 내려온 문장들이 집밥 제일주의로 읽히지 않으면 좋겠다. 식구는 음식을 함께 먹는 사이인 거지, 꼭 집밥을 함께 먹는 사이는 아니다. 패스트푸드나 정크푸드의 문제가 아예 없는 것은 아니겠으나 집밥이나 슬로푸드만이 선이요, 패스트푸드는 악이라는 식의 이분법적 사고는 어쩐지 걱정스럽다. 음식이란 기본적으로 사람들에게 영양을 주고 살찌우는 물건이다. 저런 걸 먹는 애랑은 놀지 말라며 사람을 가르고, 도덕적 잣대나 색안경이 되어 누군가를 배곯게 하는 물건이 아니라고 믿는다.

시간을 들여 음식을 천천히 만들 수 없는 사람도, 상황도, 분명 존재할 것이다. 집밥만이 옳다는 도덕적인 믿음으로 흘러가는 것은 시간에 허덕이면서 아이들의 작은 입에 냉동식품이나 빅맥을 밀어 넣어주는 부모들의 마음에 죄책감을 한 겹 더 쌓는 일이다. 소설가 권여선은 "집밥이란 말을 들으면 누구나 향수에 젖은 표정을 짓고 입속에 고인 침을 조용히 삼키는데, 이건 순전히 집밥을 하지는 않고 먹고만 싶어 하는 사람들의 환상이 아닐까 한다"라고 말한다. 집밥의 신화 뒤에는 그 신화를 지탱하느라 의무감으로 무거운 칼을 쥐는 누군가가 있는 법이다. 집밥이 좋다고, 집밥을 먹어야 한다고 말하는 사람은 소소하게라도 그 집밥을 만드는 법부터 배워야 한다.

나는 나의 아이들이 맛있는 음식으로 힘을 내고, 주변의 지친 사람들에게 힘이 되는 한 끼를 내줄 수 있는 사람으로 자랐으면 한다. 자기 입에 넣을 것을 간단하게라도, 그러나 정성스럽게 만들 줄 아는 사람이었으면 좋겠다. 내가 먹는 기본적인 음식을 직접 만들 수 있다는 것이 내가 삼각함수 문제를 풀 줄 안다는 것보다 아이에게 자신감을 주는 일이어야 한다. 적절한 요리 스킬을 갖추는 건 나의 생존에도 꼭 필요한 일이지만 사랑하는 상대의 어깨를 엄청 가볍게 해주는 일이기도 하다. 내 입에 들어올 것을 늘 남에게만 맡기는 삶이란 왠지 좀 그렇다. 한두 번 들어오고 말 게 아니라서 더 그렇다. 그렇게, 서로가 서로의 입에 음식을 넣어주는 관계가 식구다. 한 명이 희생해서 만든 음식을 당연한 듯 받아먹는 관계가 아니라.

둥그런 피자를 구워서 나무판 위에 올려놓았을 때 "엄마, 이거 여덟 개로 잘라야 돼. 그러면 엄마랑 아빠랑 지음이랑 이음이랑 두 개씩 먹을 수가 있으니까"라고 말하는 걸 들을 때, 이 조그만 아이들 머릿속에도 식구라는 개념이 동그랗게 들어있구나 싶다. 엄마가 맥주를 볼 때의 눈으로 초콜릿을 바라보는 막내가, 그 소중한 초콜릿을 혼자서 다 먹지 않고 넷으로 나눠서 한 조각씩 이 방 저 방으로 배달 다니는 모습을 볼 때 내 마음은 흐뭇하고 달콤하다. 엄마가 글이 잘 안 써진다고 했더니 그림은 자기가 가르쳐줄 수 있는데 글은 좀 어렵다며 곤란해하던 아이가, 이거 먹고 힘내라며 초콜릿 하나를 손에 쥐어주고 가는 모습을 보면 이게 식구지 싶다.

이제 초등학교 2학년이 된 큰아이는 독일어, 우리로 치면 국어 시간에 한 학기 내내 레시피 쓰는 법을 배웠다. 그걸로 순서를 나타내는 단어도 배우고, 단수와 복수의 개념도 배우고, 동사 변화도 배우고, 무엇보다 간단한 음식 만드는 법을 배웠다. 과일 샐러드를 만들고, 바닐라 쿠키를 굽고, 팬케이크를 만드는 법을. 주황빛 호박이 탐스럽게 열리던 계절의 어느 날엔 작은 칼과 작은 도마, 숟가락과 수프 그릇을 챙겨 보내달라는 메모가 왔다. 다 함께 동네 호박밭에 나가 호박을 따서 수프를 만들어 먹을 예정이라고 했다. 그렇게 한 학기를 배우고 나서는 부쩍 음식할 때 옆에 와서 레시피를 읊으며 요리를 거들기 시작했다. 먹는 걸 좋아하는 작은아이는 애초에 요리에 관심이 많았다. 쌀(을 씻는 건지 손을 씻는 건지 모르겠으나 아무튼) 씻는 것도 좋아하고, 빵 반죽할 때 재료를 차례차례 넣어 섞는 것도 좋아하고, 자기도 엄마처럼 칼질을 해보고 싶어 한다. 과일을 썰 때도 옆에 착 붙어서 이렇게 깎고 저렇게 썰어달라며 주문이 많다. 두 녀석 모두, 기대감 가득한 얼굴로 몇 살이 되면 자기가 혼자 요리를 할 수 있는지 묻곤 한다. 엄마한테 무슨 요리를 해주고 싶냐고 물으니 큰아이는 달걀, 작은아이는 달고나란다. 너희가 만들어준 거라면 지옥불에서 건져온 스크램블드 에그도, 석탄의 향기가 나는 '쓰고나'도 엄마는 먹을 준비가 되어 있다.

I eat, therefore I am

힘든 세상에서 우리를 일으키는 세 가지 중 하나로 밥을 꼽은 것은, 너무나 평범하고 당연한 것 안에 들어 있던 놀라운 세계를 끄집어내어 새삼스럽게 펼쳐놓고 싶었던 마음 때문이다. 밥이 주는 놀라운 힘에 대해, 마치 밥을 처음 먹어본 사람처럼 얘기해보고 싶어서. 우리가 받아먹은 그 많은 끼니 안에 담긴 것들을 주머니에서 구슬 꺼내듯 하나씩 꺼내보고 싶어서. "그냥 뭐 평범하게 집밥 먹고 컸지"에서 평범은 평범이 아니며, 집밥이라는 소박해 보이는 단어 안에 얼마나 어마어마한 것들이 들어 있는지를 아주 새삼스럽게 말해보고 싶어서. 밥을 짓는 사람들이 얼마나 위대한 사람들인지 말하고 싶어서.

인간의 삶에서 밥이 차지하는 비중은 정말 놀랍도록 크고 우리 인생에서 음식의 기억이란 엄청나게 중요한 것인데, 우리는 왠지 밥과 관련된 세계에 인색한 구석이 있다. '집에서 밥이나 하는 사람'이라는 말로 상처를 주고, 음식 장사를 하시는 분들께 유독 무례하고 잔인하게 구는 사람들도 많다. 그렇게 상처 주는 조동아리로 그 밥을 잘도 먹으면서.

그래서 나는 아이들에게 밥 먹고 산다는 것의 위대함을 강조하고 싶다. 음식이라는 게 단지 한낱 먹을 것 아님을, 그 안에 켜켜이 든 많은 것들이 나의 몸을 살찌우고 마음을 토닥이는 것임을 같이 깨닫고 싶다. 더 나아가 우리가 먹기 위해 다른 생명으로부터 알을 취하고, 어린 것들로부터 어미의 젖을 빼앗고, 다른 생명의 목숨을 빼앗아야만 하는 것에 대해 어떻게 이해하고 어떤 마음가짐을 가지고 살면 좋겠는지를 같이 생각해보고 싶다. 함께 이 세상을 조금씩 먹어치우며 사는, 이 세상의 식구로서.

한때 세상에 "You are what you eat(당신이 먹는 것이 당신이 됩니다)"라는 슬로건이 유행했었다. 건강한 식생활을 권하는 말이었던 것으로 기억한다. 먹는 것으로 당신이라는 사람을 알 수 있다는 채식주의자들의 슬로건도 될 법한 말이고, 먹는 것이 영양소가 되어 우리 몸을 구성하니 그대로도 맞는 말이지만, 먹는 것이 나를 만든다는 말은 그 안의 기억과 촉감과 냄새와 그 음식을 정성으로 만들어 내 입에 넣어주시던 마음들이 나를 만든다는 말이기도 하다. "I think, therefore I am(나는 생각한다, 고로 존재한다)"이라는 데카르트의 명제는 그래서 나에게는 "I eat, therefore I am(나는 먹는다, 고로 존재한다)"으로 변한다. 내가 먹어온 것들이 지금의 나를 만들었다. 또 앞으로 내가 먹을 것들이 나라는 사람을 만들 것이다. 그렇게 내가 먹는 것은 내가 된다.

소설가 마크 트웨인은 "인생의 성공 비결 중 하나는 좋아하는 음식을 먹고 힘내 싸우는 것"이라고 했다. 우리는 아침이고 점심이고 저녁이고 간에 "밥은 먹었니?"라고 인사하는 사람들이고, 언제 밥 한번 먹자고 말을 건네는 사람들이다. 그렇게 서로의 밥 한 끼를 챙겨가며 살 수 있으면 좋겠다. 그렇게 내 앞의 소복한 순간들, 든든한 순간들의 기억을 쌓아가기를. 고소하고 짭짤하고 들쩍지근한 마음들을 나누면서 함께 몸과 마음을 살찌워가기를. 정말 힘들 때 내가 기댈 수 있는 음식과 그걸 나눠주었던 사람들을 생각하면 오늘도 나는 침과 용기가 동시에 솟는다.

유머
웃을 수 있는 힘, 웃길 수 있는 능력

인생은 아름다워

　:

　　인생은 아름다우면서도 아름답지 않다. 인생이 아름답지 않을 때, 그래도 그 인생을 살 만하게 만들어주는 것으로 평생 놓치고 싶지 않은 게 있다면 나에게는 유머다. 나는 웃긴 사람이 좋다. 우스운 사람 말고. 둘은 언뜻 비슷하게 보여도 마치 설탕과 소금처럼 다르다. 웃긴 사람은 즐겁고 지혜로운 사람이지만 우스운 사람은 안타깝고 조금 바보 같은 사람이다. 결정적으로 둘의 차이는 품위 유무에 있다. 나는 선하고 무해하고 품위를 잃지 않는 웃음이 좋다. 웃음에까지 품위라니 세상 참 힘들게 산다고 생각할지 모르겠지만, 나는 어떤 일에 어떻게 웃는지, 무엇으로 어떻게 웃기는지를 보면 그 사람이 보인다고 생각한다. 품위란 우아하게 입을 가리고 웃는 걸 말하는 게 아니라 내용의 경쾌함에 관계되는 말이다. 나는 유머 감각을 편안한 티셔츠처럼 걸친 사람들 속에서 웃기는 아줌마, 잘 웃는 할머니로 늙고 싶다.

우리 인생에는 날마다 속 쓰린 일들이 일어난다. 삶이 엉망이고 답답하기에 우리는 웃음으로 숨을 쉰다. 세상이 쓸데없이 엄숙하고 진지하기 때문에 우리에겐 역설적으로 유머가 필요하다. 삶은 언제나 일정한 긴장이 따르는 상태다. 그러므로 시간이 금이라면, 풀어져서 낄낄거릴 수 있는 시간은 울트라초합금(잠깐… 금이 더 좋은 건데?)이다. 밀린 일이 쌓여 마치 변비처럼 나를 괴롭힐 때, 친구가 보내준 재미있는 밈 하나에 잇몸이 시리도록 웃고 나면 알수 없는 개운함과 힘이 생긴다. 그리 달갑지 않은 얘기라도 웃음을 양념처럼 칠 줄 아는 사람에게 들으면 내 입에 부드럽게 들어온다. 유머감각이란 삶을 사는 데 있어서 정말로 진실로 진정으로 중요한 것이다. 나는 내 아이들이 평생을 함께하고 싶은 사람을 생각할 때 꼭 유머감각을 비중 있게 고려하라고 최선을 다해 잔소리를 할 예정이다.

현실이 차갑고 불행해도 웃음의 씨앗을 잃지 않는 사람들에게 인생은 그래도 아름다울 수 있다. 불안과 긴장으로 숨쉬기 뻐근한 공기를 잠시 흩뜨려주기 때문이다. 마치 끈끈한 기름막으로 뒤덮인 수면에 비누 한 방울을 똑 떨어뜨린 것처럼. 아마 기분 나쁜 기름은 다시 우리를 뒤덮겠지만 적어도 우리는 잠시 맑은 하늘을 보았고 그 에너지로 조금은 버틸 수 있을 것이다.

〈인생은 아름다워〉라는 영화가 있다. 2차 대전의 포화 속에서 유머를 잃지 않은 사람이 소중한 이의 인생을 얼마나 아름답게 만들어줄 수 있었는지에 관한 이야기. 나는 이 영화를 보고 눈이 핑크 마카롱의 형상을 할 때까지 울었다. 주인공 귀도는 재치 있는 입담과 유머가 몸에 밴 사람이다. 유태인 수용소에 끌려간 그는 어린 아들을 위해 하얀 거짓말을 만든다. 이 끔찍한 수용소 생활은 사실 게임이며, 1000점을 따는 우승자에게는 진짜 탱크가 주어진다고. 나치의 패전이 짙어지고 증거 인멸을 위해 대규모 학살이 이루어진다는 걸 알아챈 귀도는 아들을 안전한 곳에 숨기고 아내를 찾으러 뛰어다니다가 경비병에게 붙들린다. 경비병은 귀도의 등에 총을 겨눈 채 막다른 골목으로 걸어 들어가라고 위협한다. 귀도는 그곳에서 자기가 죽을 것을 알았지만, 숨어서 보고 있는 아들이 뛰어나올까 봐 일부러 웃으며 우스꽝스러운 걸음으로 걸어간다. 아빠가 곧 죽을 거라는 사실을 모르는 아이는 구멍을 통해 그 모습을 보고 천진하게 키득거리며 재미있어하는데, 이 장면을 보다가 나는 그만 심장이 주르륵 늘어날 뻔했다. 아무도 없을 때 나와야 한다던 말을 철석같이 믿었던 아이는, 긴 밤 내내 숨어 있다가 아침이 되자 텅 빈 수용소 마당으로 나온다. 그 순간 그곳을 해방시킨 미군의 탱크가 수용소 마당에 들어서고, 아이는 진짜로 탱크를 선물

받은 줄 알고 천진하게 놀란다. 참혹하고 절망적인 순간에도 유머를 잃지 않고 아이에게 트라우마 대신 반짝이는 기억을 선물해준 아빠. 감독 로베르토 베니니의 아버지는 실제로 수용소에서 3년을 살아남은 홀로코스트 생존자였고, 어린 베니니에게 눈높이를 맞춰주느라 그 끔찍한 기억을 게임에 비유해서 설명했다고 한다. 이 아름다운 영화는 아마 거기에서 시작되었을 것이다.

최근에는 소셜 미디어에 올라와 있는 어느 외국인의 장례식 영상을 보았다. 고인의 관이 구덩이 안으로 안착하고 모두가 슬픔에 잠겨 있을 무렵, 경쾌한 우쿨렐레 소리와 함께 어디서 고인의 목소리가 들려온다. "여보세요? (똑똑 두드리는 소리와 함께) 나가게 해줘!" 슬픔에 잠겨 있던 사람들은 녹음된 고인의 목소리라는 것을 알고, 울다가 웃기 시작한다. 자신의 죽음으로 슬픔을 주는 게 싫어서, 사랑하는 사람들을 웃게 해주려고 생전에 녹음을 했다고 한다. "빌어먹을. 여기서 다시 나가게 해줘! 이런 상자에 들어 있는 건 부끄럽단 말이야. 꺼내줘!" 장지가 습기를 머금은 웃음으로 뒤덮이자, 그는 마지막으로 사람들에게 잘 있으라며 노래를 불러준다. 죽고 나서도 유머를 잃지 않았던 사람. 그 유머로 비통한 슬픔을 잠시 녹여준 사람. 전혀 모르는 사람이었지만 그 사람의 인생이 어땠을지 알 것 같았다. 영상을 보는 나는 오히려 울컥 눈물이 솟았지만, 그 안의 사람들은 그렇게 눈물을 눈꼬리에 매단 채 고인의 염원대로 웃으며 고인을 보내주고 있었다. 그걸 보면서 나는 내가 아끼는 사람들을 위해 나중에 묘비에 웃긴 말을 적어봐야겠다고 생각했다. 수목장을 꿈꾸고 있지만, 혹시 무슨 이유에서든 묘를 써야 한다면 찾아온 사람이 피식 웃게 만들어주고 싶다고. "집에서 술이나 먹지 뭐 하러 여기까지 왔어" 아니면 "미안하지만 내가 다 보고 있다" 이 정도면 어떨까 싶은데, 진지하게 더 고민해봐야지.

웃음이 가진 힘

정말 감당할 수 없을 만큼 힘들 때, 결정적으로 우리가 잃는 것은 웃음이다. 그럴 때는 세상의 그 어떤 것도 재미있지 않다. 내가 이렇게 힘든데 세상 사람들은 웃고 있다는 걸 도저히 견딜 수 없던 순간이 나에게도 있었다. 며칠 동안 도저히 웃을 수가 없어서 울기만 했다. 억지로 지어보려던 웃음은 고통에 가까웠다. 웃음이라는 것은 결국 얼굴을 찡그리는 것 grimace이라던 17세기 영국 철학자 토머스 홉스의 문장을 정말 낯설고 매정한 방식으로 이해할 수 있었다.

박완서 선생님은 1988년, 온 세상이 올림픽이라는 걸판진 잔치 속에서 흥겨워할 때 젊디 젊은 아들을 교통사고로 잃고 다음과 같이 쓰셨다. "아아, 내가 만일 독재자라면 88년 내내 아무도 웃지도 못하게 하련만." 내 자식이 죽었는데도 동네마다 성화가 도착했다고 잔치를 벌이고 춤을 추며, 내 아들이 없는데도 온 세상이 살판난 것처럼 들떠 있는 축제 분위기를 도저히 참을 수 없었다고 했다. 그저 만만한 게 신神이라, 온종일 신을 죽이고 또 죽였다고 했다.

한 우울증 환자의 고백을 읽은 적이 있다. 극심한 우울증으로 고생하며 한동안 웃음을 잃었던 사람이었다. 그러던 어느 날, 그저 배경 소음처럼 무심히 틀어놓았던 예능 프로그램을 보고 뭔가 툭 끊어지는 느낌과 함께 웃음이 새어 나왔다고 한다. 그렇게 배가 당기고 입꼬리가 올라가는 그 감각이 너무 낯설었다고. 그런데 무엇에 홀린 것처럼 웃고 나니 이상하게 삶의 의지가 생겼다고 했다.

박완서 선생님도, 우울증을 겪으셨던 이분도, 희미하게나마 웃음을 다시 찾은 순간이 바로 희망의 순간이었을 것이다. 웃음을 잃어본 사람은 안다. 살면서 웃을 수 있다는 것은 축복이고, 웃음을 다시 찾는 것은 인생을 다시 살아보겠다는 표식이라는 것을. 웃음은 그렇게 삶과 죽음의 경계에서 삶 쪽에, 희망과 절망의 경계에서 희망 쪽에 놓여 있다. 살기로 선택한 사람들만이 웃을 수 있다.

인류 역사에서 전쟁을 일으켰던 사람들은 대체로 유머가 없는 사람들이었다. 웃으며 내려놓지 못하고 굳은 얼굴로 무기를 움켜쥐었던 사람들. 그렇게 웃음이 없는 사람들이 웃음이 없는 세상을 만들어왔지 싶다. 히틀러의 연설이 좌중을 압도하는 웅변과 살기 등등한 호소력으로 사람들을 붙잡았다면, 그 반대편에 있었던 처칠의 연설에는 유머가 넘쳤다. 처칠은 전쟁이라는 극한 상황 속에서도 유머를 잃지 않아 국민에게 희망과 용기를 주었던 사람이다. 그가 루스벨트에게 알몸을 보인 일화는 유명하다. 제2차 세계대전 중에 대서양 헌장을 둘러싸고 처칠과 루스벨트 사이에 미묘한 신경전이 벌어지고 있었을 때, 루스벨트 대통령이 백악관을 방문한 처칠의 방문을 열다 그만 목욕 중이던 처칠의 알몸을 보고 말았다고 한다. 루스벨트가 당황하자, 처칠은 빙그레 웃으며 말했다. "보십시오, 대통령 각하. 저희 영국은 미국에 아무것도 숨기는 것이 없습니다." 어색한 분위기는 부드러워졌고, 회담은 성공적으로 완료되었다.

세종대왕께서 어쩌다 다른 나라에 태어나셨다든가 하는 불상사로 아직도 이 세상에 이두문자가 있어 유머를 음차로 표기해야 했다면 기름 유油 자를 썼으면 좋았을 거라고 생각한다. 유머는 삐걱거리는 곳에서 윤활유 역할을 해주니까. 팬에서 연기가 나고 음식이 타서 들러붙으려 할 때, 기름을 조금 넣어주면 곧 팬 안의 세상이 평화로워진다. 고소한 냄새는 덤. 유머는 이렇게 고소한 방식으로 관계를 매끄럽게 해준다.

과속과 무리한 끼어들기로 결국 사고를 내버린 운전자에게 다가가 도끼눈을 뜨고 각종 험한 말을 내뱉는 사람과, 웃는 얼굴로 "아니 그렇게 바쁘면 어제 오지 그랬어요"라고 말하는 사람. 제대로 된 사과와 보상을 부드럽게 받아내는 건 아마도 후자 쪽일 거다. 나는 처음으로 사회적 목소리를 내는 집회에 참가해서 다소는 경직되어 있던 새내기들을 세상 하찮고 귀여운 구호로 빵 터뜨려 버렸던, 그래서 분위기를 일순간 부드럽게 만들었던 한 선배를 기억한다. 강경화 전 외교부 장관의 남편이 코로나 시국에 요트를 구매하기 위해 미국으로 나간 것이 논란이 되어 외교통일위원회 국정감사에 언급되자, 강 전 장관은 "개인사이기 때문에 말씀드리기가 뭐하지만 제가 말린다고 말려질 사람이 아닙니다"라고 답했다. 질의한 의원조차 웃음을 참지 못했고, 야당 측에서도 조금 누그러진 반응이 나왔다. 솔직함과 유머의 조합은 정치판이나 공적 논쟁에서 날 선 상대를 누그러뜨리는 최강 조합이 아닐까. 최근에는 아이들에게 한 소리 하려고 폼을 잡은 반려인이 부릉부릉 시동을 거는 와중에 "이놈들 아주 개차반이야" 했더니 아이가 순진한 얼굴로 "케찹 아니야" 하는 바람에 반려인은 일순간에 전의를 상실한 적이 있다. 웃음은 화를, 짜증을, 분노를, 일순간에 잠재운다. 국수 삶는 물이 부글부글 끓어올라 밖으로 넘치기 직전에 찬물 한 국자를 쪼르륵 부어준 것처럼. 그렇게 손가락 스냅 한 번으로 감정을 달칵, 전환하는 엄청난 힘을 갖는 게 웃음이다.

웃는 얼굴에 침 못 뱉는다는 속담이 있다. 하지만 이 망할 놈의 세상에는 웃는 얼굴에 침을 뱉는 모진 사람들도 있다. 내가 웃는 것보다 더 좋은 건 상대를 웃겨버리는 거다. 웃으면서 침 뱉을 수 있는 사람 있으면 나와보자. 웃으면서 침을 튀기거나 침을 질질 흘릴 수는 있어도, 웃는 입 모양으로 침을 뱉을 수는 없다.

해학의 전통을 가진 사람들

웃음에는 여러 층위가 있다. 그중에서 유머와 가장 무리 없이 호환 가능한 우리말은 해학이다. 조롱은 나보다 더 바보 같은 사람을 등장시켜 웃음을 유발하는 것이다. 배제와 타자화의 법칙으로 만드는 웃음. 그러므로 그 웃음의 이면에는 타인의 눈물이 있다. 풍자는 유머와 살짝 교집합이 있긴 하지만 매운맛이 강하다. 세상의 쓴맛을 톡 쏘는 고춧가루로 덮으려고 하는 거랄까. 이에 반해 순한 감초 뿌리를 질겅질겅 씹으면서 쓴맛을 달래려고 하는 게 해학이다. 조롱이 악의의 웃음이라면 해학은 선의의 웃음이다. 풍자가 누군가를 찌르는 웃음이라면 해학은 아무도 찌르지 않는 웃음이다. 해학은 순한 맛이다.

드라마 〈시크릿 가든〉에서 김주원이 살인미수의 얼굴을 하고 (잘생겨서 심장이 멎을 것 같다) 묻는다. "길라임 씨는 언제부터 그렇게 예뻤나?" 이탈리아 장인이 한 땀 한 땀 공들여 만든 반짝이 추리닝 대신 아이가 쓱 닦은 콧물이 반짝이는 낡은 추리닝을 걸치고 있지만, 나도 묻는다. 우리는 언제부터 그렇게 웃겼나. 이런 당치도 않은 소리를 쓰는 건 우리가 웃음과 해학의 전통을 가진 사람들이라는 얘기를 하고 싶어서다. 조상님들이 재미있었다는 얘기를 이렇게 재미없는 방식으로 쓰다니 후손으로서 상당히 송구스럽지만, 그건 아마도 내가 재미없는 나라에 살아서 그럴 거다. 유럽 내에서도 엄격, 근엄, 진지를 담당하는 독일에서 살다 보니(이 나라는 심지어 날씨마저 근엄하고 진지하다), 손가락 몇 번 움직이면 만날 수 있는 우리나라 사람들의 유머감각은 나를 행복하게 한다. 아니 모두들 드립력 학원이라도 다니는 건가.

힘들고 씁쓸한 상황에서 웃음은 특히 빛을 발한다. 코로나19 바이러스 확산으로 락다운이 시행되어 집 밖으로 나갈 수 없는 상황에서, 우리는 원래 자가격리의 아이콘인 웅녀의 후손이라며 웃음으로 서로를 다독였다. 그동안 약간 시베리안 허스키처럼 살았었는데 이 기회에 사람이나 되어보자고, 다들 마늘 진액을 주문하자면서. n번방 사건으로 온 사회가 충격에 휩싸였을 때는 n번방 사람들의 현재 상황이라면서 예전에 방영되었던 〈경찰청 사람들〉 캡처 이미지 하나가 인터넷 세상을 돌아다니며 사람들에게 웃음을 주었다. 한 범죄 피의자가 "그럼 이제 저는 끝인가요?" 하고 묻자 조사관이 답한다. "끝은 무슨 끝이야. 이제 시작이지. 조사하고." 당시의 나는 너무 슬프고 화가 나서 정말 어쩔 줄 모르고 있었는데, 그 사진 하나로 피식 웃으며 마음을 추스를 수 있었다. 그렇지, 이제 시작이지, 힘내야지, 하면서. 웃음은 이렇게 마음고생 몸 고생의 순간에 슬그머니 등장해서 답답함을 덜어주고 기운을 준다. 생각해보자. 판소리 사설에 굽이굽이 들어앉은 웃음보따리가 지친 조상님들께 얼마나 기운을 주었을 것인지.

조선시대에도 유머집이 존재했다고 한다. 서거정의 《태평한화골계전》에서 우리는 500년 묵은 조선 사대부들의 개그를 접할 수 있다. 서거정은 세종에서 성종까지 무려 여섯 임금을 섬기면서 사후에 문충 文忠 이라는 시호를 받을 정도로 많은 글을 쓰고 편찬 작업에 참여했던 조선 초의 문인이다.° 그냥 웃긴 얘기를 모아두고 낄낄거리려던 게 아니라, 시중에 떠도는 농담 속에 삶의 진실과 지혜가 들어 있으므로 이를 모아 기록해야겠다고 생각한 것이다. 그러므로 유머가 인간의 삶과 어떤 관계를 맺고 있는지를 세련되게 포착했던 지식인이다. 점잖아야 할 사대부가 이런 유머집을 낸다는 것을 탐탁지 않게 여기는 사람들에게 그는 서문에서 이렇게 말한다. "웃음 속에는 지혜가 있다. 언제나 심각하게 살아가는 일만이 옳은 것은 아니다." 또《사가문집》에서는《태평한화골계전》을 쓴 목적이 세상의 잡된 생각을 떨치는 데 있다고 밝히기도 했다. 농담들이 잡된 생각이 아니라, 세상에는 더욱 조잡하고 삿된 생각들이 있는데 해학과 웃음을 통해 그로부터 벗어날 수 있다는 일침인 것이다. 무엇보다 서거정 자신이 늘 유머를 잃지 않았다고 한다. 선비가 늘 깨어 있으려면 촌철살인의 비유, 풍자, 해학 같은 것들이 필요하다고 보았던, 실로 멋있는 조상님이다.

조선 전기에 해학으로 이름을 떨친 이는 오성과 한음으로 유명한 오성, 즉 백사 이항복이다. 당시에 정여립이란 자가 역모를 꾀

° 문학 시간에 등장했던《동문선》같은 시문집과, 국사 시간에 자주 보았던《경국대전》,《동국통감》,《동국여지승람》,《향약집성방》같은 국가적 편찬 사업에 깊이 관여하였다.

했다는 의혹이 있었고 평안도 자산에 사는 이춘복이란 사람이 공범으로 거론되었다. 그런데 자산에는 이춘복이란 사람은 없고 이원복이란 선비가 살았다. 그러자 나라에서 그를 잡아들이기로 결정했다. 정말 어처구니없는 일이었다. 이때 이항복이 이렇게 말했다고 한다. "제 이름 이항복도 그와 비슷하니, 소장부터 올려 변명을 잘해야 잡혀가지 않겠습니다." 그제야 대신들이 껄껄 웃으며 일이 잘못된 줄을 깨달았다고 한다.

이렇게 웃음 안에는 지혜가 있고, 사람들은 웃음을 통해 깨달음을 얻기도 한다. 선비들은 대체로 해학을 사랑했고, 핏대를 세워가며 직설적으로 얘기하기보다는 은근슬쩍 꺾어서 능청스럽게 전하곤 했다. 조상님들의 글을 읽다 보면 입꼬리가 올라가는 경험을 많이 하는데, 압권은 조선 후기의 실학자 박지원이다. 《양반전》에서 박지원은 양반들의 무능, 허례, 특권을 곧이곧대로 지적하기보다는 다음과 같이 말한다.

하늘이 민民을 낳을 때 민을 넷으로 구분했다. 사민四民 가운데 가장 높은 것이 사士이니 이것이 곧 양반이다. 양반의 이익은 막대하니 농사도 안 짓고 장사도 않고 약간 문사文史를 섭렵해가지고 크게는 문과文科 급제요, 작게는 진사進士가 되는 것이다. 문과의 홍패紅牌는 길이 2자 남짓한 것이지만 백물이 구비되어 있어 그야말로 돈자루인 것이다. 진사가 나이 서른에 처음 관직에 나가더라도 오히려 이름 있는 음관蔭官이 되고, 잘 되면 남행南行으로 큰 고을을 맡게 되어, 귀밑이 일산日傘의 바람에 희어지고, 배가 요령 소리에 커지며, 방에는 기생이 귀고리로 치장하고, 뜰에 곡식으로 학鶴을 기른다. 궁한 양반이 시골에 묻혀 있어도 무단武斷을 하여 이웃의 소를 끌어다 먼저 자기 땅을 갈고 마을의 일꾼을 잡아다 자기 논의 김을 맨들 누가 감히 나를 괄시하랴. 너희들 코에 잿물을 들이붓고 머리끄덩이를 희희 돌리고 수염을 낚아채더라도 누구 감히 원망하지 못할 것이다.

직설적으로 말하면 듣는 이가 짜증 나고 답답할 것을 이렇게 익살을 부리면 부드러워진다. 고단하고 빡빡한 삶에 흥이 나고, 오만상을 찌푸리다가도 버틸 힘이 생긴다. 해학의 사전적 정의는 '익살스럽고도 품위가 있는 말이나 행동'이다. 여기에도 품위라는 단어가 눈길을 끈다. 악의 없는 웃음을 유발하는 방식으로 고통과 갈등을 극복하는 것이다. 그러므로 조롱 같은 가시 돋친 웃음과는 다르게 여유와 온기가 있고, 인간에 대한 긍정을 놓치지 않는 것이 해학이다. 누군가를 찌르지 않는 웃음, 모두가 아프지 않은 웃음, 생활 속의 건강한 웃음. 배달도 좋고 흰옷을 입는 것도 좋고 은근과 끈기도 좋은데, 나는 우리가 해학의 전통을 가진 사람들이라는 말이 제일 좋다. 이 전통을 지켜갔으면 좋겠다고 생각한다.

사실 이런 전통을 가진 사람들이라는 것이 그저 그렇게 하하호호 좋은 것만은 아닐 수 있다. 해학으로 웃어가며 산다는 말은 그만큼 삶이 무겁고 힘들어서 그렇게 참고 버텨야 했다는 말일 수도 있기 때문이다. 이런 해학의 명암을 가장 잘 표현하는 건 우리의 사랑스러운 박막례 할머님이 아닐까 한다. "염병하네." 이 네 글자를 실로 맛깔스럽게 발음하시는 분. 현재 우리나라에서 가장 웃긴 할머니의 지나온 삶이 사실 그리도 신산하고 고달프셨다고 한다. 무서운 얘기를 해달라는 손녀의 말에 나는 내 인생보다 무서운 게 없다고 말씀하시는 할머니. 할머니가 웃기셔서, 또 할머니가 웃으셔서, 너무 좋지만 그 뒤에 겹겹이 놓여 있는 고단함에 왠지 마음이 쓰이는 것이다. 그렇기에 나는 더욱더 할머님이 귀한 분이라고 생각한다. 슬플 때 우는 건 쉬워도 웃는 건 어려우니까. 절망스러운 순간에 좌절하는 건 쉬워도 마음을 단단히 하는 건 어려우니까. 나를 무수히 찔러온 삶을 두고 아무도 찌르지 않는 웃음을 만들어낸다는 건 100배쯤 어려우니까.

    내가 해학의 전통이 귀한 것이라고 생각하는 건, 힘들어도 남을 찌르지 않는 웃음을 만들어내는 것이 그만큼 어려운 일이기 때문이다. 인문학자 김우창 교수는 《정치와 삶의 세계》에서 현재 한국 사회가 '오만과 모멸의 구조'로 이루어졌다고 진단한다. 오만과 모멸의 구조란 "자기보다 못하다고 여겨지는 사람을 아무렇지 않게 멸시하고 조롱하는 심성이 사회적 관성으로 고착된 것"을 말한다. 해학의 전통을 가진 사람들이 점차 조롱의 심성을 '관성'으로 만들어가고 있는 것이 나는 슬프고 두렵다. 조롱은 우리를 쓰러뜨리는 웃음이고 해학은 우리를 일으키는 웃음이다. 나는 웃음이 우리를 일으키는 것이기를 바란다. 사람을 살리는 웃음의 전통만큼은 귀하게 이어갔으면 좋겠다.

최근에 읽은 에릭 와이너의 인터뷰가 좋았다. "삶은 누구에게나 어둡고 어려운 면이 있어요. 저도 마찬가지죠. 유머는 제게 그 어려움들을 버티게 해줍니다. 유머에서 제일 중요한 것은 내가 나 스스로를 비웃는laugh at yourself 것입니다. 많은 사람이 자기 자신의 문제, 그리고 삶의 모순에 대해 코웃음을 치며 웃어넘길 수 있다면 이 힘든 삶을 그럭저럭 힘겹지 않게 건너갈 수 있지 않을까요." 남을 보고 웃는 게 아니라 스스로를 보고 웃는 것, 삶의 모순에 좌절하지 않고 코웃음을 치며 넘기는 것이 해학의 핵심이다. 나 스스로를 보고 웃을 수 있는 힘은 엄청나게 단단하고도 말랑말랑한 힘이다. 나는 이 인터뷰를 보면서 다시 한번 박막례 할머님을 떠올렸다.

웃음의 법칙이 삶의 법칙이다

이렇게 무해한 웃음을 만드는 법칙은 삶의 법칙과도 연결된다. 다시 말해서 이렇게 무해한 웃음을 추구하다 보면, 삶을 그럭저럭 괜찮게 살 수 있을 거라고 나는 생각한다. 그럼 웃음의 법칙이란 뭘까. 웃음에는 그대로 가져다 우리 삶의 법칙으로 삼아도 좋을 다섯 가지 법칙이 있다고 생각한다.

우선 유머는 적절한 말과 적절한 행동을 적절한 시기에 이용하는 게 핵심이다. 그러므로 첫 번째 법칙은 중용을 지키는 것, 선을 넘지 않는 것이다. 세상에서 제일 따라 하기 힘든 게 '적절한 양을 적절히 불려 갖은 양념으로 적절히 간 맞춰서 대충 볶아내는' 엄마 손맛이듯이, 세상에서 제일 어려운 게 중용이다. 중용을 강조하는 아리스토텔레스를 읽다 보면 대체 어쩌라는 건지, 적절한 힘과 적절한 스피드로 이 할아버지의 멱살을 적절하게 잡고 싶다는 생각이 든다.

하지만 이 할아버지가 이렇게 두루뭉술하게 말하는 이유는, 이것이 어떤 정해진 기준이 있는 게 아니라 우리가 실제 경험치를 쌓으면서 스스로 깨달아야 하는 균형점이기 때문이다. 그리고 그것은 사람마다, 시대마다, 공간마다, 좌표가 다르다. 아리스토텔레스가 말하는 건 결국 무수한 시행착오를 통해 한곳에 수렴하는 균형점을 찾는 일이다. 엄마 손맛은 무수히 많은 시간의 궤적을 따라 생기는 연륜이 잡은 균형점이다. 그러므로 우리도 오랜 기간 웃음의 시행착오를 통해 건강한 웃음의 선을 어디에 그어야 하는지 스스로 찾아내야 한다. 예를 들어 나는 어렸을 때 흑인을 비하하는 '시커먼스'라는 개그 프로그램을 보고 웃으며 자랐고, 커서는 좋아하던 〈프렌즈〉라는 시트콤 안에 든 아슬아슬한 차별적 농담들을 보며 박장대소했다. 전혀 아슬아슬함도, 문제의식도 느끼지 못하면서. 당시에 적절한 웃음의 선은 지금과는 다른 곳에 그어져 있었기 때문에, 둘 다 대중들로부터 많은 사랑을 받았던 작품이다. 그렇게 웃으면 안 되는 거였구나, 내 웃음에 상처받은 사람은 혹시 없었을까, 지금은 반성하며 돌아보게 된다. 내가 재미있다고 생각했던 농담에 탄식이나 정색이 되돌아오면 그게 그저 취향 차이인지, 아니면 혹시 문제가 되는 부분이 있는 건지 복기하며 살피게 된다. 그러므로 웃음에도 경험과 연습이 필요하다. 적절한 긴장으로 적절한 선을 찾은 웃음이어야 한다(저의 멱살을 적절히 잡고 싶은 마음 충분히 이해합니다. 저도 달리 표현할 방법이 없네요). 그래야 나를 경쾌하게 지나 다른 사람들에게도 즐거움을 주고 지친 마음들을 건강히 일으킬 수 있는 지렛대가 되어준다. 그렇게 유머는 연륜과 사유의 흔적이 묻어 있는 웃음이 되어야 한다.

웃음의 두 번째 법칙은 웃어야 할 때와 웃지 않아야 할 때를 가려야 한다는 것이다. 가슴 아픈 에피소드를 안다. 한 부부가 이혼을 결심했던 이야기. 상대가 자신을 배신했다는 사실을 알게 된 여자가 그 사실을 확인받고 무너져내렸다. 몇 시간을 숨죽여 울던 여자가 다시 얘기를 좀 해야겠다고 생각하고 힘겹게 일어나 그를 찾아갔을 때, 그는 자기 방에서 예능 프로그램을 틀어놓고 조그맣게 깔깔거리고 있었다고 한다. 순간 다른 방식으로 마음이 무너졌고, 여자가 이혼을 결심했던 순간은 바로 그때였다고 한다. 나를 지독한 고통의 눈물 속에 담가놓고 정작 자기는 웃음 속에 들어앉아 있었을 때. 웃지 않아야 할 때를 모르고 웃고 있었을 때. 속였다는 사실보다 그 웃음이 더 가슴 아팠다고 한다.

최근에는 적절치 못한 웃음의 사례를 소셜 미디어에서 발견했다. 매사에 조심스럽게 단단한 의견을 개진하시는 마음 따뜻한 분이 계시다. 그런데 친구를 끊는 일이 그리 잦지는 않음에도 어떤 분과 친구를 끊으셨다는 것이다. 분노의 글이든 짜증의 글이든 실망의 글이든 개인적인 고백이든 무엇이든 '웃겨요'를 누르는 분이 있어서 보내드렸다는데, 공감이 갔다. 뭐든지 '좋아요'를 누르는 것보다 뭐든지 '웃겨요'를 누르는 게 스물두 배쯤 신경을 긁는다. 웃어야 할 때를 가리지 않는 웃음은 그것이 코어한 관계든 다소 피상적인 관계든 가리지 않고 이렇게 전방위적으로 인간관계를 위협한다.

웃음의 세 번째 법칙은 늘 새로운 것을 받아들여야 한다는 것이다. 오래된 유머는 지금의 상황과는 맞지 않는 경우가 많아 재미없을 가능성이 높다. 사실 앞서 소개한 서거정의 《태평한화골계전》에서 하나 정도를 골라 소개하고 싶었지만 마음에 들어오는 재미있는 유머가 없었다. 당시의 사대부들은 배를 잡고 웃었을지도 모르는데, 500년 뒤의 후손에게는 그다지 감흥이 없었던 것이다. 아무래도 오래된 얘기다 보니 선이 적절하지 않은 곳에 그어진 경우도 많았다. 사실 500년이라는 간극은 회복하기가 어렵지만, 10

년 전에 발간된 《최신 유머집》을 달달 외워 소개팅 자리에 나가는 사람의 짠한 최후를 우리는 모두 예상할 수 있다.

우리가 서로 유쾌하게 빵빵 터지려면 알아야 할 지식이나 정보, 트렌드, 이슈가 되는 사회 문제, 섬세하게 포착해야 할 뉘앙스 같은 것들이 제법 많다. 많이 알아야 잘 웃기고 잘 웃는다. 마음을 열고 새로운 것을 늘 적절히 받아들여야 더 많이 웃길 수 있고, 더 즐겁게 웃을 수 있는 것이다. 유쾌한 상상력을 발휘할 수 있는 공간이 넓어지고, 적재적소에 웃음을 꽂을 수 있는 재료가 많아지기 때문이다. 개그맨 유재석이 '유느님'이라 불리며 그 자리를 오래 지키는 것은 여러 가지가 복합적으로 작용한 결과겠지만 늘 배우고 공부하는 자세, 다방면으로 어마어마하게 모니터를 하면서 많은 것들을 쌓아두는 힘이 분명 크게 작용하리라 생각한다. 나는 유학 시절 교실에서 남들이 모두 웃는데 나만 못 웃고 이리저리 눈알을 굴리고 있을 때가 가장 속상했다. 토론 내용은 좀 못 알아들어도 좋으니 (음?) 농담할 때 알아듣고 같이 웃고 싶었다. 그렇지만 미국의 정치학과 대학원 교실에서 통용되는 농담을 모두 알아듣고 함께 웃으려면 배경 지식이 어마어마해야 했다. 해외에 나와서 해당 국가의 코미디 프로를 웃으며 즐길 수 있다면 하산해도 좋을 경지에 이른 거라고 생각한다. 그렇게 웃음은 우리에게 성실함과 열린 마음, 기존의 것을 뛰어넘으려는 자세를 요구한다.

웃음의 네 번째 법칙은 힘을 빼라는 것이다. 유머는 빡빡한 상태에서 나오는 게 아니라 순간적으로 어느 부분을 허물 때 나온다. 늘 일정한 긴장 상태인 삶 속에서, 웃음은 더하기보다는 빼기를 통해 긴장을 풀어주면서 편안하게 삶을 수용하게 한다. 움켜쥐고 있을 때는 안 보이던 것들이 오히려 내려놓으니 보이는 경우가 많다. 힘을 줌으로써가 아니라 힘을 뺌으로써 삶을 보다 단단히 껴안게 만들 수 있다는 건 참 멋있는 아이러니다.

힘을 빼는 지혜의 좋은 예는 중국 제자백가 시대의 철학자 장자다. 공자나 맹자, 한비자 등이 빡빡하게 들어찬 논리를 가지고 진지하게 논쟁했다면, 장자는 한 발짝 뒤로 물러서서 누구나 재미있게 들을 수 있는 이야기 속에 진리를 담았다. 역설과 아이러니로 논리를 해체하고, 무위無爲라는 말을 내밀며 너무 애쓰지 말라고 말하고, 추상적이고 어려운 단어 대신 단순하고 소박한 글로 완숙한 지혜를 선보였다. 나는 장자에게서 우리가 재미있게 진지할 수 있다는 사실을 배운다. 논리는 논쟁을 부르고 논쟁은 종종 싸움으로 이어진다. 하지만 힘을 빼는 가벼움을 통해 갈등 없이도 생각을 전하고 주장을 관철시킬 수 있는 것이다. 청나라의 문인이었던 정판교는 다음과 같은 말을 남겼다. "어리석기도 어렵고 현명하기도 어렵지만, 현명함을 얻은 후 어리석은 경지로 들어서기는 더욱 어렵다." 정판교의 말은 '지혜는 어리석음과 같고, 가장 뛰어난 웅변은 말을 더듬는 것이다'라고 했던 노장사상의 핵심을 관통하는 말로 보인다. 즐거움과 단순함, 비움이 없는 사람은 무언가의 노예가 되기 쉽고 그렇게 되면 자기 자신뿐 아니라 주변을, 나아가 세상을 불행하게 만든다.

　웃음의 마지막 법칙은 앞선 글에서도 밝혔듯 웃음과 눈물이 이어져 있음을 아는 것이다. 앞서 양파 수프와 함께 칼릴 지브란의 말을 소개한 적이 있다. 눈물을 쏙 빼게 한 양파가 조금 뒤에 수프로 변신해 나에게 미소를 주듯이, 우리 삶 속에서 나에게 슬픔을 주었던 것은 뒤에 기쁨으로 찾아오고, 기쁨이었던 것 때문에 우리는 눈물을 흘리는 경우가 많다는 것. 결혼을 하면 대체로 깨닫는 것이 있다. 내가 반했던 바로 그 점 때문에 괴로워지고, 다소 싫어했던 점 때문에 의외로 즐거워진다는 사실. '모두 내 남친의 잘생긴 얼굴을 찬양하라'는 '저 인간 얼굴값 하네'로, '고급 와인과 박스 와인을 구별 못하는 저 모자란 혀는 대체 뭐야'는 '반찬 투정 안 하는 예쁜 내 반려인'으로 바뀐다. 그러므로 상반되어 보이는 세상의 많은 것들은 사실 붙어 있다. 우리가 좋아하는 것과 싫어하는 것, 갖고 싶은 것과 버리고 싶은 것, 욕망하는 것과 두려워하는 것, 따르고 싶은 것과 피하고 싶은 것은 우리 안에서 한 쌍의 빛과 그림자로 뒤엉켜 움직인다. 이 법칙을 알면 세상을 좀 더 편안한 마음으로 받아들일 수 있다.

　이 다섯 가지 웃음의 법칙을 모아보자. 선을 넘지 않고 중용을 지키는 것, 웃을 때와 웃지 않아야 할 때를 가리는 것, 늘 새로운 것을 받아들이는 것, 힘을 빼는 지혜를 갖는 것, 상반되어 보이는 것이 이어져 있음을 아는 것. 그대로 평생 가져가도 좋을 삶의 지혜가 된다.

돌고 도는 웃음

유머와 웃음에 대해 길게 써놨지만, 어떤 일이 있어도 결코 웃음을 잃자는 말이 아니다. 프로오열러인 나는 '울면 안 돼'로 시작하는 크리스마스 캐럴을 들을 때마다 이건 대체 무슨 심술인가 생각한다. 어른도 아니고 애들인데 울면서 크는 거지. 물길을 틀어막으면 강이 조금씩 썩듯, 울음을 틀어막히고 자란 아이는 그 빠져나가지 못한 수분이 안에서 고여 축축하게 썩을지도 모른다. 그냥 흘려보내는 편이 백번 낫다. 강재남 시인은 〈그믐〉이라는 시에서 "눈물이 투명한 건 슬픔을 들키지 않겠다는 의지"라고 했다. 운다고 얼굴이나 옷에 물드는 것도 아니고, 마르면 감쪽같다.

그러므로 힘들 때는 울어도 된다. 바닥에 누워 발버둥도 치고, 소리도 좀 지르고, 바지를 세 겹 껴입고 상의는 탈의해도 좋다(될 수 있으면 집에서 하자). 그러고 나서 좀 더 편하게 발버둥을 치려면 하의를 탈의하는 쪽이 낫겠네, 하고 씩 웃으면서 쓱 일어날 수 있으면 좋겠다. 울다가 웃으면 신체의 어느 기관에 모발이 융성해진다는 선조들의 중상모략을 믿지 말고, 그렇게 편하게 울다가 웃을 수 있었으면 좋겠다. 오히려 웃기만 하라는 요구는 아마 사람을 울게 만들 것이다.

인간이 모여 살지 않고 혼자 살았다면 그래도 우리에게 이렇게 웃음이 있었을까 싶다. 늑대소년이나 타잔은 동물들과의 공동체 안에서 교감하면서 나름의 유머가 있었을까. 동물의 세계와 식물의 세계를 잘 몰라서, 나는 이렇게 깔깔 웃는 다른 존재가 지구상에 또 있는지 그것도 궁금하다. 유머라는 건 혼자서는 도저히 만들고 즐길 수 없는 것이다. 다른 사람들과 관계를 맺으면서 비로소 우리는 웃음의 모양을 만들고 웃음을 나눈다. 인간들이 같이 살게 되면서 고민도 불안도 늘지만, 그래도 그만큼 웃음이 있어서 함께 사는 게 견딜 만하고 즐거워진다. 그러므로 웃음은 사회적 조형물이다. 인간관계라는 덩굴에서 비로소 피는 꽃 같은 것이다. 누가 나더러 글이 웃긴다고, 비결이 뭐냐고 물었을 때 감사한 마음으로 제일 먼저 떠올렸던 건 나의 형제자매와 친구들이었다. 그들과 부대끼며 공을 주고받듯 웃음을 주고받았기에, 나라는 조용하고 밋밋한 인간이 그나마 글로라도 웃음을 줄 수 있는 인간으로 자라났다. 웃음은 그렇게 우리 사이를 돌고 돌아 빛을 내는 것이다.

아이가 있는 집에는 웃음이 끊이지 않는다. 아이들은 존재 자체가 웃음이기 때문이다. 아이들은 유머도 필요 없이 세상을 밝힌다. 아이들이 재미있는 농담이라고 전하는 걸 보면 유치해 죽을 것 같은데, 그걸 좋다고 까르륵대는 아이들이 귀여워서 나도 웃는다.

아이들의 웃음에는 찬란한 데가 있다. 그 소리를 듣는 것만으로 마치 교황님의 축복을 받는 것 같은, 성스러운 구석마저 있는 웃음을 아이들은 빛처럼 흘리고 다닌다. 아이들은 조금씩 커가면서 그 찬란한 웃음을 잃게 되겠지만, 아이들에게서 치유받은 어른들은 그때 유머라는 이름의 선하고 무해한 웃음을 가르쳐줄 수 있다. 그렇게 릴레이처럼 보드라운 웃음을 이어가면 좋겠다. 니체도 결국에는 웃는 자가 승리한다고 말했다. 어린아이처럼 웃으며 놀이하는 인간이 될 수 있을 때 비로소 이 무거운 삶을 아름답고 고귀하게 살아낼 수 있다고. 그러므로 웃음은 무거운 생의 문을 열어나가는 열쇠 같은 것 아닐까. 열쇠를 잃어버리면 곤란하다. 잃어버리지 말자. 서로 잃어버리지 않도록 잘 챙겨주자.

사랑

우리가 나누었던 사랑을 기억하기를

마르크스의 문장 하나
:

《동아일보》에 칼럼을 하나 썼다. 〈내가 만난 명名문장〉이라는 칼럼인데 카를 마르크스의 〈경제학-철학 수고〉의 문장을 골랐다.

인간이 인간답고, 그 인간이 세계와 맺는 관계도 인간다운 것이라고 생각해보자. 그럴 때 사랑은 사랑으로만, 신뢰는 신뢰로만 교환될 수 있다.

머리 아픈 회색 활자 속에서 보석처럼 영롱하게 빛나는 문장을 만날 때가 있다. 철학 공부는 보물찾기 놀이 같았다. 똑똑한 할머니 할아버지들이 인류 역사에 걸쳐 남긴 사유의 기록을 캐다 보면 그런 보석들이 많이 들어 있었는데, 마르크스의 이 문장은 그중에서도 단연 반짝였다. 〈경제학-철학 수고〉, 줄여서 〈경철 수고〉라고도 부르는 이 글은 마르크스가 스물여섯에 쓴 글이다. 후기 저작으로 갈수록 과학이랄까 과학성이랄까, 그런 면에 집착하는 듯 냉철하고 분석적인 글을 선보인다면 초기 저작엔 좀 더 사람 냄새가 물씬 풍기는 젊은 날의 마르크스가 보인다. 특히 〈경철 수고〉에는 어떻게 사람이 사람다울 수 있는지, 우리의 관계는 어떻게 인간다울 수 있는 것인지에 대해 고민했던 이 젊은 사상가가 이후에 토해낼 사유의 씨앗들이 알알이 들어 있다.

마르크스 하면 아직도 무서운 사람 아닌가 하고 두려움을 갖는 사람이 있을지도 모르겠다. 나도 그랬다. 영화관에서 〈똘이장군〉을 보고 교실에서 북한 사람들은 웨어울프라는 반공교육을 받으며 자란 내게[o], 마르크스의 저작은 왠지 모를 두려움의 대상이었다. 그런데 이 무서울 것 같은 아저씨는 사실 인간이 인간다울 수 있는 세계, 사랑이 사랑으로 되돌아올 수 있는 그런 세계에 대해 누구보다 진지하게 고민한 사람이었다.

o   내가 어렸을 때는 교과서 안에 공산당이나 간첩들이 모두 늑대로 그려져 있었기에 북한 사람들은 진짜 늑대인 줄 아는 친구들이 제법 많았다. 듣도 보도 못한 예를 들며 자꾸 생경한 소리를 해대는 것 같아 독자님들께 죄송스럽다고, 마지막 챕터가 되어서야 전한다. 늘그막에 아이를 낳은 관계로 아이들은 어린데 엄마가 옛날 사람이다.

사랑은 사랑으로만, 신뢰는 신뢰로만 교환되는 관계. 내가 사랑을 보냈을 때 내게 다시 사랑이 되돌아오고, 내가 신뢰를 보냈을 때 다시 신뢰가 답으로 되돌아오는 관계. 얼마나 아름답고도 만들기 어려운 관계인가. 마르크스는 돈으로 사랑을 사고 돈으로 신뢰를 사는 관계를 슬퍼했던 것이다. 내가 설레는 마음으로 말간 연둣빛 사랑을 보냈는데 상대로부터 원치 않는 더러운 스킨십이 훅 들어오는 관계, 내가 신뢰를 보냈는데 상대로부터 그윽하게 뒤통수를 맞게 되는 그런 관계를 안타까워했던 것이다.

그 뒤로 이어지는 문장은 다음과 같다.

그대가 예술을 즐기고자 한다면 그대는 예술적 교양을 갖춘 사람이어야 하고, 그대가 다른 사람들에게 영향을 주고자 한다면 그대는 타인에게 자극을 주고 북돋울 수 있는 영향력을 갖춘 사람이어야 한다. (…) 그대가 사랑을 주었으나 사랑을 받지 못한다면, 다시 말해서 그대가 하는 사랑이 다시 되돌아오는 사랑을 이끌어내지 못한다면 (…) 그 사랑은 허약한 것이요, 하나의 불행이다.

마르크스는 예술을 즐기고 싶으면 예술적 교양을 갖춘 사람, 즉 예술을 즐길 수 있는 지성과 눈을 갖춘 사람이 되라고 했다. 다른 사람에게 영향을 주고 싶으면 그들에게 자극과 영감을 줄 수 있는 사람, 그들 내면의 씨앗을 북돋워 꽃을 피울 수 있는 그런 사람이 되라고 했다. 사랑을 받고 싶으면 사랑스러운 사람, 사랑할 만한 사람이 되라고 했다. 내가 보낸 사랑이 다시 사랑으로 풍성하게 되돌아오는 그런 사람이 되라고 말한다. 사랑을 받으려면 부자가 되고 돈을 벌어라, 미인을 얻고 싶으면 정신 차리고 한 글자라도 더 공부해라, 이따위 얘기를 하지 않는 것이다.

사랑에도 돈이 든다

사실 사랑에도 돈이 든다. 데이트 비용을 말하는 게 아니다. 두른 것이 화려하고 고가의 선물을 하는 사람이 매력적이라는 그런 얘기를 하는 것도 아니다.

생각해보자. 찢어지게 가난한 사람을 이상형으로 꼽는 사람이 있을지. 넉넉하지는 못해도 적어도 화목한 가정에서 평범하게 자란 그런 사람을 세상은 원한다. 넉넉한 환경에서 구김살 없이 자란 사람, 아리스토텔레스가 말했듯 어린 시절부터 용돈이라는 것이 있어 작게라도 곁에 있는 이들에게 관대함을 연습할 수 있었던 사람, 자신의 호기심과 취향을 가난 때문에 납작하게 질식시킬 필요가 없었던 사람, 그래서 풍부한 견문과 경험으로 현재의 자신을 알록달록하게 빚어낸 사람은 누가 봐도 매력적이다. 내가 사랑에도 돈이 든다고 하는 건 이런 의미다. 돈이 한 사람의 영혼을 꽤 매력적으로 만들 수 있기 때문에. 가난 속에서도 빛나는 사람들이 있지만 취향이라든가 센스 같은 것은 사실 돈을 써가면서 만드는 것이다.

하지만 돈만큼 사랑을 망가뜨리고 인간관계를 뒤트는 것도 없다. 그래서 마르크스는 인간이 인간다울 때, 그런 세상에서는 사랑은 사랑으로만 되돌려줄 수 있다고 말한 것이다. 다정하게 어깨를 겯고 쌍쌍바를 나누어 먹던 형제가 유산 때문에 법정에서 만나 '이런 쌍쌍바 같은 놈' 하고 서로를 냉기 어린 눈으로 바라보게 되는 세상은 너무 슬프다. 나이가 이쯤 되니 돈이 얼마나 인간관계를 망가뜨리는지 직간접적으로 보고 느끼게 된다. 사랑이 사랑으로, 신뢰가 신뢰로 돌아오는 관계는 점점 지키기 어렵게 느껴지기도 한다. 과연 나는 그동안 사람들에게서 받은 사랑을 사랑으로, 신뢰를 신뢰로 돌려주며 살아왔는지 생각해보면 나 역시 부끄러움에 몸뚱이가 점점 작아져 호빗이 되고 만다(실은 원래도 사이즈가 호빗과 별 차이가 없다).

사실 자본주의 사회에서 돈은 참 많은 것과 연결된다. 그러므로 이 글에서 돈이 중요하지 않다는 얘기를 하려는 것은 절대 아니다. 돈은 기본적으로 인간의 존엄과 관련된다. 버지니아 울프도 여자들에게는 자기만의 방과 연간 500파운드의 고정적인 수입이 필요하다고 했다.° 돈은 하고 싶은 것을 할 자유를 줄 뿐 아니라 하고

° 오늘날의 가치로 환산하면 한 달에 약 300만 원 정도 되는 금액이라고 한다.

싶지 않은 것을 하지 않을 자유를 준다. 나는 사랑을 사랑으로, 신뢰를 신뢰로 돌려주기 위해서라도 적절한 돈은 꼭 필요하다고 생각한다.

하지만 돈은 사랑, 행복, 자유 같은 것뿐 아니라 질투, 혐오, 좌절과도 쉽게 연결된다. 오늘날의 우리 사회는 질투가 질투로, 혐오가 혐오로 교환되는 슬프고 비정한 사회가 되어버린 감도 있다. 혐오가 빠르게 유통되고 교환되면서 사람들 사이의 관계엔 날이 서고 가시가 돋친다. 김치녀에 한남으로 화답하고, 빨갱이에는 보수꼴통으로 화답한다. 내가 너에게 갑질을 당했으니 나도 갑질을 해보겠다며 세상을 김밥천국 부럽지 않은 갑질천국으로 만든다. 혐오가 혐오로 교환되는 사회에서 사랑과 인간다움을 말하기는 사실 벅차다. 나에게 온 혐오를 사랑으로 돌려주는 것은 적어도 마더 테레사 정도 되어야 가능한 일이 아닐까. 나도 자신이 없다.

마르크스의 문장을 반짝이게 만드는 아이들
:

이렇게 때로는 답답하고 비정하게 느껴지는 세상 속에서 나는 내 아이들로부터 사랑이 사랑으로, 신뢰가 신뢰로 교환되는 따뜻한 관계를 경험한다. 이렇게 험한 세상에 아이들이 놓여 있다는 게 미안하기도 하지만, 이 험한 세상에 아이들이 있어주어서 다행이라는 생각을 정말 자주 한다.

큰아이가 아직 유치원에 다니던 때, 간식 가방 안에 희한하게 오린 종이가 들어 있었다.

"이게 뭐야?"

"이거 보트야! 지음이가 엄마 주는 거. 선물."

'흠, 이게 보트란 말이지…'라는 의문을 일단 뒤통수 너머로 휙 던져놓고 "진짜 엄마 주는 거야?" 하면서 세상 가장 기쁜 얼굴로 아이를 꼭 안아주었다. 아이 얼굴에는 수줍음과 뿌듯함과 행복감이 알록달록 칠해져 있었다. 집에 돌아와서 나는 그 종이배가 행여나 구겨질까 조심스레 파일 안에 넣어두었다.

한번은 유치원에 아이들을 데리러 갔더니 둘째가 빨간 볼로 뛰어나와서 조그마한 손 가득 모아 쥐고 있던 토끼풀 꽃다발을 내밀었다. 아이가 마당에서 정말 부지런히 따 모았다며, 선생님이 미소로 한마디 거들어주셨다. 자기가 들고 가기 귀찮아서 나보고 들고 가란 건가 싶은 생각이 아주 잠깐 스쳤지만, 나는 세상 가장 달콤한 꽃다발로 가슴 환하게 받았다. 오동통한 손으로 얼마나 꼭 쥐고 있었는지, 꽃이 약간 시들시들했다. 조심조심 가져와서 물에 꽂아두니 꽃이 다시 머리를 들었다고 아이가 좋아했다. 몇 번이고 물을 갈아주면서 나는 그 작고 예쁜 꽃다발을 사랑했다.

어느 주말에는 바닥에 분필 놀이를 하러 나간 공터에서 아이가 깃털을 두 개 주웠다. 신나게 가져와서 자랑스럽게 양 볼에 대고는 귀여운 표정을 선보인다. "그거 더러울 것 같은데…"라는 말을 하고 싶었지만 입을 꾹 다물고 "아이 예뻐!" 하며 쪼그려 앉아 머리를 쓰다듬어주는 내게, 아이가 뭔가 생각났다는 듯 방긋 웃었다. "이거 엄마 머리에 꽂아줄래." 나는 미소를 잃지 않으려고 노력하며 자리에서 벌떡 일어났다. 문제의 깃털은 작고 하늘하늘한 것이 아니라 푹 꽂으면 머리통에서 피가 솟구칠 법한 비주얼이었다.

선물이라고 건네는 아방가르드한 종이배며, 유치원 풀밭에서 열심히 따 모았다고 불쑥 내미는 토끼풀 꽃다발, 주워와서 엄마 머리에 꽂아준다는 걸 정중하게 사양하고 싶은 깃털 같은 것들. 그런 하찮고 작은 물건들 안에 내 아이들이 나에게 주는 사랑과 신뢰가 알알이 들어 있다. 엄마들은 모두 알고 있다. 길에서 주운 돌도, 유치원에서 오린 아메바 같은 형체도, 엄마에게 모두 갖다 주고 싶어 하는 이 귀여운 똥강아지들의 사랑 넘치는 습성을.

아이들이 내게 들고 오는 것들을 다 받아 모으면 거지왕 김춘삼 부럽지 않을 고물상이 될 테지만 그 안에 담긴 사랑과 신뢰를 알기에 나는 달콤하고 환하게 받는다. 사랑도 행복도 돈으로 살 수 있을 것 같아 보이지만, 아이들은 자라면서 소중한 가치의 대부분을 결코 돈으로 살 수 없음을 알게 될 것이다. 사랑이 사랑으로, 신뢰가 신뢰로 교환되는 관계는 마음같이 쉽게 허락되지 않는다는 슬픈 사실도 알게 될 것이다. 이 아이들이 조금 더 자라면 친구들의 세계 속에서 자신이 가진 사랑과 신뢰를 나누느라, 엄마의 몫은 형편없이 줄어들 거라는 사실도 나는 알고 있다.

그래서 나는 사랑이 사랑으로, 신뢰가 신뢰로 교환되는 이 황금 같은 시기에 나에게 주는 사랑과 신뢰를 소중하고 가슴 벅차게 받으려 한다. 그리고 마르크스의 문장 속 사랑처럼, 아이들이 내게 준 사랑과 신뢰를 곱게 받아 조금 더 진하게 되돌려주려 한다. 앞서도 말했지만 나는 가족 관계가 세상에서 가장 어려운 관계라고 생각한다. 나중에 나와 아이들과의 관계가 어떻게 될지 지금으로서는 알 수 없다. 하지만 사람 사이에서 맺는 사랑과 신뢰의 근본적인 씨앗을, 아이들이 나와의 관계에서 어떤 원형처럼 받아 가졌으면 좋겠다. 그런 내 마음을, 아이들에게 건네는 뽀뽀와 아이들을 안아주는 팔에 가득 담는다. 세상에는 알알이 맺는 사랑과 돌탑처럼 쌓아 올리는 신뢰로만 교환될 수 있는 가치도 있음을 배우길 바라며. 이런 관계를 경험한 아이는 또 다른 관계에서 사랑이 사랑으로, 신뢰가 신뢰로 교환되는 인간적인 동심원의 고리를 어여쁘게 만들어갈 수 있지 않을까 희망하며.

사람이 사람에게 가지는 가장 예쁜 사랑의 마음
:

부모가 아이들에게서 받는 사랑은 놀랍다. 내가 어떤 사람이든, 어떻게 생겼고 무슨 일을 하든, 내가 좀 전에 자기에게 화를 냈든 말든 상관하지 않는다. 내 존재 그대로를 아무 계산 없이, 이토록 아낌없이 사랑해주는 건 세상에 요놈들밖에 없지 않을까 생각하게 되는 그야말로 절대적이고 충만한 사랑을 퍼붓는다.

갓난아기의 얼굴을 가만히 들여다보며 웃고 있었는데 아이가 처음으로 나에게 미소를 되돌려 주던 순간을 잊지 못한다. 일순간 내 몸이 따뜻한 하얀 빛 안에 놓인 듯, 피로감이며 통증이 사르르 햇살에 녹는 것 같던 그 느낌. 그 뒤로 눈이 마주칠 때마다 나를 보면 눈이 없어져라 온 얼굴로 웃어주던, 뭐든지 다 어처구니없이 작던 조그마한 인간. 스스로 다른 곳으로 움직이지도 못하는 작은 인간이 그렇게 내 세계를 움직였다. 사랑이 부족한 이 세상에 내 곁에는 언제든 껴안고 뽀뽀할 수 있는 작은 온기가 있다는 사실이 얼마나 행복하고 든든한지 모른다. 찰랑찰랑 마르지 않는 사랑의 샘이 내 근처에 두 개나 샘솟고 있다는 사실이, 나라는 메마르고 보잘것없는 어른에게 얼마나 큰 힘이 되어주는지 이 아이들은 알고 있을까.

내가 어딘가에 앉아 있으면 아이가 쫄랑쫄랑 와서 그 옆에 작은 다리를 펴고 나란히 앉을 때, 내가 낮잠을 자려고 누워 있으면 매트리스 위로 올라와서 동그란 얼굴을 내 위로 놓고 쳐다보다가 코를 마주치게 코끝 키스를 한 뒤 다시 문을 닫고 조용히 퇴장할 때, 나는 사랑받고 있음을 느낀다. 큰아이가 자다 깨서 엄청난 속도로 거실로 뛰어나온 적이 있다. 왜 그러나 싶었는데 안아달라고 멍멍이처럼 웃기에 힘껏 안아주었다. 그러고 잊고 있었는데 반려인이 궁금했는지 아침 먹는 시간에 물었다. "지음아, 아침에 일어나서 왜 밖으로 막 뛰어나갔어?" "엄마가 좋아서. 엄마랑 같이 있으려고." 밥 먹다 행복으로 목이 막힐 뻔했다. 설거지를 하고 있으면 뒤에서 뭔가 다가와서 나를 꼭 안는다. 웃으며 돌아보면 사랑이 가득 담긴 작은 얼굴이 날 보며 방긋 웃는다. 사랑받고 있구나 싶어서 행복해진다. 그 조그만 백허그의 여운이 채 가시기도 전에 다른 조그만 손이 아까보다는 조금 위에서 나를 감싼다. 이번엔 달콤한 목소리도 함께다. "엄마아-." 돌아보면 또 하나의 좋아 죽겠다는 표정이 나를 반긴다. 연이은 이 조그만 백허그들이 얼마나 사랑스러운지.

김소연 시인은 고백으로서의 '사랑해'라는 말은 신음처럼 빠져나오는 것으로 그 안에 반드시 '당신은?'이란 질문이 포함되어 있고, "세상의 모든 사랑한다는 고백은 학살의 일부"라고 했다.° 하지만 아이들이 내게 전하는 '사랑해'는 결이 다르다. 신음이 아닌 그저 밝고 달콤한 선언일뿐 그런 통증 같은 질문도, 끔찍한 결말도 포함되어 있지 않다. 시인은 또 "연인의 격렬한 애무는 깊고 깊은 우울마저 소독해낸다"고 말한다. 나는 왠지 얼굴을 붉히며 동의한다. 하지만 아이의 작은 손과 맑은 눈빛이 가지는 소독력이란 연

° 김소연,《마음사전》에서.

인의 애무처럼 끈적하지는 않아도 (아. 끈적할 때도 있다. 아이가 달고 나에 집중하다 내 머리를 쓰다듬었을 때, 아이는 모양 뽑기에는 실패했지만 내 머리털 뽑기에는 성공했다) 우울을 효과적으로 박멸한다. 어른들의 사랑에서 상처받을 때 나는 아이의 사랑에서 치유받는다. 아이들은 그렇게 조건 없는 사랑의 마음으로 엄마를 쓰다듬고, 함께 손을 잡고 잠들고 싶어한다.

최근에 책 원고 작업을 하느라 아빠랑 먼저 자라고 며칠 아이들을 그냥 둔 적이 있다. 그랬더니 요놈들이 비장한 표정으로 와서 협박을 하기 시작했다.

"엄마는 코 자야 돼. 일하면 안 돼. 그럼 0%가 되잖아!(뭔 소린지 모르겠는데 네 맘은 알겠다.)"

"이음이는 엄마 일 끝날 때까지 안 잘 거야!"

"지음이는 얼굴이 차가워서 잘 수가 없어! 엄마가 있어야 따뜻해."

"이음이는 엄마가 좋은데 엄마는 왜 일해! 일하지 마!"

화가 잔뜩 난 표정으로 단호하게 말하는 모습들이 너무 귀여웠다. 같이 잠들고 싶어요, 자다가 깼을 때 팔을 뻗어서 꼭 안고 다시 잠들 수 있으면 좋겠어요, 아침에 일어났을 때도 옆에 있었으면 좋겠어요. 사람이 사람에게 가지는 가장 예쁜 사랑의 마음이 아닐까 싶어서 문득 뭉클해졌다. 그 마음을 도저히 거스를 수 없어서, 애들만 재우고 다시 일어나야지 그러고는 계속 푹 잤다. 그리고 찬란한 아침 햇살과 함께 나는 망했다. 내가 머리만 대면 자는 인간이라는 사실을 잠시 잊었던 것이다. 에피소드를 소셜 미디어에 올렸더니 비슷한 방식으로 행복하게 망했던 엄마 아빠들의 간증 댓글이 쏟아졌다. 조금 더 크면 곧 없어질 행복이니 계속 잘 망하라는 격려도.

사랑의 고리

:

아이들에게 이토록 무조건적인 사랑을 받기 전에 나는 그런 종류의 사랑을 또 하나 경험했다. 나의 엄마로부터. 엄마는 밖에서 돌아온 내 손이 차면 엄마의 따뜻한 겨드랑이에 두 손을 꼭 끼워 녹여주셨다. 단지 꼬마였을 때뿐 아니라 내가 대학생이 된 후에도 엄마의 따뜻한 겨드랑이는 내 손을 데워주었다. 정작 추위를 잘 타지 않았던 나는 '엄마가 왜 그러지 난 괜찮은데' 하고 생각했었다(지금은 항온 기능을 상실한 변온 동물이 되어 겨울이면 비명을 지르며 돌아다닌다). 엄마가 된 지금, 아이들이 밖에서 신나게 뛰어놀다 손이 꽁꽁 얼어 돌아오면 나는 그 작은 손이 안쓰러워 호호 불며 어루만진다. 수족냉증 인간이라 내 손이 더 차가우니 그 작은 손을 내 겨드랑이에 쏙 끼워준다. 그럴 때마다 엄마 생각이 난다. 이 아이도 나중에 자기 아이가 생긴다면 그 작은 손을 호호 불어주며,

아이의 손을 겨드랑이에 끼워주고 자연스럽게 눈을 맞추며 (시선이 마주칠 수밖에 없다. 엄마 눈이 겨드랑이의 체온보다 따뜻했다) 엄마 생각을 할까.

아이를 키우면 평범한 일상의 많은 순간에 엄마가 생각난다. 아이의 작은 옷에 달린 더 작은 단추를 채워줄 때도, 조그만 손끝의 손톱을 조심조심 깎아줄 때도, 양치질이 하기 싫다며 짧은 다리로 저만치 도망가는 아이를 잡으러 갈 때도, 아이의 간식거리를 고민할 때도, 파이팅 넘치게 늘어놓은 장난감들을 치우며 실없는 웃음이 새어 나올 때도, 손바닥만 한 속옷을 빨아서 갤 때도, 불쑥불쑥 엄마가 생각난다. 자식을 낳고 길러봐야 철이 든다는 어른들의 말은 아마 그런 것일 게다. 한 인간이 다른 인간을 위해 묵묵히 견디어준, 일상의 그 지난한 수고로움의 무게를 새삼 깨닫는 것. 내가 나 잘난 줄 알고 쌓아온 세월의 밑바닥에, 그 수고로움이 몇천 겹으로 가지런히 깔려 있었다는 미안함. 한 인간이 다른 인간에게 줄 수 있는 마음의 크기와 시간의 깊이를 깨닫는 일.

한동안 나는 아이들의 숨소리를 주의 깊게 듣곤 했다. 고른 숨소리는 아이들의 생명이 문제없이 잘 유지되고 있다는 신호 같은 거였다. 깊은 밤 한가운데 잠시 정신이 들었을 때 새근새근 두 개의 귀여운 숨소리가 들릴 때의 기쁨. 듣고 있으면 행복과 평화가 파도처럼 밀려오는 느낌이었다. 엄마도 우리 넷의 숨소리를 나처럼 기쁘게 들으셨을까.

유학 중에, 전화기 너머에 계신 엄마는 언제나 첫마디에 보고 싶다며 목이 메셨다. 그리고 전화를 끊기 전에는 꼭 어김없이 큰 소리로 사랑한다고 말씀하셨다. 애교의 유전자가 없는 막내딸은 사랑한다는 그 말이 쑥스러워서 늘 "나도-" 하고 웃고 말았다.° 그렇게 평생 사랑하고 또 사랑하셔서 다 퍼주고 껍데기만 남은 당신은 아직도 뭐가 그렇게 사랑할 게 남아서 기회만 있으면 저렇게 사랑의 마음을 전하는 것인지 당최 알 수 없었다. 어려서부터 얌전하고 (믿어주세요) 공부 잘하는 (아… 믿어주세요) 딸이 자랑이고 보람이셨던 엄마는, 그 공부라는 녀석에게 다 늦게 딸을 먼 곳으로 빼앗겨버린 것이 당황스러우신 것 같았다. 늘 언제 돌아오는지, 언제 '아주' 돌아오는지, 묻고 또 물으셨다. 나보다 똑똑하고 공부 잘하는 사람이 세상에 차고 넘쳤는데 뭔 되지도 않는 공부를 이렇게 뒤늦게 한다고 나이 드신 엄마를 기다리고 또 기다리게 하는지, 내가 생각해도 나는 참 못된 년이구나 싶은 생각이 들 때가 많았다. 방학이 되어 한국에 가면 엄마는 늘 손부터 잡으셨다. 내 손이 아주 소중하고 사랑스럽다는 듯, 손을 두 손으로 다정히 잡고 입에 가까이 가져가서 뽀뽀를 해주셨다.

이제 엄마가 되어보니 그 절절한 마음을 알겠다. 호적 메이트 넷 중에서 가장 늦게 가정을 꾸린 나는, 엄마 머릿속에 희뿌연 안

° 우리 집의 모든 애교 유전자는 작은언니에게로 가버렸다. 나는 대신에 아빠에게서 훌륭한 알코올 분해 유전자를 물려받아 이십 대를 파이팅 넘치게 보낸 바 있다.

개가 들어찬 이후에야 엄마가 되었다. 내가 아기를 가졌다는 소식을 나는 여러 번 전해야 했고, 엄마는 그때마다 처음 듣는 것처럼 진심으로 놀라셨고 아이처럼 기뻐하셨다. 그렇게 마치 포장도 뜯지 않은 날것 그대로의 축하와 축복을 매번 듬뿍 부어주셨다. 매번 처음처럼 어쩔 줄 모르며 기뻐하는 목소리를 듣는 건 벅찰 만큼 감동적이기도 했고 매번 눈물이 차오를 만큼 슬픈 일이기도 했다. 내가 엄마가 되려는 순간 그렇게 나는 나의 엄마를 서서히 잃어갔다. 엄마와 통화할 때마다 내 마음은 뭉클함이 밀물처럼 차올랐다가 서러움이 썰물처럼 빠져나가 텅 비고는 했다.

엄마는 내가 엄마에게 얼마나 고마워하는지, 이렇게 뒤늦은 절절한 마음을 갖고 있는지 알고 가셨을까. 그저 내 아이들이 나에게 그렇듯, 내가 저만한 작은 인간이었을 때 엄마에게 큰 행복을 드렸기를 바랄 뿐이다. 얼굴을 마주 보고 누워서 그 새까맣고 맑은 눈을 들여다보다가 조그만 코에서 나오는 날숨이 내 뺨에 살짝 얹히는 걸 느끼는 행복, 나란히 누워 아기의 조그맣고 따뜻한 손을 쥐고 동그란 이마에 입을 맞출 때의 행복, 캄캄한 밤 내 배 위에 척 올려진 너무나 작고 몽실몽실한 손을 만져볼 때의 행복 같은 것을 부디 내가 엄마에게 충분히 드렸기를. 작디작은 동그란 머리통을 쓰다듬고 토실토실한 엉덩이를 토닥여주면서 나는 내 작은 머리통과 엉덩이가 나의 엄마에게 딱 이런 기쁨과 행복을 드렸기를 온 마음으로 절실히 바란다.

그렇게 사슬처럼 이어지는 사랑의 고리 가운데에 내가 있다. 위에서, 또 아래에서 충만하게 받은 사랑의 경험으로 지금의 내가 존재한다. 자라서 우리는 서로를 찌르고 상처 주게 되겠지만 그래도 생각해보길. 우리가 얼마나 서로를 사랑했는지. 시간이 많이 지난 어느 힘든 날, 그 사랑의 기억이 우리를 살짝 일으켜주는 온기가 되면 좋겠다.

잠에서 잠시 깬 지음이가 내 손을 찾는다. 엄마 손을 찾아 더듬던 고사리손에 곤히 잠든 이음이가 만져지니, 제 곁에 동생이 있는 것을 알고는 동생을 토닥토닥해준다. 그러고는 내 검지를 꼭 쥐고 잠이 든다. 엄마 손가락 하나면 마음을 푹 놓고 잠이 드는 아이. 엄마 손가락에 의지하며 동생에게는 의지가 되어주는 아이. 나는 아이들의 숨소리에 의지하며 또 잠을 청한다.

아이라는 숲

초판 1쇄 발행 2022년 03월 25일
초판 10쇄 발행 2025년 03월 20일

지은이 이진민
펴낸이 권미경
기획편집 이소영
마케팅 심지훈, 강소연, 김재이
디자인 어나더페이퍼
펴낸곳 ㈜웨일북
출판등록 2015년 10월 12일 제2015-000316호
주소 서울시 마포구 토정로47, 서일빌딩 701호
전화 02-322-7187 **팩스** 02-337-8187
메일 sea@whalebook.co.kr **인스타그램** instagram.com/whalebooks

ⓒ 이진민, 2022
ISBN 979-11-92097-14-5 03590

소중한 원고를 보내주세요.
좋은 저자에게서 좋은 책이 나온다는 믿음으로, 항상 진심을 다해 구하겠습니다.